优秀
税务会计
从新手到高手

曾永翠◎编著

中国铁道出版社有限公司
CHINA RAILWAY PUBLISHING HOUSE CO., LTD.

内 容 简 介

本书通过介绍税收和税务会计的理论知识，结合实际的纳税分析，对应缴纳税费的各税种在税务处理、征收管理及税务筹划等各个方面进行了分解讲述。

不仅针对新手税务会计相关从业者，还适合没有财务基础知识的投资者和小老板阅读，帮助其认识自身应缴纳的税费。另外，从事财务分析及财务管理的人员也可阅读，能够更好地帮助企业完成税务筹划工作。

图书在版编目（CIP）数据

优秀税务会计从新手到高手 / 曾永翠编著 . —北京：中国铁道出版社有限公司，2022.3

ISBN 978-7-113-27570-9

Ⅰ.①优… Ⅱ.①曾… Ⅲ.①税务会计 Ⅳ.① F810.62

中国版本图书馆 CIP 数据核字（2021）第 266356 号

书　　名：**优秀税务会计从新手到高手**
YOUXIU SHUIWU KUAIJI CONG XINSHOU DAO GAOSHOU

作　　者：曾永翠

责任编辑：王　佩　　编辑部电话：(010) 51873022　　邮箱：505733396@qq.com
封面设计：宿　萌
责任校对：孙　玫
责任印制：赵星辰

出版发行：中国铁道出版社有限公司（100054，北京市西城区右安门西街 8 号）
印　　刷：三河市兴博印务有限公司
版　　次：2022 年 3 月第 1 版　2022 年 3 月第 1 次印刷
开　　本：700 mm×1 000 mm　1/16　印张：18.5　字数：256 千
书　　号：ISBN 978-7-113-27570-9
定　　价：69.80 元

前言

　　企业在发展过程中除了要重视日常经营活动带来的经济效益，还应重视纳税问题。对于企业而言，税务工作是企业的一项重要工作，依法纳税不仅是每一个纳税人的义务，也是维护纳税人形象的一种重要方式；对于国家而言，税收是财政收入的重要手段，也是检验国家政策的试金石，是促进国民经济发展的重要动力。因而，税务会计是联系企业与国家的重要桥梁，对于企业和国家来说都十分重要。

　　作为税务会计，了解税种是基础的工作要求，而紧跟时代的发展趋势，寻找对纳税人有利的政策条款，帮助纳税人节税，是税务会计的专业能力。那么，对于各种税费，我们要怎么去认识它；作为税务会计，如何去计算应纳税额，如何进行各项税费的纳税申报，如何进行会计处理；又要如何找寻对企业有利的条件，帮助企业合理进行税务筹划呢？

　　为了解决这一系列的问题，也为了能更好地了解税务会计的职能与作用，帮助税务会计了解企业的纳税情况并进行税务筹划，合理减少税费的缴纳，我们编写了本书。

全书共 11 章，可以划分为三部分。

◆ 第一部分为第 1 章，这部分主要描述税务会计的基础知识，包括税收是什么、税收征收主体、纳税义务人、税务会计是什么、税务会计的对象与职能及税收与会计的一般关系，帮助读者厘清会计科目设置与税务稽查的处理方式。

◆ 第二部分为第 2～10 章，其内容主要是增值税、企业所得税、消费税、个人所得税、城镇土地使用税、房产税、印花税、土地增值税、契税、环保税、城市维护建设税和教育费附加、耕地占用税和车辆购置税等税（费）的知识以及相关税收政策与申报工作。了解各税种的征收标准、应纳税额的计算及相应优惠政策的运用，能够让我们对税种、税费有更清晰的认识。

◆ 第三部分为第 11 章，其内容主要包括税务会计涉及的发票与票据管理的相关知识，以及如何进行税务筹划和最新的税收优惠政策，提升税务会计实操技能。

本书的读者对象不仅针对新手税务会计相关从业者，还适合对财税管理有兴趣的人群及没有财务基础知识的投资者和小老板阅读，帮助其认识自身应缴纳的税费。另外，从事财务分析以及财务管理的人员也可阅读，以便使其更好地帮助企业完成税务筹划工作。

最后，希望所有读者能够从本书中受到启发，学会申报纳税和税务筹划，提升税务会计处理能力，帮助企业合理合法减少税费负担。

编　者

目录

第1章 初露面纱：税务会计新手入门

第2章　企业的第一大税：增值税

第3章 企业经营成果税：企业所得税

第4章 特种货物流转税：消费税

第 5 章　全民参与度最高的税：个人所得税

第 6 章　非耕地使用税：城镇土地使用税

第 7 章 不动产财产税：房产税

第 8 章 纳税人行为税：印花税

第 9 章　房屋土地的税：土地增值税和契税

第 10 章　税收家庭中的其他税费

第 11 章　全面提升：税务会计高级实操

第 1 章

初露面纱：税务会计新手入门

税收是国家财政收入的重要来源，而企业是国民经济的重要组成部分，是纳税的主体，因此诚信纳税对企业和社会经济的发展具有重要的作用。税务会计对于企业而言是一个重要的职位，那么税务会计该如何入门，需要了解哪些纳税知识和税务处理呢？本章将针对这些问题进行详细说明。

| 1.1 |
企业纳税基础知识

在很多人的认知里都知道企业要缴税，但我们是否知道税收是什么，企业为什么需要纳税，税收征管的主体又是什么，缴纳主体称为什么呢？本节将为大家一一揭晓企业纳税的基础知识！

1.1.1 税收是什么

税收是指国家为了向社会提供公共产品，满足社会需要，按照法律所规定的标准和程序，参与国民收入的分配，强制、无偿取得财政收入而形成的一种特殊分配关系。税收具有表 1-1 所示的特征。

表 1-1　税收的特征

特征	描述
强制性	是指国家凭借政治权利，以法律形式确定征纳双方的权利和义务关系。在法律规定的范围内，任何单位与个人都必须依法纳税，否则就会受到法律的制裁
无偿性	是指政府获得税收收入后无需向纳税人直接支付任何报酬，也不再直接返还给纳税人，这是税收本质的体现，纳税人必须将自己所有或属于自己支配的一部分社会产品在形式上无偿缴纳给国家，为国家的财政无偿拨付创造条件
固定性	税收是按照国家法律法规的标准征收的，其纳税人、课税对象、税目、税率和计价办法等都是法律法规事先规定的，有相对固定的期限，是一种固定的连续收入

税收的强制性、无偿性和固定性是统一的整体，强制性是实现税收无偿性的强有力保证，无偿性是税收本质的体现，固定性是强制性和无偿性的必然要求。

税收主要用于国防和军队建设、国家公务员工资发放、道路交通和城市基础设施建设、科学研究、医疗卫生防疫、文化教育事业、救灾赈灾以及环境保护等，在社会各领域发挥着重要的职能作用。税收具有表 1-2 所示的几种重要基本职能。

表 1-2 税收的基本职能

职能	描述
组织财政收入职能	是税收具有的一种将一部分社会产品转移到国家手中，形成国家财政收入，用于满足国家执行公共事务需要的能力，是国家财政收入最重要的手段
资源分配职能	是指国家通过税收的手段，将社会经济中的各种资源在不同使用群体之间进行分配，以发挥社会经济资源的最大作用，税收手段也是国家调节经济发展的重要手段
监督经济职能	是指国家在征收税收的过程中，能有效了解企业发展状况，及时发现问题，监督纳税人依法纳税，从而监督社会经济的发展方向，维护社会发展的秩序

我国税收依据不同的标准，可以分为不同的种类，具体如下。

◆ **课税对象**：流转税、所得税、财产税、行为税和资源税。

◆ **计算依据**：从量税和从价税。

◆ **与价格的关系**：价内税和价外税。

◆ **管理和使用**：中央税、地方税和中央与地方共享税。

◆ **征收形态**：实物税和货币税。

◆ **税率形式**：比例税、累进税和定额税。

知识延伸 | 课税对象中的资源税和18种税种中的资源税

课税对象中所指的"资源税"是各种针对自然资源和社会资源征收的税种，而18种税种中的资源税征税范围主要是一些自然资源。也就是说，从概念范畴来看，课税对象中的资源税包括了18种税种中的资源税。

而从具体包括的税种来看，课税对象中的资源税包括土地增值税、城镇土地使用税和资源税等税种；但18种税种的资源税就单指资源税。

1.1.2 税收征管主体——税务机关

针对税收的征收与管理,国家设立了专门的机构,我们统称为税务机关,它是税收征管的主体机构。国家税务机关是领导和组织国家税收工作的行政管理机关,也是贯彻执行国家税收政策、法律,组织税收收入的职能机关,广义上是指国家税务总局及其他与税收相关的机关,包括各级税务机关、海关和财政机关。

尽管税务机关在国家权力机关的授权范围内具有一定的税法制定权,但主要负责管理国家税收工作的行政事务,如宣传税收政策、法律,建立、健全征管制度,加强内部建设以及处理税务信息等。

国家税务机关作为贯彻执行国家税收政策、法律,组织税收收入的职能机关,其任务主要是依照税法认真组织税收征管工作,有效地监督纳税人履行纳税义务,具体职责如下:

◆ 不得违反法律、行政法规的规定开征、停征、多征或少征税款,或擅自决定企业的优惠政策。

◆ 应当将征收的税款和罚款、滞纳金等按时足额并依照预算次级入库,不得截留和挪用。

◆ 应依照法定程序征税,依照法律法规确定税收征管的事项。

◆ 应当依法办理减税、免税等税收优惠,对纳税人的咨询、请求和申诉作出答复或报上级机关处理。

◆ 对纳税人的经营状况负有保密的责任,不得外泄。

◆ 应按照规定付给扣缴义务人代扣代缴的手续费,不得强行要求非扣缴义务人代扣代缴税款。

税务机关除了具有以上的职责,自身也被赋予了一定的权利,主要如表1-3所示。

表1-3 税务机关的权利

权利	描述
税务管理权	有权办理税务登记、审核纳税人的税收申报以及管理发票事宜等
税收征收权	最基本的权利，税务机关有权依法征收税款和在法定范围内依法自行确定征收管理的方式和时间等
税务检查权	有权对纳税人的财务会计核算、发票使用情况以及应税商品、货物等经营情况进行检查
税务违法处理权	对纳税人违反税法等法律法规的行为采取强制措施，对情节严重、触犯刑法的，移送有关机关追究刑事责任
税收行政立法权	被授权的税务机关有权在授权的范围内依照法定的程序制定税收行政规章及规范性文件，并作出行政解释
代位权和撤销权	是为了保证税务机关及时足额追回由于债务关系造成的、过去难以征收的税款，税务机关在特定情况下可以依法行使代位权和撤销权

1.1.3 税收缴纳主体——纳税义务人

税收有征收管理的主体，那么相对应的就会有缴纳的主体，我们统称为纳税义务人，它是税法中规定的直接负有纳税义务的单位或者个人，包括法人和自然人。

法人是指依法成立并能够独立地行使法定权利和承担法律义务的社会组织，包括实行独立经济核算的国有企业、集体经济组织和中外合资经营企业等。

而依法享有法定权利并承担法律义务的公民，以及居住在我国境内的外国人都是自然人。

不同的税种对应不同的纳税人，纳税人的确定一般随课税对象的确定而确定，例如个人所得税的纳税人是有工资、薪金所得的个人，房产税的纳税人是产权所有人或者使用人。

同一种税，纳税人可以是企业，也可以是个人。比如增值税，企业生产销售产品或服务，纳税人就是企业；而个人销售产品或服务，纳税人就是个人。依据税法规定，不同企业应尽的纳税义务如表1-4所示。

表1-4　不同企业应尽的纳税义务

企业类别	应尽纳税义务
工业企业	一般针对以下税种纳税：增值税；城市维护建设税；企业所得税；房产税；城镇土地使用税；车船税；印花税；教育费附加；生产、委托加工烟、酒、化妆品、护肤护发品、贵重首饰及珠宝玉石、鞭炮、烟火、汽油、柴油、汽车轮胎、摩托车和小汽车等商品的，要缴纳消费税；开采原油、天然气、煤炭、其他非金属矿、黑色金属矿、有色金属矿和盐等产品的，要缴纳资源税；有偿转让国有土地使用权、地上的建筑物及其附着物，还要缴纳土地增值税；企业购买汽车还应缴纳车辆购置税；直接向环境排放应税污染物的企业还应缴纳环保税
商品流通企业	一般针对以下税种纳税：增值税；城市维护建设税；企业所得税；房产税；城镇土地使用税；车船税；印花税；教育费附加；有偿转让国有土地使用权、地上的建筑物及其附着物，还要缴纳土地增值税；企业购买汽车还应缴纳车辆购置税
交通运输企业	一般应针对以下税种纳税：增值税；城市维护建设税；企业所得税；房产税；城镇土地使用税；车船税；印花税；教育费附加；有偿转让国有土地使用权、地上的建筑物及其附着物，还要缴纳土地增值税；企业购买汽车还应缴纳车辆购置税
建筑企业	一般应针对以下税种纳税：增值税；城市维护建设税；企业所得税；房产税；城镇土地使用税；车船税；印花税；教育费附加；有偿转让国有土地使用权、地上的建筑物及其附着物，还要缴纳土地增值税；企业购买汽车还应缴纳车辆购置税
金融保险企业、邮电通信企业、文化体育企业	一般针对以下税种纳税：增值税；城市维护建设税；企业所得税；房产税；城镇土地使用税；车船税；印花税；教育费附加；有偿转让国有土地使用权、地上的建筑物及其附着物，还要缴纳土地增值税；企业购买汽车还应缴纳车辆购置税
娱乐企业	一般应针对以下税种纳税：增值税；城市维护建设税；企业所得税；房产税；城镇土地使用税；车船税；印花税；教育费附加；文化事业建设费；有偿转让国有土地使用权、地上的建筑物及其附着物，还要缴纳土地增值税；企业购买汽车还应缴纳车辆购置税

续上表

企业类别	应尽纳税义务
房地产开发企业	一般应针对以下税种纳税：增值税；城市维护建设税；企业所得税；房产税；城镇土地使用税；车船税；印花税；土地增值税；企业购买汽车还应缴纳车辆购置税

| 1.2 |
税务会计知多少

通过学习税收的基础知识，我们知道了纳税是企业经营的重要工作，税务会计对于企业而言非常重要。那什么是税务会计，税务会计的职能是什么，在税收与会计之间存在何种联系呢？这一小节我们就来逐一探讨。

1.2.1　什么是税务会计

税务会计是进行税务筹划、税金核算和纳税申报的一种会计体系，它依据税法等法律法规的相关规定，正确计算和及时缴纳税款，不重不漏，为企业做到依法纳税。税务会计既要以税法为标准，促使纳税人认真履行纳税义务，又要在税法允许的范围内保护纳税人的合法权益，是连接企业和税收征收管理机关的桥梁。

税务会计作为一门特殊的专业会计，具有表 1-5 所示的特点。

表 1-5　税务会计的特点

特点	描述
法律性	主要表现为税务会计要严格遵守税法和会计准则等相关法律法规的规定，核算和监督税款的形成、计算及缴纳，做到依法计税、依法纳税和依法减税

续上表

特点	描述
广泛性	因对纳税义务人的规定有广泛性，所以决定了税务会计的适用范围也比较宽，不仅适用于经济发展的各个行业，也存在于各个不同的部门
统一性	不同行业、不同纳税人所执行的税务会计工作是相同的，也就是说同一种税对不同的企业都是一样的
独立性	主要是相比较于财务会计而言，其处理方法有所不同，比如应纳税所得额的调整等

提到税务会计，我们不禁会想起经常挂在嘴边的财务会计，税务会计与财务会计虽然存在着紧密的联系，但二者之间也有区别，主要如表 1-6 所示。

表 1-6　税务会计与财务会计的区别

区别	描述
目的不同	税务会计是以税收法律为准则，主要为国家的征税工作服务；而财务会计更多的是满足国家宏观经济发展的需要，为企业的内部管理和有关方面了解企业财务状况及经营管理情况提供服务
依据准则不同	税务会计更多的是依据税法规定，而财务会计更多以会计准则为账务处理依据
处理范围不同	税务会计的针对性更强，是有选择性地对相关经济业务进行核算，并反映纳税人的纳税义务概况；财务会计是对每一笔经济业务进行记录，反映的是整个企业的财务状况和经营成果

税务会计对于纳税人和社会发展都具有重要的作用，有利于纳税人贯彻税法，从而保证国家的财政收入，发挥税法的作用；也有利于督促纳税人认真履行纳税义务，保护纳税人的合法权益。

1.2.2　税务会计的对象

税务会计的对象是税务会计的客体，是作为纳税义务人的各类企业单位在生产经营活动中用货币表现的与税务有关的资金活动及财务活动，是税务会计所要核算和监督的内容。

税务会计的对象具体包括企业的经营收入、成本费用、经营成果、税额计算、税款缴纳、罚金缴纳和税收减免等，是纳税义务人因税务而引起的税款的形成、计算、缴纳、补退和罚款等经济活动以货币形式表现的资金运动。

◆　经营收入

经营收入也叫营业收入，是企业在生产经营活动中销售商品或提供劳务所取得的各种收入。营业收入是计算应上缴税款的重要依据，不仅是企业计算增值税、消费税等流转税的依据，也是计算企业所得税的依据。

◆　成本费用

成本费用是企业生产经营过程中所耗费的全部资金支出，既包括生产过程中的生产费用，也包括流通环节的流通费用，比如企业的直接材料费用、直接人工费用、销售费用、管理费用和财务费用等。将一定会计期间成本费用的总额与经营收入的总额相比较，可以反映企业生产经营的盈亏，也是计算企业所得税的基础。

◆　经营成果

经营成果是企业在一定的会计期间内实现的利润总额。企业计算利润总额的准确性，直接影响企业所得税的计算和缴纳，并且企业按照会计准则的规定确认的当期损益，往往与税法要求计算的应纳税所得额之间存在差异，需要进行调整。

◆　税额计算

税额是纳税义务人向税务机关缴纳的税款金额，做到准确地计算和缴纳税款，有利于保证国家的财政收入，维护企业的合法权益。

◆　税款及罚金缴纳

税款缴纳是指纳税人将应上缴的税款按照法定的程序编制税务申报表，

及时进行纳税申报并缴纳税款的过程。罚金缴纳是纳税人将应上缴给税务机关的罚款和滞纳金正确、及时地缴纳的过程。

◆ 税收减免

税收减免是指国家和地方为了促进经济的发展，而在各自管辖权限内对纳税义务人给予鼓励，免征其全部税款或减征一部分税款的行为。

1.2.3　税务会计的职能

税务会计的基本职能和一般会计相同，最主要的是核算和监督职能，对纳税人应纳税款的形成、申报及缴纳等进行反映和监督。

核算职能主要体现在税务会计要对纳税人的纳税义务及其缴纳情况进行记录、计算、汇总并编制出纳税申报表；监督职能主要体现在税务会计要对纳税人的纳税义务履行及税款缴纳等情况进行控制、检查，并对违法行为加以纠正和处罚。

（1）核算税务活动

税务会计依据国家税收法规、财务制度和会计制度等的规定，记录和核算企业在生产经营过程中的税务活动，其职责有如下几点。

◆ 需要在企业有多种纳税方案时，通过筹划，对企业的经营、投资、筹资和利润分配活动提出有利的方案。

◆ 针对采购、生产经营以及企业内部核算活动提供决策建议。

◆ 通过税务相关软件与国家涉税系统进行信息传递与要素延续，对企业经营过程中涉及的诸多税种（增值税、所得税、消费税和关税等）进行业务处理。

税务会计既可准确核算各种应纳税款并进行纳税申报，提高财税人员的工作效率，也可对企业账务、票证、经营、核算和纳税等情况进行评估，更好地帮助企业正确执行国家税务政策，进行整体经营筹划及纳税风险防范，为企业管理决策献计献策，为创利打下坚实基础。这样既能保证企业完成纳税义务，增加自身"造血"能力，降低税收负担，也提高了税后利润，实现自身的持续、健康发展。

（2）监督税务活动

企业税务会计根据国家税收法规和有关的方针、政策与制度等，通过相关的税务信息，监督企业税款的形成、计算和缴纳情况，监督企业的经营成果分配，实现税收调节经济的杠杆作用。

而国家有关机关通过企业税务会计对企业的税务活动进行监督和反馈，可以保证国家税收法律、法规得到贯彻实施和合理改进。

1.2.4 税收与会计的一般关系

税收由国家掌控，是对经济市场进行宏观调控的重要手段，也是国家财政收入的主要来源。税收覆盖单位、企业在经济活动中的各个环节，凡是在税收法律、法规规定的征税范围内开展经济活动的，都要承担纳税义务。

计算应缴纳的税款是企业会计人员必须完成的工作内容，也是企业会计核算工作的重要内容之一。由此可见，税收与会计相互联系，又相互区别。

税收政策规定了会计确认、计量、记录和报告的具体方法，而会计理论和核算方法的变更与改进又是促使税收政策改革与完善的必经过程。因此，会计为税收活动和税务会计提供的基本理论与方法，是各税务主体进行税务会计核算和税务申报的前提与基础；而税收活动，尤其是税务稽查活动，是对会计基本理论和方法的具体运用与监测。

税收与会计是企业经济管理领域中紧密相关的两大分支。会计人员根据税收活动计算应纳税款时会涉及会计核算，开展税收活动、计算应纳税款等时都需要以会计信息为依据，而征税的结果又会直接影响企业的经营效益和对外披露的会计信息实况，因此税收与会计在企业财税管理工作中不能分割，不能独立进行，二者相辅相成，在企业发展过程中都发挥着重要作用。

作为一名会计，税收知识和会计知识同等重要，二者缺一不可。当发生一笔经济业务时，首先就要运用税收知识填开发票和一些原始凭证，同时，在填制记账凭证时，要把各税种的金额算出来，只有税额算出来了，记账凭证中的会计分录才能编制出来，而且要把一些填开的发票作为原始凭证附在记账凭证的后面。另外，年终时要对企业所得税进行汇算清缴，而这些工作都必须依赖税收知识，所以作为一名会计，要把会计工作做好，不仅要掌握会计知识，税收知识能否运用正确也显得尤其重要。

知识延伸│汇算清缴

　　汇算清缴是指所得税和某些其他实行预缴税款办法的税种，在年度终了后开展的税款汇总结算清缴工作。一般按全年的应税收入额，结合税法规定的税率计算征税。当企业进行汇算清缴时，前期预缴的税款如果多了，可向税收征收机关申请退还；如果少缴了，需向税收征收机关补缴税款。不同税种的汇算清缴时间是不同的，但均在一个纳税年度终了后，而一个纳税年度通常为公历1月1日～12月31日。

| 1.3 |
税务会计科目设置及处理方法

税务会计和企业财务会计一样，在业务处理中会有需要使用的会计科目及处理方法，企业应设置哪些科目进行税务账务处理呢？针对不同的情况，如何进行账务处理？面对税务稽查，我们又该如何应对？

1.3.1　税务会计科目设置

企业应该设置"应交税费"总账科目，用来对企业应缴纳的各种税费进行总分类核算，包括企业依法应缴纳的增值税、消费税、企业所得税、资源税、土地增值税、房产税和城市维护建设税等，并对相关科目设置明细科目进行核算，具体如表1-7所示。

表1-7　应交税费科目的设置

一级科目	二级科目	三级科目
应交税费	应交增值税	进项税额
		销项税额
		进项税额转出
		已交税金
		减免税款
		出口退税
	应交消费税	—
	应交城市维护建设税	—
	应交教育费附加	—
	应交关税	进口关税
		出口关税
	应交企业所得税	—
	应交资源税	—
	应交土地增值税	—
	应交房产税	—
	应交车船税	—
	应交城镇土地使用税	—
	应交环保税	—

续上表

一级科目	二级科目	三级科目
应交税费	应交个人所得税	—
	应交烟叶税	—
	应交船舶吨税	—

1.3.2 税务会计的税务处理原则

在对企业发生的各项收入、支出的确认中，税务会计要厘清企业税费计算的基础。和财务会计的处理相同，税务会计的处理需要遵循一定的准则，这是核算的基础，主要有如下两种。

◆ **权责发生制**：是以权利和责任的发生来决定收入与费用的归属的一种原则，凡是在本期间内已经发生或者应该负担的一切款项，无论款项是否收到或者付出，都作为本期的收入或费用入账处理。

◆ **收付实现制**：是以实收实付作为确定本期收入和费用的标准，即对于一切收入和费用支出，都以实际收到货币资金或者实际付出货币资金作为确定收入和费用的标准，不严格界定发生的期间。

企业税务会计在核算税务活动、监督税务行为和参与税务政策方针决定中应遵循表1-8所示的原则。

表1-8 税务会计应遵循的原则

原则	描述
依法原则	税务会计的活动要受税法的约束，以税收法律为准则，严格遵循法律，以法算税、依法纳税；且要及时依据因国家政治经济发展和需要而调整的征收法律与政策处理企业税收活动
经济效益原则	税收是国家调节经济、稳定经济的重要杠杆。依据国家经济调整结构和地方发展区域的布局，企业应认真贯彻税收法律规定，积极推行经济政策，充分利用国家实行的税收优惠政策，提升企业经济效益，促进经济发展

续上表

原则	描述
社会效益原则	税收作为国家取得财政收入的重要来源，面向全社会，必须要体现公平税负、合理负担的原则，这就要求各纳税义务人依法及时纳税，在同等税负的基础上公平竞争，促进社会经济发展，发挥社会效益
接受税务机关审查和监督的原则	纳税义务人必须对其提供的数据材料的真实性负责，除了要进行自查，也要接受税务机关的监督检查，依据检查结果，及时补税退税

1.3.3　税务会计处理方法

不同的税费种类有不同的处理方法，下面我们针对不同税种进行讲解。

（1）增值税

增值税通过"应交税费——应交增值税"科目核算，一般纳税人以当期销项税额抵扣当期进项税额后的余额作为应纳税额。企业购进货物或服务时应编制如下会计分录。

借：原材料/管理费用等

应交税费——应交增值税（进项税额）

贷：银行存款/应付账款等

| 范例解析 |　增值税进项税额账务处理

甲公司为一般纳税人企业，适用增值税税率为13%，公司以银行存款113.00万元支付购买乙公司材料的货款，并收到乙公司开具的增值税专用发票。此例中甲公司主要的会计分录如下。

借：原材料　　　　　　　　　　　　　1 000 000.00

应交税费——应交增值税（进项税额）　　130 000.00

贷：银行存款　　　　　　　　　　　　1 130 000.00

企业对外销售货物或劳务时，应编制如下会计分录。

借：银行存款/应收账款等

贷：主营业务收入/其他业务收入等

应交税费——应交增值税（销项税额）

| 范例解析 |　增值税销项税额账务处理

甲公司为一般纳税人企业，适用增值税税率9%，公司销售一项总价98.10万元的不动产给乙公司，账款未收。此例中甲公司主要的会计分录如下。

借：应收账款　　　　　　　　　　981 000.00

贷：主营业务收入　　　　　　　　　　900 000.00

应交税费——应交增值税（销项税额）　　81 000.00

而企业销项税额抵扣进项税额后的差额就为当期企业的应纳增值税税额，借记"应交税费——应交增值税（销项税额）"科目，贷记"应交税费——应交增值税（进项税额）"科目，之间的差额计入"应交税费——应交增值税（已交税金）"科目，该明细科目的借方余额表示已交的增值税或留待抵扣的增值税，贷方余额表示应缴纳的增值税税额。

（2）消费税、城市维护建设税、房产税、城镇土地使用税等

除了增值税、企业所得税、代扣代缴的个人所得税以及不通过"税金及附加"科目核算的税种外，其他税种的应纳税额通过"税金及附加"科目核算，在产生税额时，编制如下会计分录。

借：税金及附加

贷：应交税费——应交消费税

——应交城市维护建设税

——应交教育费附加

——应交资源税

——应交房产税

——应交城镇土地使用税

值得注意的是，印花税、房产税和城镇土地使用税等以前是通过"管理费用"科目进行核算的，现调整为通过"税金及附加"科目核算。

企业在缴纳上述这些税种的应交税费时，应编制如下会计分录。

借：应交税费——应交消费税

　　　　　——应交城市维护建设税

　　　　　——应交教育费附加

　　　　　——应交资源税

　　　　　——应交房产税

　　　　　——应交城镇土地使用税

　　贷：银行存款

（3）企业所得税

企业所得税应该作为企业的一项费用支出，核算应纳税额时编制如下会计分录。

借：所得税费用

　　贷：应交税费——应交企业所得税

缴纳税款时，编制如下会计分录。

借：应交税费——应交企业所得税

　　贷：银行存款

（4）滞纳金和罚款

税法规定，纳税义务人未按规定期限缴纳税款时，按日收取滞纳金，而对纳税义务人未按规定申报纳税或违反税收法律规定的行为，处以罚款。企业支付的各种滞纳金、罚款，不得列入成本费用，是属于企业营业活动以外发生的支出，应当计入营业外支出。实际支付滞纳金和罚款时，应编制如下会计分录。

借：营业外支出——滞纳金和罚款

　　贷：银行存款

1.3.4 税务稽查及处理

在税收征收管理工作中，税务稽查是重要步骤和环节之一，是一种由税务机关代表国家依法对纳税人的纳税情况进行检查和监督的手段。而税务稽查人员在开展工作时，依据的是具有法律效力的各种税收法律、法规和政策的规定。表1-9所示为税务稽查的要点内容。

表1-9　税务稽查的要点内容

要点	内容
级别	日常稽查、专项稽查和专案稽查
基本任务	根据国家税收法律、法规，查处税收违法行为，保障税收收入，维护税收秩序，促进依法纳税，保证税法实施
稽查范围	税务法律、法规、制度等的贯彻执行情况；纳税人生产经营活动及税务活动的合法性；偷、逃、抗、骗、漏税及税款滞纳等情况
稽查对象的确定方法	1. 通过电子计算机选案分析系统筛选。 2. 根据稽查计划，按照征管户数的一定比例筛选或者随机抽样选择。 3. 根据公民举报、有关部门转办、上级交办或情报确定
稽查结果的立案查处	经初步判断，税务稽查对象有这些情形之一的，应立案查处： 1. 偷税，逃避追缴欠税，骗取出口退税，抗税，为纳税人、扣缴义务人非法提供银行账户、发票、证明或者其他方便，导致税收流失的。 2. 税务稽查对象没有上述违法行为，但是查补税额在5 000元～2万元以上的。 3. 私自印制、伪造、倒卖、非法代开、虚开发票，非法携带、邮寄、运输或者存放空白发票，伪造、私自制作发票监制章和发票防伪专用品的。 4. 税务机关认为需要立案查处的其他情形

第 2 章

企业的第一大税：增值税

营改增后，增值税成为国家财政收入中税收收入的第一大来源，也成为企业的第一大税种，是企业的重要税种之一。不同行业对增值税的处理也有所不同，本章我们一起来探讨增值税。

| 2.1 |
揭露增值税的神秘面纱

在营业税改征为增值税后，几乎所有的行业都涉及增值税，这也为其蒙上了一层神秘的面纱，这一节我们来学习增值税的基础知识。

2.1.1 了解增值税的内涵及征税范围

增值税是对销售货物或者提供加工、修理修配劳务，销售服务、无形资产、不动产以及进口货物的单位和个人就其实现的增值额征收的一种税，是对商品生产、流通及劳务服务等环节中的新增价值征收的一种流转税。目前增值税已经成为我国最主要的税种之一，增值税收入占全国全部税收收入的 60% 以上，是最大的税种。

增值税的征收范围主要分为一般范围、特殊项目和特殊行为。增值税一般征收范围包括销售货物、进口货物、销售劳务、销售服务、销售无形资产和不动产等，如表 2-1 所示。

表 2-1　增值税的一般征收范围

项目	内容
销售货物	主要是指销售有形的动产，包括原材料、机器设备和电力、热力、气体等物品
进口货物	主要是报关进口的应税货物，除免税商品外，都要缴纳增值税
销售劳务	主要是有偿提供的加工、修理修配劳务，比如委托加工货物、对受损货物进行修复，都需缴纳增值税
销售服务	主要包括交通运输服务、邮政服务、电信服务、建筑服务、金融服务、现代服务和生活服务等
销售无形资产	主要是技术和自然资源使用权等无形资产的销售，比如土地使用权、特许经营权等的销售
销售不动产	主要是销售建筑物或构筑物，比如住宅、道路和桥梁等

增值税的征收范围除了一般范围外，对于一些特殊项目的交易，也需要缴纳增值税，主要的特殊项目有以下几种。

◆ **货物期货（包括商品期货和贵金属期货）**：在期货实物交割环节纳税，交割时以开具发票的一方为纳税人，按次缴纳增值税。

◆ **银行销售金银的业务**：银行除存贷款业务外，在实际业务中存在销售金银的业务，也需缴纳增值税。

◆ **典当业务**：典当业销售死当物品业务。

◆ **寄售业**：寄售业中受托人销售委托人寄售物品的业务。

◆ **其他**：集邮商品的生产、调拨及邮政部门以外的其他单位和个人销售集邮商品的业务。

在企业实际业务的开展中，有许多行为看似不是销售行为，但实质上就是销售，我们将其称为视同销售行为。以下八种行为在增值税税法中属于视同销售货物，均要征收增值税。

◆ 将货物交由他人代销，作为代销中的委托方要缴纳增值税。

◆ 销售代销货物，作为代销中的受托方要缴纳增值税。

◆ 将货物从一地移送至另一地（同一县市除外）。

◆ 将自产或委托加工的货物用于非应税项目。

◆ 将自产、委托加工或购买的货物作为对其他单位的投资。

◆ 将自产、委托加工或购买的货物分配给股东或投资者。

◆ 将自产、委托加工的货物用于职工福利或个人消费。

◆ 将自产、委托加工或购买的货物无偿赠送给他人。

2.1.2　增值税纳税义务人和扣缴义务人

依据《中华人民共和国增值税暂行条例》的规定，增值税的纳税义务人是指在中华人民共和国境内销售货物或者提供加工、修理修配劳务，销售服务、无形资产、不动产以及进口货物的单位和个人。

按照经营规模的大小和会计核算健全与否等标准，增值税纳税人可分为一般纳税人和小规模纳税人。

增值税一般纳税人是指年应税销售额超过财政部、国家税务总局规定的小规模纳税人标准的增值税纳税人（即年应税销售额＞500万元）；而年应税销售额未超过规定标准的纳税人，会计核算健全，能够提供准确的税务资料的，也可以向主管税务机关申请办理一般纳税人登记。

小规模纳税人是指年应税销售额在规定标准以下，并且会计核算不健全，不能按规定报送有关税务资料的增值税纳税人。小规模纳税人销售额标准为年应税销售额不超过500万元；而非企业性单位或不经常提供应税服务的企业和个体工商户，应税服务年销售额超过一般纳税人标准可选择按照小规模纳税人纳税。

按照政策规定，选择小规模纳税人的和年应税销售额超过规定标准的其他个人，不办理一般纳税人登记。

纳税人办理增值税一般纳税人登记的程序如图2-1所示。

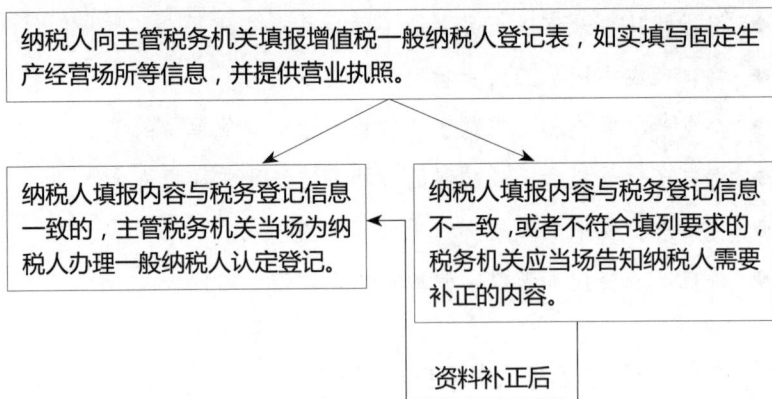

图2-1　增值税一般纳税人登记程序

在图2-1办事程序中，纳税人需要填报的增值税一般纳税人登记表的样式通常如图2-2所示。

增值税一般纳税人登记表

纳税人名称			统一社会信用代码（纳税人识别号）	
法定代表人（负责人、业主）		证件名称及号码		联系电话
财务负责人		证件名称及号码		联系电话
办税人员		证件名称及号码		联系电话
税务登记日期				
生产经营地址				
注册地址				
纳税人类别：企业□　非企业性单位□　个体工商户□　其他□				
主营业务类别：工业□　商业□　服务业□　其他□				
会计核算健全：是□				
一般纳税人生效之日：当月1日□　　次月1日□				
纳税人（代理人）承诺： 　　会计核算健全，能够提供准确税务资料，上述各项内容真实、可靠、完整。如有虚假，愿意承担相关法律责任。 　　经办人：　　　法定代表人：　　　代理人：　　　（签章） 　　　　　　　　　　　　　　　　　　　　　　年　月　日				
以下由税务机关填写				
税务机关受理情况	受理人：　　　　　　　　　受理税务机关（章） 　　　　　　　　　　　　　　　　　年　月　日			

图 2-2　增值税一般纳税人登记表

增值税扣缴义务人是指承担有增值税扣缴义务的人，中华人民共和国境外的单位或者个人在境内提供应税劳务，且在境内未设有经营机构的，以其境内代理人为扣缴义务人；在境内没有代理人的，以购买方为扣缴义务人。

2.1.3　增值税税率及征收率

增值税税率是增值税应税产品的总体税额与销售收入额的比例，根据自 2019 年 4 月 1 日起执行的《关于深化增值税改革有关政策的公告》可知，增值税一般纳税人发生增值税应税销售行为或者进口货物，原适用 16% 税率的，税率调整为 13%；原适用 10% 税率的，税率调整为 9%。现行增值税税率有 4 档：13%、9%、6% 和 0。具体行业增值税税率如表 2-2 所示。

表 2-2　增值税税率表

增值税项目		税率
销售或者进口货物（适用其他税率的货物除外）；销售劳务		13%
销售或者进口： 1. 粮食等农产品、食用植物油、食用盐。 2. 自来水、暖气、冷气、热水、煤气、石油液化气、天然气、二甲醚、沼气、居民用煤炭制品。 3. 图书、报纸、杂志、音像制品、电子出版物。 4. 饲料、化肥、农药、农机、农膜。 5. 国务院规定的其他货物		9%
增值税一般纳税人购进农产品，原适用 10% 扣除率的，扣除率调整为 9%		9%
增值税一般纳税人购进用于生产或者委托加工 13% 税率货物的农产品，按照 10% 扣除率计算进项税额		10%
交通运输服务	陆路运输服务、水路运输服务、航空运输服务（含航天运输服务）和管道服务、无运输工具承运业务等	9%
邮政服务	邮政普遍服务、邮政特殊服务和其他邮政服务	9%
电信服务	基础电信服务	9%
	增值电信服务	6%
建筑服务	工程服务、安装服务、修缮服务、装饰服务和其他建筑服务	9%
销售不动产	转让建筑物、构筑物等不动产所有权	9%
销售无形资产	转让技术、商标、著作权、自然资源和其他权益性无形资产使用权或所有权	6%
	转让土地使用权	9%
金融服务	贷款服务、直接收费金融服务、保险服务和金融商品转让等	6%
现代服务	研发和技术服务	6%
	信息技术服务	

续上表

增值税项目		税率
现代服务	文化创意服务	6%
	物流辅助服务	
	鉴证咨询服务	
	广播影视服务	
	商务辅助服务	
	其他现代服务	
	不动产租赁服务	9%
	有形动产租赁服务	13%
生活服务	文化体育服务	6%
	教育医疗服务	
	旅游娱乐服务	
	餐饮住宿服务	
	居民日常服务	
	其他生活服务	
纳税人出口货物（国务院另有规定的除外）		0
境内单位和个人跨境销售国务院规定范围内的服务、无形资产		0
销售货物、劳务，提供跨境应税行为，符合免税条件的		免税

　　增值税征收率是指特定的货物或特定的纳税人销售的货物、应税劳务在某一生产流通环节应纳税额与销售额的比率，主要针对的是小规模纳税人和一般纳税人采用简易计税方法计税的项目，具体的增值税征收率如表 2-3 所示。

表 2-3　增值税的征收率

增值税项目	征收率
小规模纳税人销售货物或者提供加工、修理修配劳务，销售应税服务、无形资产；一般纳税人发生按规定适用或者可以选择适用简易计税方法计税的特定应税行为（适用 5% 征收率的除外）	3%
小规模纳税人销售不动产和经营租赁符合条件的不动产（土地使用权）；一般纳税人转让营改增前取得的土地使用权和房地产开发企业销售、出租自行开发的房地产老项目；符合条件的不动产融资租赁；选择差额纳税的劳务派遣、安全保护服务；一般纳税人提供人力资源外包	5%
个人出租住房，按照 5% 的征收率减按 1.5% 计算应纳税额	5% 减按 1.5%
纳税人销售旧货；小规模纳税人（不含其他个人）以及符合规定情形的一般纳税人销售自己使用过的固定资产，可依 3% 征收率减按 2% 征收增值税	3% 减按 2%

| 2.2 |
增值税的计税方法及处理

上一节我们了解了增值税的基础知识，知道了增值税的税率和征收率，那么增值税如何计税？记账中我们又该如何处理？本节就来解答这些问题。

2.2.1　增值税的计税方法

增值税计税方法是指先计算出应税货物或者劳务的增值额，然后用增值额乘以适用税率计算出应纳税额。根据增值税纳税义务人和征缴方式的不同，增值税计税方法分为一般计税方法、简易计税方法和扣缴计税方法。

（1）一般计税方法

增值税一般计税方法通常适用于增值税一般纳税人，其应纳税额等于当期销项税额减去当期进项税额，属于抵扣制。也就是说，纳税人发生的增值税进项税额可以抵扣销项税额。该方法是增值税一般纳税人普遍采用的计税方法。下面我们来看看在计算申报时该如何处理。

在填报当期增值税销项税额（即增值税纳税申报表的附表一）时，要先计算当期销售额和销项税额，包括当期开具税控增值税专用发票、其他发票以及未开具发票的销售额和销项税额，按照 13%、9% 和 6% 的税率选填。

知识延伸｜增值税发票的开具

开具税控增值税专用发票是指企业当期在税控系统中开具的所有增值税专用发票，用来汇总当期开具增值税专用发票的销售额和税额。

开具其他发票是指增值税普通发票和其他类型发票，也用来汇总销售额和税额。

未开具发票的销售额是企业本期销售商品或提供劳务未开具销售发票的收入，可能有的购买方不需要销售方开具发票，就形成了未开票收入。对销售方来说，没有开票的收入一样要纳税。

填报增值税进项税额是填列增值税申报表附列资料表二，需要填制本期认证相符的防伪税控增值税专用发票、其他抵扣凭证、本期用于购建不动产的扣税凭证以及本期用于抵扣的旅客运输服务扣税凭证等，汇总合计就是本期进项税额总数，可以抵扣销项税额。

（2）简易计税方法

简易计税方法适用于增值税小规模纳税人和一般纳税人的特定销售项目，又叫简易征收。

该方法是增值税纳税人因行业的特殊性，在无法取得原材料或货物的增值税进项发票，而按照进销项的方法核算增值税应纳税额后税负又过高时，对特殊行业采取的简易征收率征收增值税的方法。

采用增值税简易计税方法核算增值税应纳税额时等于其销售额乘以其

征收率。简易计税办法适用的征收率以3%较为常见，营改增后某些行业适用5%的简易征收率。

采用增值税简易计税方法得出的进项税额不得抵扣，但适用一般计税方法的纳税人，兼营简易计税方法计税项目而无法划分不得抵扣的进项税额的，需按照下列公式计算不得抵扣的进项税额。

不得抵扣的进项税额=当期无法划分的全部进项税额×当期简易计税方法计税项目销售额÷当期全部销售额

| 范例解析 | 不得抵扣的进项税额的计算

甲公司为一般纳税人，其兼营简易计税项目。2019年10月全部销售额为500.00万元，当月取得无法划分的全部进项税额50.00万元，当月简易计税项目销售额100.00万元，则其不得抵扣的进项税额为多少？

依据公式"不得抵扣的进项税额=当期无法划分的全部进项税额×当期简易计税方法计税项目销售额÷当期全部销售额"可得：

甲公司不得抵扣的进项税额=50.00×100.00÷500.00=10.00（万元）

（3）扣缴计税方法

扣缴计税方法是在境外的单位和个人在境内提供应税劳务，且在境内未设置经营机构或场所的，由支付价款的一方（即购买方）代扣代缴增值税的方法。

2.2.2　增值税的计算

增值税的计算分为一般纳税人的一般计税计算、一般纳税人简易计税计算和小规模纳税人的增值税计算。对于一般纳税人的一般计税计算，要点如下。

◆ **销项税额**：是企业销售货物或劳务的销售额乘以货物增值税税率。

◆ **进项税额**：是企业购进货物或劳务收到的增值税发票注明的税额。

◆ **上期留抵税额**：是企业在上期未抵扣完的税额。

因此，一般纳税人采用一般计税方法的，需按照如下公式计算当期增值税应纳税额。

当期增值税应纳税额＝当期销项税额－当期进项税额－上期留抵税额

| 范例解析 |　一般纳税人增值税计算

甲公司为一般纳税人，税率为13%，2019年10月不含税销售额为100.00万元，当月可抵扣进项税额为10.00万元，上期留抵税额2.00万元，甲公司2019年10月应缴纳增值税多少万元？

甲公司本期增值税销项税额为：$100.00 \times 13\% = 13.00$（万元）。

则其10月应交增值税税额为：$13.00 - 10.00 - 2.00 = 1.00$（万元）。

如果甲公司当月可抵扣进项税额为15.00万元，上期留抵税额2.00万元，甲公司2019年10月应缴纳增值税多少万元？

甲公司10月应交增值税税额为：$13.00 - 15.00 - 2.00 = -4.00$（万元）。

这表示甲公司当月产生了期末留抵税额4.00万元，可以在下期进行抵扣。

并不是所有的增值税一般纳税人都适用一般计税方法。增值税一般纳税人的应税行为适用简易征收的增值税计算和小规模纳税人增值税的计算均采用下列公式。

增值税应纳税额＝不含税销售额×征收率

| 范例解析 |　小规模纳税人增值税计算

乙公司为小规模纳税人，增值税征收率为3%，2019年10月不含税销售额为100.00万元，乙公司2019年10月应缴纳增值税多少万元？

乙公司10月增值税应纳税额为：$100.00 \times 3\% = 3.00$（万元）

2.2.3 增值税会计处理

一般纳税人企业的增值税核算,应该在"应交增值税"明细账内设置"进项税额""已交税金""减免税款"和"转出未交增值税"等借方明细科目,以及"销项税额""出口退税"和"进项税额转出"等贷方明细科目。而小规模纳税人只需设置"应交增值税"明细科目,无须在"应交增值税"明细科目下设置三级明细科目。

对于增值税一般纳税人来说,增值税的处理需要分情况进行,具体如表 2-4 所示。

表 2-4 增值税的会计处理

情形	会计处理
企业从国内采购物资或接受应税劳务等	根据增值税专用发票上记载的应计入采购成本或加工、修理修配等物资成本的金额,借记"材料采购""在途物资""原材料""库存商品"或"生产成本""制造费用""委托加工物资""管理费用"等科目;根据专用发票上注明的可抵扣增值税税额,借记"应交税费——应交增值税(进项税额)"科目;按照应付或实际支付的总额,贷记"应付账款""应付票据"或"银行存款"等科目。如果购入货物发生退货时,则做相反的会计分录
企业购入免税农产品	按照买价和规定的扣除率计算进项税额,借记"应交税费——应交增值税(进项税额)"科目;按买价扣除按规定计算的进项税额后的差额,借记"材料采购""原材料"或"库存商品"等科目;按应付或实际支付的价款,贷记"应付账款"或"银行存款"等科目
购进生产用固定资产	支付的增值税税额应计入增值税进项税额,可以从销项税额中抵扣
企业购进的货物发生非常损失的,以及将购进货物改变用途的(如用于非应税项目、集体福利或个人消费等)	进项税额应通过"应交税费——应交增值税(进项税额转出)"科目转入有关科目,借记"待处理财产损溢""在建工程"或"应付职工薪酬"等科目,贷记"应交税费——应交增值税(进项税额转出)"科目;属于转作待处理财产损失的进项税额,应与遭受非常损失的购进货物、在产品或库存商品的成本一并处理

续上表

情形	会计处理
企业销售货物或者提供应税劳务	按照营业收入和应收取的增值税税额，借记"应收账款""应收票据"或"银行存款"等科目；按专用发票上注明的增值税税额，贷记"应交税费——应交增值税（销项税额）"科目；按照实现的营业收入，贷记"主营业务收入"或"其他业务收入"等科目。如果发生销售退回，做相反的会计分录
企业将自产或委托加工的货物用于非应税项目、集体福利或个人消费，将自产、委托加工或购买的货物作为投资、分配给股东或赠送他人等	应视同销售货物并计算缴纳增值税，借记"在建工程""长期股权投资"或"营业外支出"等科目，贷记"应交税费——应交增值税（销项税额）"科目
出口物资的企业，实行"免、抵、退"办法的生产性企业	按规定计算出的当期不予免征、抵扣和退税的税额，计入出口物资成本，借记"主营业务成本"科目，贷记"应交税费——应交增值税（进项税额转出）"科目。按规定当期应抵扣的税额，借记"应交税费——应交增值税（出口抵减内销产品应纳税额）"科目，贷记"应交税费——应交增值税（出口退税）"科目。因应抵扣的税额大于应纳税额而未全部抵扣，按规定应予以退回的税额，借记"应收补贴款"科目，贷记"应交税费——应交增值税（出口退税）"科目
直接减免的增值税	借记"应交税费——应交增值税（减免税款）"科目，贷记"营业外收入"科目
企业缴纳的增值税	借记"应交税费——应交增值税（已交税金）"科目，贷记"银行存款"科目

对于增值税小规模纳税人来说，应按照不含税销售额和规定的增值税征收率计算缴纳增值税。小规模纳税人不享有进项税额的抵扣权，因此其购进货物或接受应税劳务支付的增值税直接计入有关货物或劳务的成本，借记"材料采购"或"在途物资"等科目，贷记"应付账款"或"银行存款"等科目。

"应交税费——应交增值税"科目的贷方登记应缴纳的增值税税额，借方登记已缴纳的增值税税额；期末贷方余额表示尚未缴纳的增值税税额，借方余额为多缴纳的增值税税额。

| 范例解析 | 增值税会计处理

甲公司为一般纳税人，适用税率13%，2019年10月主要发生如下业务。

1.购入货物一批，取得增值税专用发票价税合计113.00万元，增值税额13.00万元，用银行存款支付。

2.本月销售收入226.00万元，其中200.00万元以银行存款方式取得，剩余款未收。

3.将购进的货物用于发放职工福利，已抵扣的进项税额为5.00万元。

4.本月缴纳增值税税款10.00万元。

写出甲公司发生业务的会计分录。

1.购入货物，增值税一般纳税人要单独核算增值税进项税额。

借：库存商品　　　　　　　　　　　　　　　1 000 000.00
　　应交税费——应交增值税（进项税额）　　　130 000.00
　　贷：银行存款　　　　　　　　　　　　　　　1 130 000.00

2.销售货物，确认主营业务收入（暂不考虑结转主营业务成本）。

借：银行存款　　　　　　　　　　　　　　　2 000 000.00
　　应收账款　　　　　　　　　　　　　　　　260 000.00
　　贷：主营业务收入　　　　　　　　　　　　　2 000 000.00
　　　　应交税费——应交增值税（销项税额）　　260 000.00

3.购进货物改变用途的，已抵扣的增值税进项税额要做转出处理。

借：应付职工薪酬　　　　　　　　　　　　　50 000.00
　　贷：应交税费——应交增值税（进项税额转出）　50 000.00

4.以银行存款缴纳税费。

借：应交税费——应交增值税（已交税金）　　100 000.00
　　贷：银行存款　　　　　　　　　　　　　　　100 000.00

| 2.3 |
增值税纳税申报

增值税是企业最大的税种之一，企业除了要正确核算应缴纳税额，还要完成其纳税申报工作，本节我们来了解增值税的纳税申报工作。

2.3.1 增值税纳税申报概述

增值税的纳税申报是企业对发生的增值税行为向税收征收机关依法申报、缴纳税款的行为。依据《中华人民共和国增值税暂行条例》的规定，增值税的纳税地点主要为表 2-5 所示的几种情况。

表 2-5 增值税的纳税地点

纳税人情况	纳税地点
固定业户	应当向其机构所在地的主管税务机关申报纳税。总机构和分支机构不在同一县（市）的，应当分别向各自所在地的主管税务机关申报纳税；经国务院财政、税务主管部门或者其授权的财政、税务机关批准，可以由总机构汇总向总机构所在地的主管税务机关申报纳税
固定业户到外县（市）销售货物或者劳务	应当向其机构所在地的主管税务机关报告外出经营事项，并向其机构所在地的主管税务机关申报纳税；未报告的，应当向销售地或者劳务发生地的主管税务机关申报纳税；未向销售地或者劳务发生地的主管税务机关申报纳税的，由其机构所在地的主管税务机关补征税款
非固定业户销售货物或者劳务	应当向销售地或者劳务发生地的主管税务机关申报纳税；未向销售地或者劳务发生地的主管税务机关申报纳税的，由其机构所在地或者居住地的主管税务机关补征税款
进口货物	应当向报关地海关申报纳税
扣缴义务人	应当向其机构所在地或者居住地的主管税务机关申报缴纳其扣缴的税款

增值税的纳税期限分别为 1 日、3 日、5 日、10 日、15 日、1 个月或者

1 个季度。纳税人的具体纳税期限由主管税务机关根据纳税人应纳税额的大小分别核定；不能按照固定期限纳税的，可以按次纳税。

纳税人以一个月或一个季度为一个纳税期的，自期满之日起 15 日内申报纳税；以 1 日、3 日、5 日、10 日或 15 日为一个纳税期的，自期满之日起 5 日内预缴税款，于次月 1 日起 15 日内申报纳税并结清上月应纳税款。

2.3.2　增值税发票使用管理

增值税发票是增值税纳税人纳税的最重要凭证，企业销售货物或提供劳务时开具增值税发票，购进货物或接受劳务时取得增值税发票，都是企业计算缴纳税款的重要依据。本小节主要讲解增值税发票抵扣税额和增值税发票的认证。

对于一般纳税人而言，取得一些票据是可以抵扣进项税额的，具体如下。

◆ 从销售方取得的增值税专用发票上注明的增值税税额。

◆ 从海关取得的海关进口增值税专用缴款书上注明的增值税税额。

◆ 企业购进农产品开具的发票（包括自行开具的农产品发票和购进方取得的农产品增值税专用发票和普通发票）注明的增值税税额。

◆ 购进国内旅客运输服务、接受境外单位或者个人提供的应税服务取得的增值税专用发票以及从税务机关或者境内代理人取得的解缴税款的中华人民共和国税收通用缴款书上注明的增值税税额。

企业取得增值税专用发票或机动车销售统一发票时，可以选择税务大厅人工确认认证，也可选择网上勾选认证。目前网上勾选认证已对所有企业开放，主要流程如下（以四川省为例）。

首先，在计算机上插入税盘，进入国家税务总局四川省税务局的官网首页（http://sichuan.chinatax.gov.cn/），单击"增值税发票综合服务平台"超链接，如图 2-3 所示。

图 2-3　进入当地税务局官网

进入增值税发票综合服务平台后，输入税盘证书密码。一般来说，如果证书密码没有修改过，就为初始密码 12345678，单击"登录"按钮进入平台界面，如图 2-4 所示。

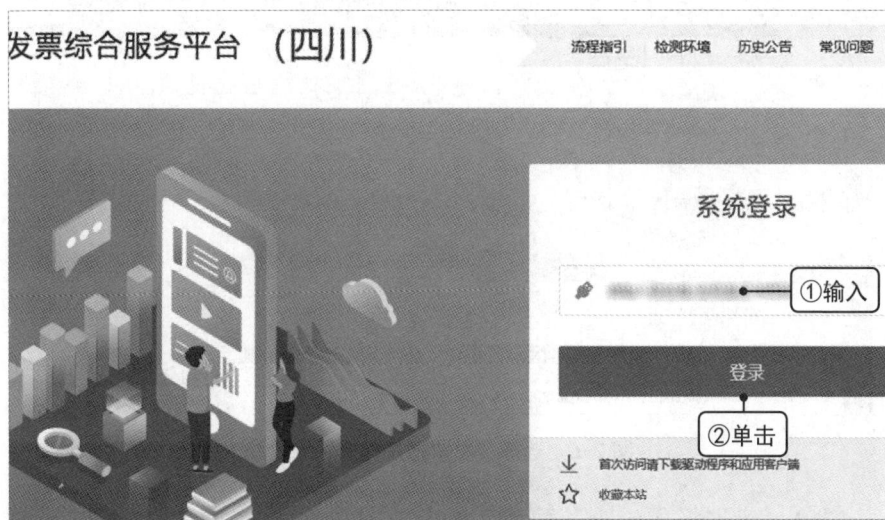

图 2-4　输入税盘证书密码并登录

在进入的平台页面中，单击页面上方的"抵扣勾选"导航按钮，如图 2-5所示。

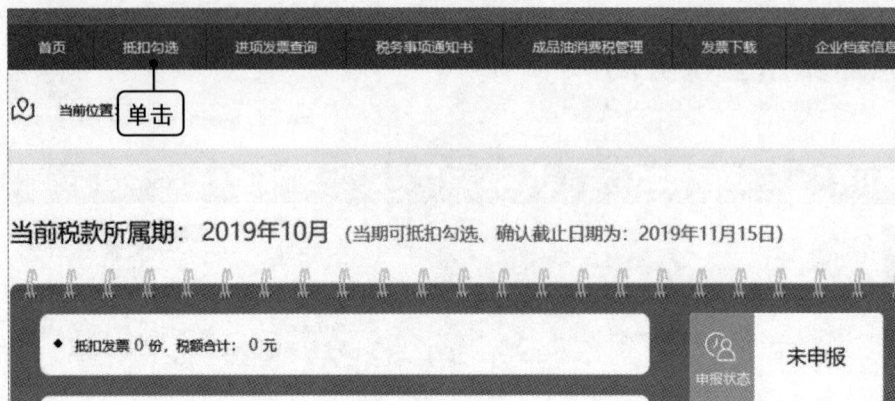

图 2-5　单击"抵扣勾选"导航按钮

在弹出的下拉列表中选择"发票抵扣勾选"命令，进入勾选认证界面，如图 2-6 所示。

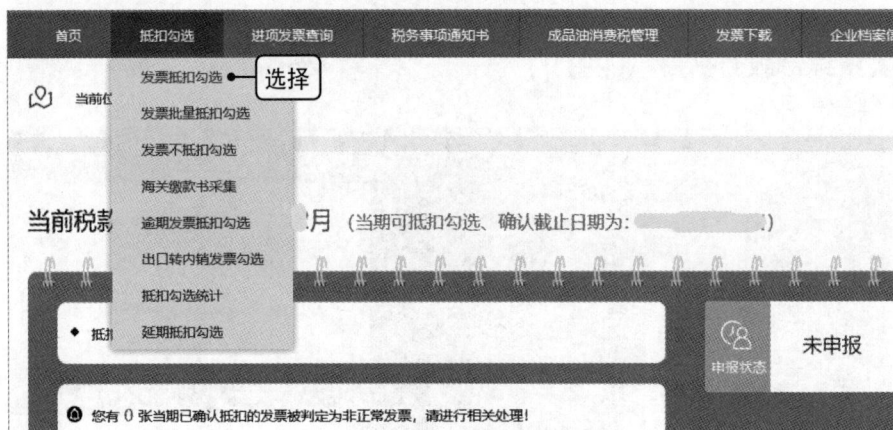

图 2-6　选择"发票抵扣勾选"命令

进入"发票抵扣勾选"页面后，可以根据页面的查询条件查询需要认证的增值税发票。值得注意的是，必须是在开票系统中开具且上传成功的增值税发票才可以查询得到，然后依据查询出来的发票结果选中需要当期认证的增值税发票左侧的复选框，单击"提交"按钮，如图 2-7 所示。

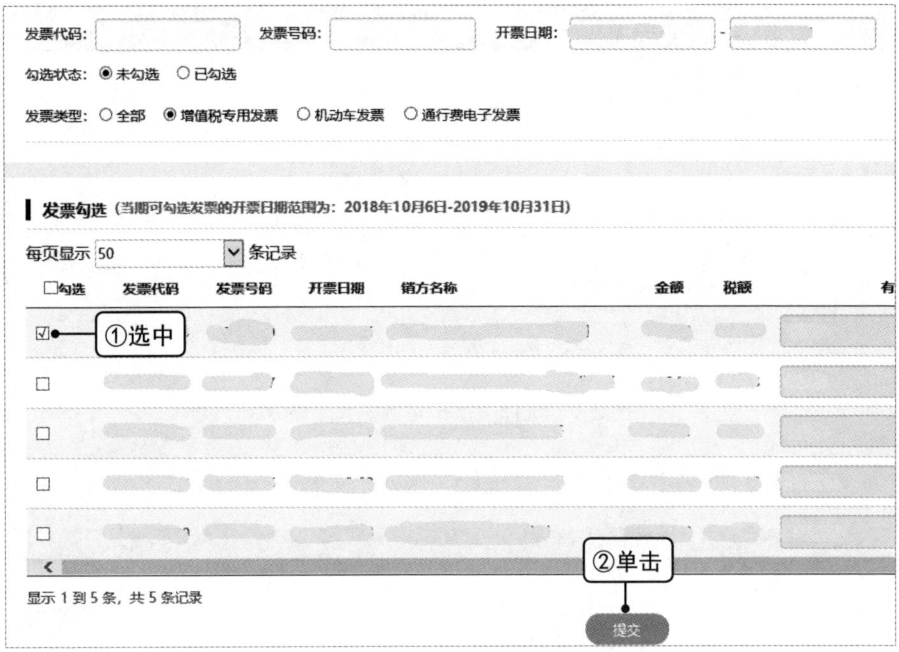

图 2-7　选择需要当期认证的增值税发票

提交勾选的发票后，系统会出现勾选认证的提示，检查勾选认证信息，确认无误后单击"确定"按钮，完成提交，如图 2-8 所示。

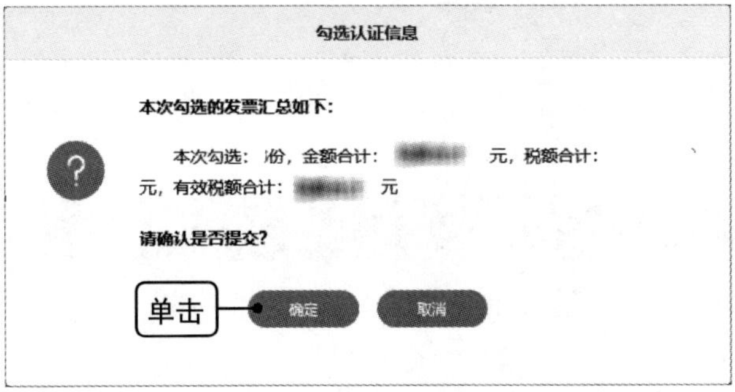

图 2-8　提交发票抵扣认证申请

再在程序中单击"抵扣勾选"导航按钮，在弹出的下拉列表中选择"抵扣勾选统计"命令，如图 2-9 所示。

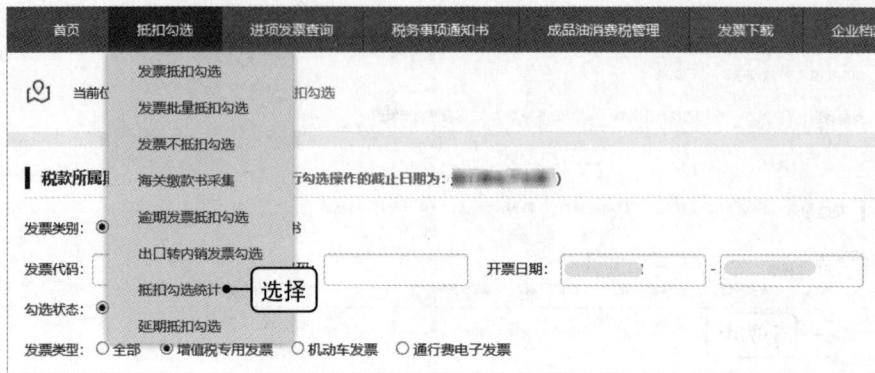

图2-9 选择"抵扣勾选统计"命令

在打开的页面中单击"申请统计"按钮，如图2-10所示。

图2-10 单击"申请统计"按钮

一般间隔1～5分钟后，单击"统计查询"按钮，就可以汇总显示当期认证的增值税发票类型、份数、金额和税额等情况（在申报增值税前都可以撤销申请统计，返回再进行勾选认证）。如图2-11所示。

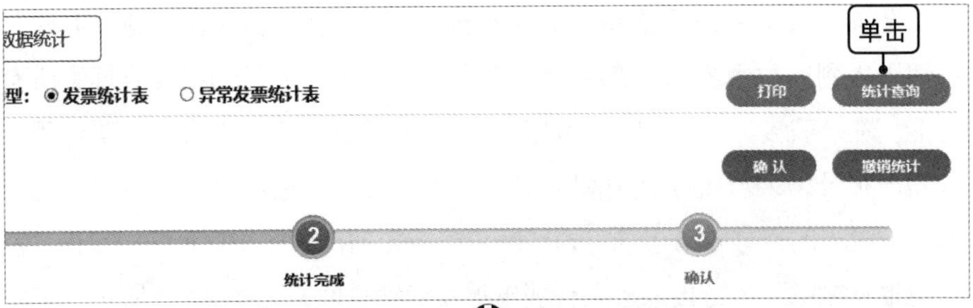

发票统计表（报表更新时间：　　　）

纳税人名称：　　纳税人识别号：　　所属月份：

发票类型 \ 用途	抵扣			
	份数	金额	有效税额	份数
增值税专用发票				0
机动车销售统一发票	0	0.00	0.00	0
通行费电子发票	0	0.00	0.00	0
海关缴款书	0	-	0.00	0
出口转内销发票	0	0.00	0.00	0
出口转内销海关缴款书	0	-	0.00	0
总计				0

图 2-11　查询统计结果

确认统计信息无误后，需要插上税盘确认签名，方可进行进项税额的抵扣申报。

2.3.3　增值税一般纳税人申报

当我们确认好当期的销售收入、增值税销项税额和进项税额后，需要在规定期限内进行增值税纳税申报。增值税一般纳税人通常在当月 15 日前申报上月应缴纳的增值税。目前比较快捷的报税方法是采用网上申报的方式，以四川省为例，主要申报流程如下。

登录进入国家税务总局四川省电子税务局，在首页单击"我要办税"按钮进入到办税主界面，在主页上方提供了检索功能，纳税人可搜索所有功能。在"我要办税"界面，纳税人可以选择综合信息报告、发票使用、税费申报及缴纳、税收减免和证明开具等涉税事项进行办理，页面中还会显示纳税人的待办税务事项，如当期未申报的增值税。在该页面中单击"税费申报及缴纳"超链接，进入税费申报及缴纳页面，如图 2-12 所示。

图 2-12　单击"税费申报及缴纳"超链接

在新的页面左侧选择"增值税及附加税费申报"选项，在页面右侧单击"增值税一般纳税人申报"超链接，如图 2-13 所示。

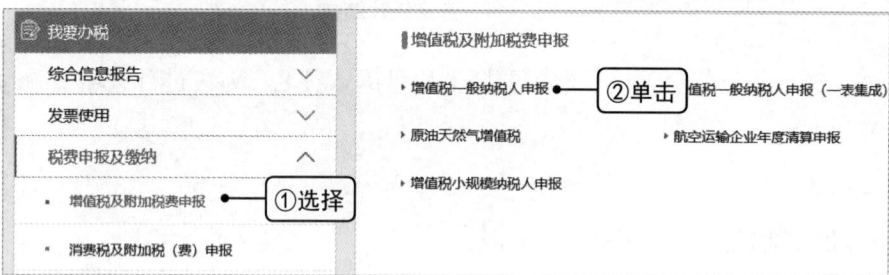

图 2-13　进入增值税一般纳税人申报页面

进入"增值税一般纳税人申报"页面前，系统会打开"适用加计抵减政策的声明"对话框，如果纳税人适用加计抵减政策，则根据需要选中相应的声明单选按钮，然后单击"填写声明"按钮，进行声明的填写，如图 2-14

所示。如果纳税人不适用加计抵减政策，则直接单击"关闭"按钮进入申报页面。

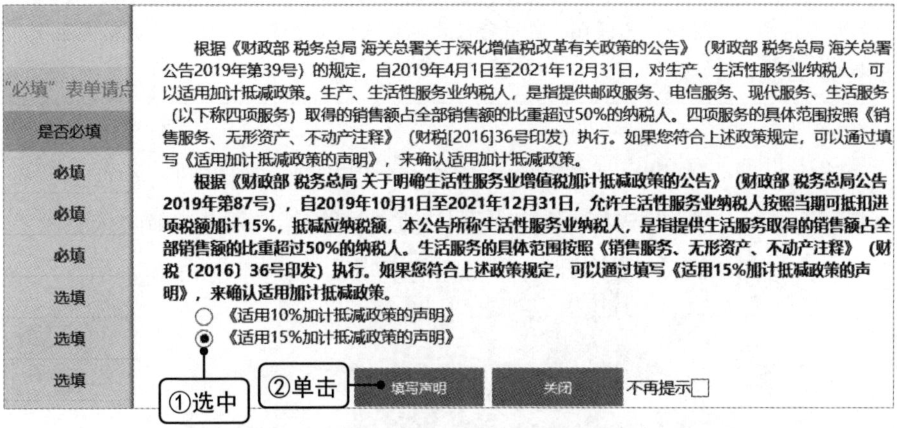

图 2-14　填写适用的加计抵减政策的声明

　　完成声明的填写后将进入报表清单页面，主要是增值税一般纳税人申报的一些表单，其中增值税纳税申报表（一般纳税人适用）、增值税纳税申报表附列资料一（本期销售情况明细）以及增值税纳税申报表附列资料二（本期进项税额明细）为必填的表单，其他表单由纳税人根据实际需要选填。必填表单与选填表单都进行了标示，如图 2-15 所示。

是否必填	表单名称	操作
必填	增值税纳税申报表（一般纳税人适用）	填写
必填	增值税纳税申报表附列资料一（本期销售情况明细）	填写
必填	增值税纳税申报表附列资料二（本期进项税额明细）	填写
选填	增值税纳税申报表附列资料三（应税服务扣除项目明细）	填写
选填	增值税纳税申报表附列资料四（税额抵减情况表）	填写
选填	增值税减免税申报明细表	填写
选填	农产品核定扣除增值税进项税额计算表（汇总表）	填写
选填	成本法核定农产品增值税进项税额计算表	填写
选填	投入产出法核定农产品增值税进项税额计算表	填写
选填	成品油购销存情况明细表	填写

图 2-15　查看增值税一般纳税人需要填写的申报表

知识延伸 | 对于申报时报表底色的说明

　　报表的底色代表报表的填写状态，白色说明此报表还未填写，可进行填写；蓝色说明此报表所填信息已保存，可进行修改或重填；橙色说明此报表的数据发生了变化，需要重新保存。

　　单击页面右侧的"填表说明"按钮，打开填报说明页面，主要是对增值税申报表（一般纳税人适用）及其附列资料的填写说明。第一次填写表单的人应该仔细阅读填写说明，学习如何填写表单，如图2-16所示。

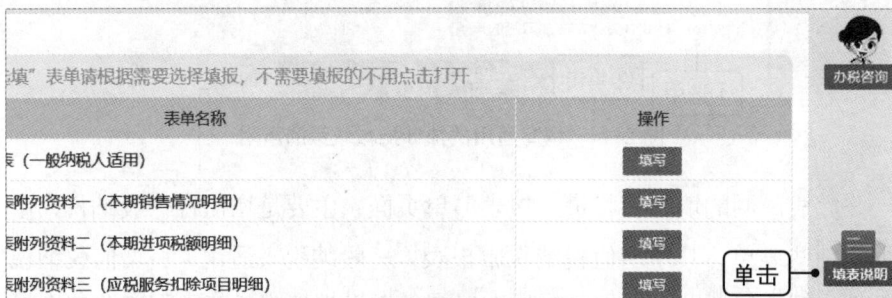

图2-16　阅览报表填写说明

　　进入增值税纳税申报表的填写，一般来说首先是进行销售信息的填写，即单击增值税纳税申报表附列资料一（本期销售情况明细）右侧的"填写"按钮，在打开的页面中填写本期销售数额。其中开具税控增值税专用发票和开具其他发票的销售额以及销项税额等信息在开票系统中抄报税后系统会自动带出，申报时只需核对其一致性，如图2-17所示。

增值税纳税申报表附列资料（一）

增值税纳税

（本

税款所属时间：

纳税人名称（公章）：

项目及栏次			开具税控增值税专用发票		开具其他发票		销
			销售额	销项(应纳)税额	销售额	销项(应纳)税额	
			1	2	3	4	
一、一般计税	全部征税项目	13%税率的货物及加工修理修配劳务　1	0.00	0.00	0.00	0.00	
		13%税率的服务、不动产和无形资产　2	0.00	0.00	0.00	0.00	
		9%税率的货物及加工修理修配劳务　3	0.00	0.00	24770.64	2229.36	
		9%税率的服务、不动产和无形资产　4	0.00	0.00	0.00	0.00	

填写

图 2-17　填写增值税纳税申报表的销售数据

再进行进项的填写，即单击增值税纳税申报表附列资料二（本期进项税额明细）右侧的"填写"按钮，填写本期进项情况。其中纳税人勾选认证的进项情况会由系统自动带出，如图 2-18 所示。

增值税纳税申报表附列资料二（本期进项税额明细）

增值税纳税申报表附列资料二

（本期进项税额明细）

税款所属时间：2019-10-01至2019-10-31

纳税人名称（公章）：

一、申报抵扣的进项税额

项目	栏次	份数	金额
（一）认证相符的增值税专用发票	1=2+3		
其中：本期认证相符且本期申报抵扣	2		
前期认证相符且本期申报抵扣	3	0	
（二）其他扣税凭证	4=5+6+7+8a+8b	0	
其中：海关进口增值税专用缴款书	5	0	
农产品收购发票或者销售发票	6	0	
代扣代缴税收缴款凭证	7	--	
加计扣除农产品进项税额	8a		

填写

图 2-18　填写增值税纳税申报表的进项数据

进行主表的填写，其中"销售额"与附列一是相互勾稽的关系，税款计算是对本期应纳税额的计算，包括纳税人的销项税额、进项税额等，再进行税款缴纳项的填写，即纳税人当期应缴纳增值税的金额，填好后单击"保存"按钮，如图2-19所示。

增值税纳税申报表（一般纳税人适用）

增值税纳税申报表
（一般纳税人适用）

根据国家税收法律法规及增值税相关规定制定本表。纳税人不论有无销售额，均应按税务机关核定的纳税期限填写本表，并

税款所属时间：2019-10-01至2019-10-31 　　　　　　　　　　填表日期：2019-11-11

纳税人识别号				所属行业	
纳税人名称		法定代表人姓名		注册地址	
开户银行及帐号		登记注册类型			

	项目	栏次	一般项目	
			本月数	本年累计
销售	（一）按适用税率计税销售额	1		
	其中：应税货物销售额	2		
	应税劳务销售额	3	0.00	0.00
	纳税检查调整的销售额	4	0.00	0.00
	（二）按简易征收办法计税销售额	5	0.00	0.00

①填写

纳		24+25+26-27		
	其中：欠缴税额（≥0）	33＝25+26-27	0.00	--
	本期应补（退）税额	34＝24-28-29	0.00	--
	即征即退实际退税额	35	--	--
	期初未缴查补税额	36	0.00	0.00
	本期入库查补税额	37	0.00	0.00
	期末未缴查补税额	38＝16+22+36-37	0.00	0.00

授权声明	如果你已委托代理人申报，请填写下列资料：		申报人声明	本... 法... 我确定...
	为代理一切税务事宜，现授权			
	（地址）　　　　　　　　　为本纳税人的代理申报人，任何与本申报表有关			
	的往来文件，都可寄予此人。			

主管税务机关：　　　　　　　接收人：　　　　　　　接收日期：

②单击　　　　保存　　　暂存　　　取消

图 2-19　填写纳税申报的主表

增值税纳税申报表填写完成并保存后，纳税人可返回表单主界面，对填制过的表单进行重填、修改和查看，确认填制的表单无误后，可以单击"申报"按钮，如图 2-20 所示。

图 2-20　单击"申报"按钮

此时，系统会出现确认填写表单是否完整的提示信息，确认无误后，单击"确定"按钮，如图 2-21 所示。

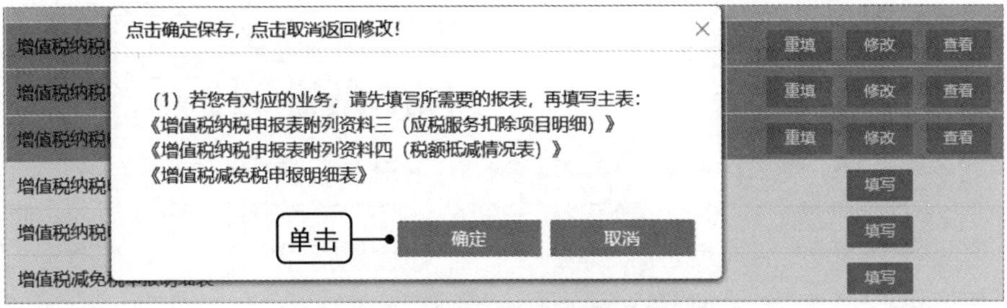

图 2-21　确认申报

在确认表单填写无误后，系统会出现确认提交所申报的数据的提示，如果确认提交的数据无误，单击"确定"按钮，如图 2-22 所示。

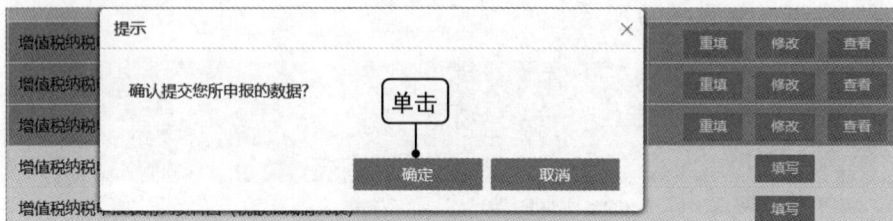

图 2-22　确认提交的申报数据

纳税人完成申报后，会出现图 2-23 所示的提示，纳税人可以等系统自动跳转，也可以单击"查看申报结果"超链接查看申报结果。

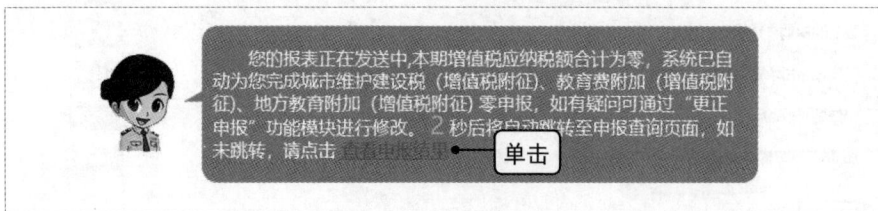

图 2-23　查看申报结果

纳税人完成申报后，还可以按照税种、申报日期、申报状态和所属时期等筛选条件查询申报的结果状态，如图 2-24 所示。

图 2-24　按照筛选条件查询申报结果

2.3.4 增值税小规模纳税人申报

增值税一般纳税人申报流程了解完后，我们再来看看增值税小规模纳税人如何进行网上申报。增值税小规模纳税人以一个季度为申报周期，同样以四川省为例，主要流程如下。

在"我要办税"页面单击"税费申报及缴纳"超链接，在打开的新页面中单击"增值税及附加税费申报"按钮，在打开的对话框中单击"小规模纳税人增值税申报"按钮，如图 2-25 所示。

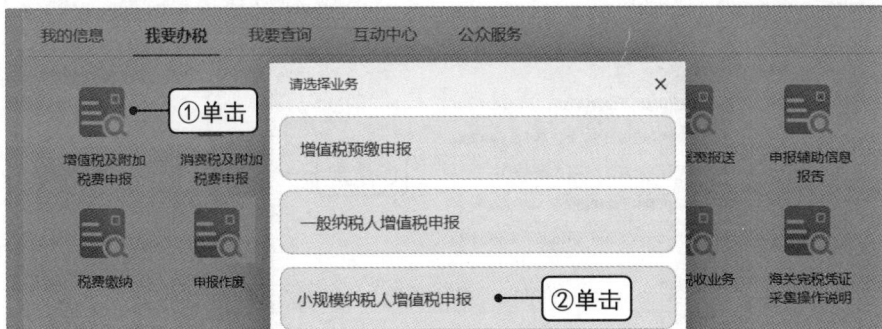

图 2-25　单击"小规模纳税人增值税申报"按钮

进入小规模纳税人增值税申报页面前，会先打开温馨提示对话框，提示相关信息，纳税人单击"确定"按钮后进入申报表填写页面，如图 2-26 所示。

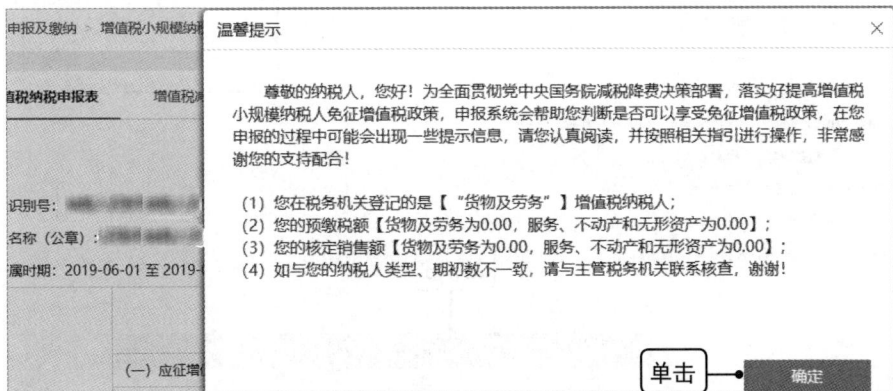

图 2-26　进入申报表填写页面

在增值税纳税申报表填写页面，主要是进行计税依据的填写，比如应征增值税不含税销售额（3% 征收率）的填写，再进行税款的计算，计算应纳税额。报表填写页面上方可实现申报表的切换，下方有申报、保存、暂存、导入和取消按钮，如图 2-27 所示。

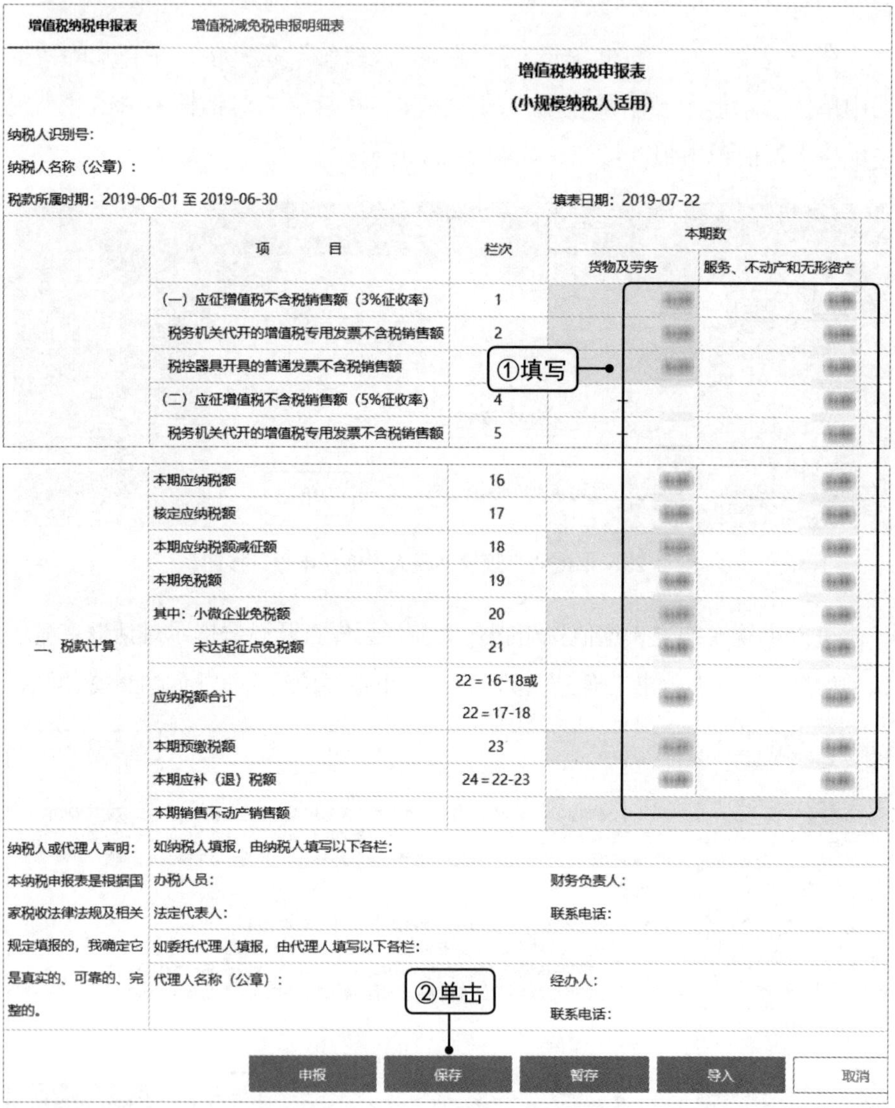
增值税纳税申报表　增值税减免税申报明细表

增值税纳税申报表
(小规模纳税人适用)

纳税人识别号:

纳税人名称（公章）:

税款所属时期：2019-06-01 至 2019-06-30　　填表日期：2019-07-22

	项　目	栏次	本期数	
			货物及劳务	服务、不动产和无形资产
	(一) 应征增值税不含税销售额（3%征收率）	1		
	税务机关代开的增值税专用发票不含税销售额	2		
	税控器具开具的普通发票不含税销售额	3		
	(二) 应征增值税不含税销售额（5%征收率）	4	—	
	税务机关代开的增值税专用发票不含税销售额	5	—	
二、税款计算	本期应纳税额	16		
	核定应纳税额	17		
	本期应纳税额减征额	18		
	本期免税额	19		
	其中：小微企业免税额	20		
	未达起征点免税额	21		
	应纳税额合计	22＝16-18或22＝17-18		
	本期预缴税额	23		
	本期应补（退）税额	24＝22-23		
	本期销售不动产销售额			

纳税人或代理人声明：本纳税申报表是根据国家税收法律法规及相关规定填报的，我确定它是真实的、可靠的、完整的。	如纳税人填报，由纳税人填写以下各栏：	
	办税人员：	财务负责人：
	法定代表人：	联系电话：
	如委托代理人填报，由代理人填写以下各栏：	
	代理人名称（公章）：	经办人：
		联系电话：

申报　保存　暂存　导入　取消

图 2-27　填写纳税申报表并保存数据

如果纳税人涉及减免业务，则单击"增值税减免税申报明细表"导航按钮进入报表填写界面，在"增值税减免税申报明细表"界面，减税和免税性质代码及名称是有"请选择"项的，纳税人单击"请选择"下拉按钮，如图 2-28 所示。

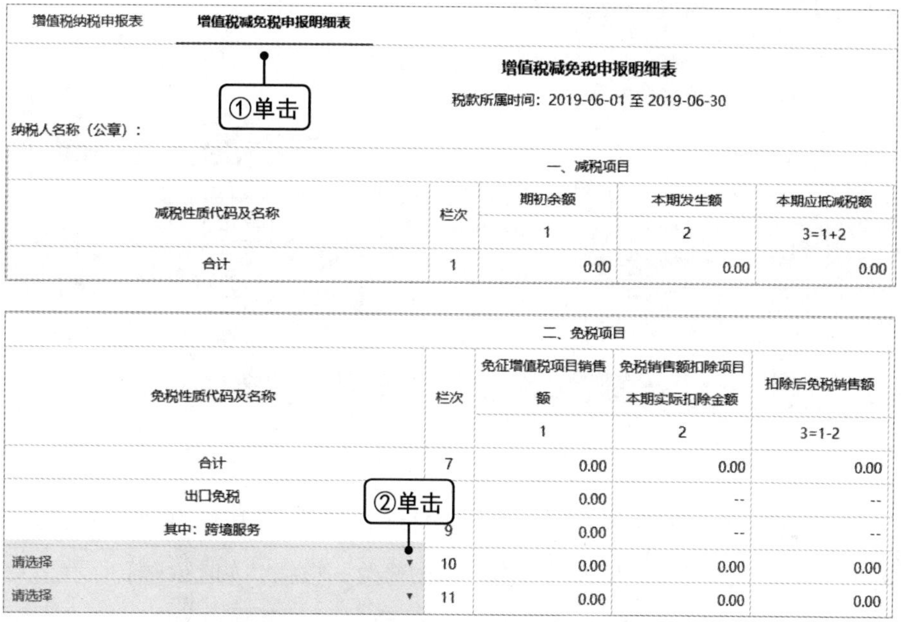

图 2-28　填写增值税减免税申报明细表

此时会弹出免税性质代码及名称列表框，纳税人需选择适合自己的免税优惠项，如图 2-29 所示。

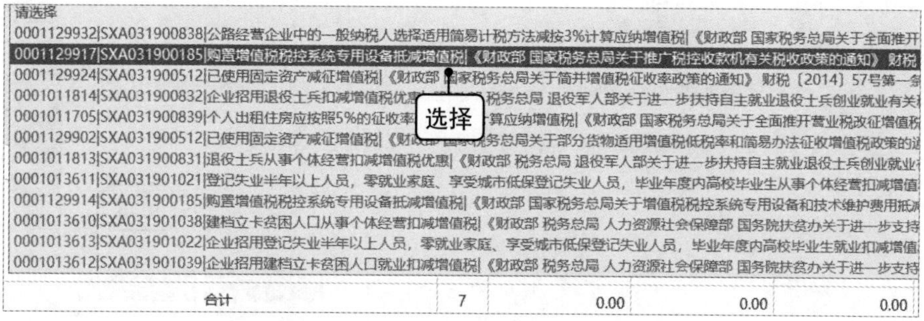

图 2-29　选择适合的免税优惠项

填写完成后单击"申报"按钮，页面中会出现确认提交所申报的数据的提示，单击"确定"按钮，如图 2-30 所示。

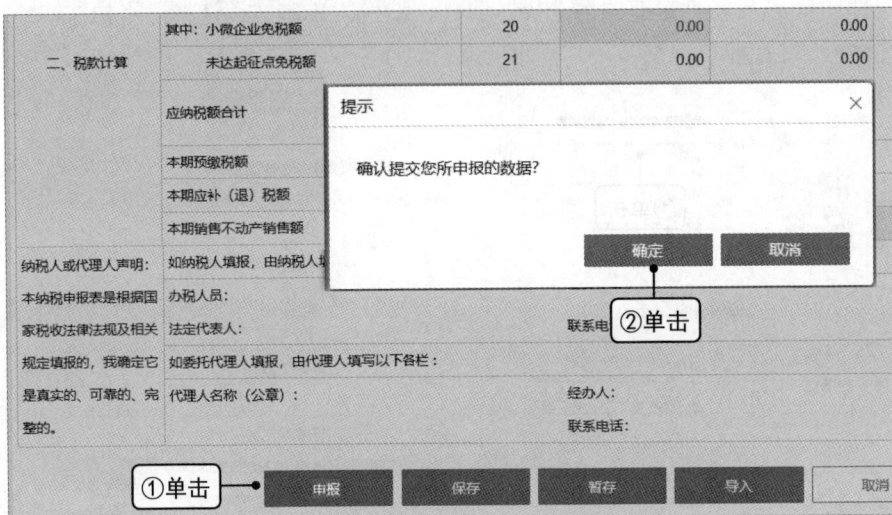

2-30　确认提交申报的数据

当申报数据比对有异常时，单击"申报"按钮后会弹出一窗式比对结果，提示不通过的情况，纳税人可单击"返回修改"按钮，如图 2-31 所示。

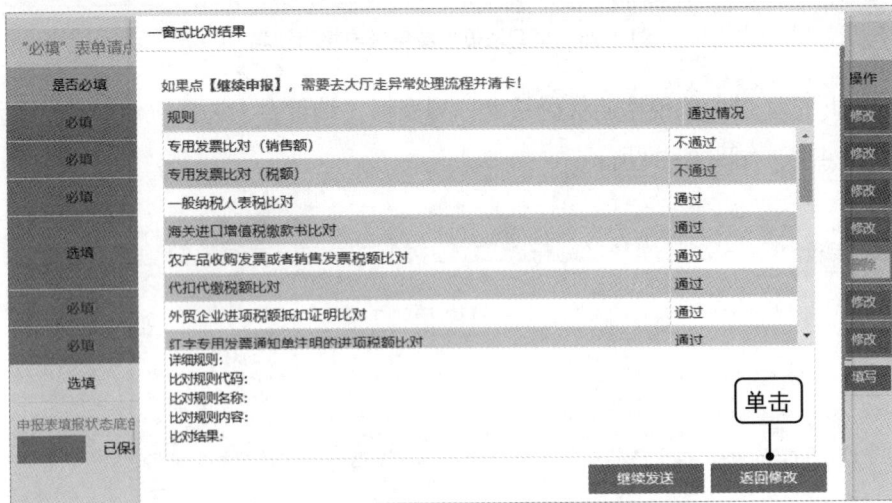

图 2-31　数据比对异常时返回修改

　　返回到报表填写页面，修改申报数据，直至提交申报数据后不再提示比对不通过，此时单击"继续发送"按钮，系统会自动申报并跳转至附加税费申报页面，并打开提示对话框，单击"确定"按钮，如图 2-32 所示。

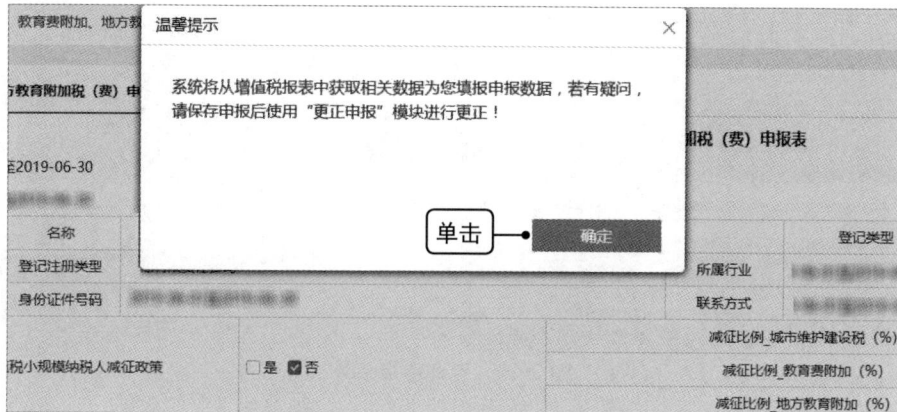

图 2-32　跳转至附加税费的申报页面

　　确认附加税费页面的信息无误后，单击下方的"申报"按钮，在打开的对话框中单击"确定"按钮，确认提交的申报数据，如图 2-33 所示。

图 2-33　确认提交申报的数据

等待倒计时结束后进入申报结果查询页面（也可直接单击相关查询按钮进入查询页面），可在其中查看申报是否成功；若申报失败，也可以查看失败原因，根据具体原因进行处理，如图 2-34 所示。

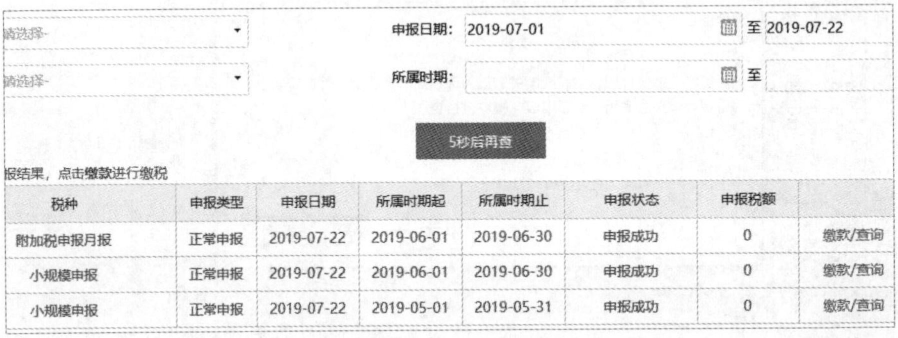
请选择-
申报日期：2019-07-01
至 2019-07-22
请选择-
所属时期：
至
5秒后再查
报结果，点击缴款进行缴税
税种
申报类型
申报日期
所属时期起
所属时期止
申报状态
申报税额
附加税申报月报 正常申报 2019-07-22 2019-06-01 2019-06-30 申报成功 0 缴款/查询
小规模申报 正常申报 2019-07-22 2019-06-01 2019-06-30 申报成功 0 缴款/查询
小规模申报 正常申报 2019-07-22 2019-05-01 2019-05-31 申报成功 0 缴款/查询

图 2-34　查询申报结果

查询结果出来后，纳税人可以对未缴款的申报记录单击“申报作废”超链接，在打开的对话框中单击“确定”按钮，可作废申报，如图 2-35 所示。

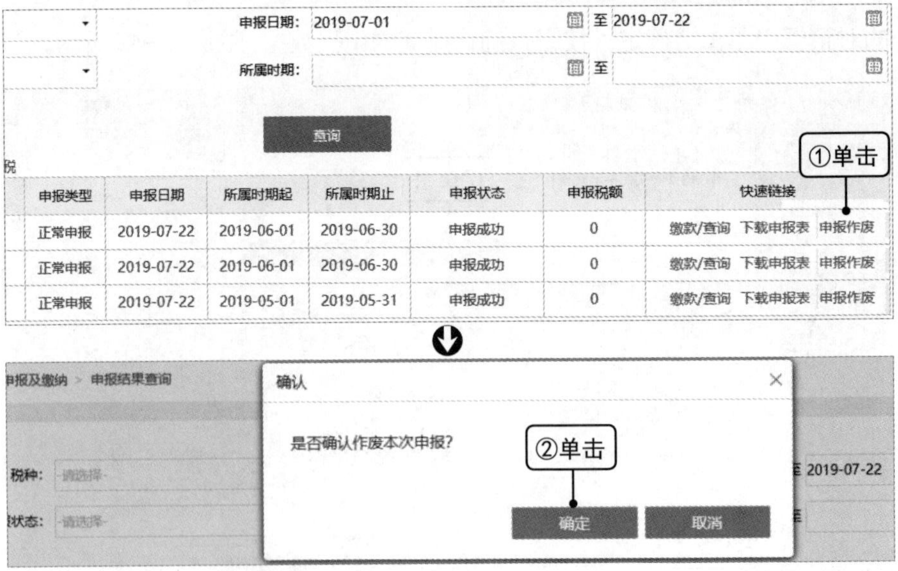
申报日期：2019-07-01
至 2019-07-22
所属时期：
至
查询
税
①单击
申报类型
申报日期
所属时期起
所属时期止
申报状态
申报税额
快速链接
正常申报 2019-07-22 2019-06-01 2019-06-30 申报成功 0 缴款/查询 下载申报表 申报作废
正常申报 2019-07-22 2019-06-01 2019-06-30 申报成功 0 缴款/查询 下载申报表 申报作废
正常申报 2019-07-22 2019-05-01 2019-05-31 申报成功 0 缴款/查询 下载申报表 申报作废
申报及缴纳 > 申报结果查询
确认
是否确认作废本次申报？
②单击
税种：-请选择-
状态：-请选择-
2019-07-22
确定
取消

图 2-35　作废未缴款的申报记录

作废成功后可单击“重新申报”超链接，进行重新申报，如图 2-36 所示。

	申报日期：2019-07-01		至 2019-07-22			
	所属时期：		至			

查询

缴款进行缴税

	申报类型	申报日期	所属时期起	所属时期止	申报状态	申报税额		快速链接
月报	正常申报	2019-07-22	2019-06-01	2019-06-30	申报作废	0	单击	重新申报
报	正常申报	2019-07-22	2019-06-01	2019-06-30	申报成功	0		缴款/查询 下载申报表
报	正常申报	2019-07-22	2019-05-01	2019-05-31	申报成功	0		缴款/查询 下载申报表

图 2-36 重新申报

知识延伸 | 查看申报结果后涉及的缴款操作和申报表下载操作

若在图2-35所示的页面单击"缴款/查询"超链接，则会进入缴款页面，如图2-37所示，纳税人选择需要缴款的项目后选择缴款方式，通过单击相应按钮进行缴款。而单击"下载申报表"超链接可下载申报表的PDF文件进行查看或打印。

未缴税	已缴税	交易失败处理				

尊敬的纳税人，请先点击 查询 进行应征税费明细查询。如果您的应征信息发生变化，请重新点击查询。

	序号	征收项目	征收品目	应征凭证种类	税款所属时期起	税款所属时期止	税额
	1	增值税	经纪代理服务...	《增值税纳税申报表（小规模纳税...	2019-04-01	2019-06-30	30000.00
	2	城市维护建设税	市区（增值税...	《城建税、教育费附加、地方教育...	2019-04-01	2019-06-30	1050.00
①选中		加	增值税教育费...	《城建税、教育费附加、地方教育附加（费）申报表》	2019-06-30		450.00
	4	地方教育附加	增值税地方教...	《城建税、教育费附加、地方教育...	2019-04-01	2019-06-30	300.00

②单击

三方协议缴款　银联缴款　二维码缴款

图 2-37 选择缴款项目和缴款方式

2.3.5 增值税出口退税管理

生产企业自营或委托外贸企业代理出口自产货物的，除另有规定外，增值税一律实行免、抵、退税管理办法和制度。

免税是指对生产企业出口的自产货物免征本企业生产销售环节的增值税；抵税是指生产企业出口自产货物所耗用的原材料、零部件、燃料和动力等所含应予退还的进项税额，抵减销售货物的应纳税额；退税是指生产企业出口的自产货物在当月内应抵扣的进项税额大于应纳税额时，对未抵扣完的部分予以退税。免抵退税额的计算公式如下。

免抵退税额=出口货物离岸价×外汇人民币价格×出口货物退税率-免抵退税额抵减额

| 范例解析 | 免抵退税额的计算

某自营出口生产企业是增值税一般纳税人，出口货物的征税税率为13%，退税率为10%。2019年8月有关经营业务为：购入原材料一批，取得的增值税专用发票注明的价款为200.00万元，外购货物准予抵扣进项税额为26.00万元，货物已验收入库。当月进料加工发生的免税进口料件的组成计税价格为100.00万元，上期末留抵税款6.00万元。本月内销货物不含税销售额100.00万元，收款113.00万元存入银行，本月出口货物销售额折合人民币200.00万元。计算该企业当期的"免、抵、退"税额。

免抵退税不得免征和抵扣税额的抵减额=免税购进原材料价格×（出口货物征税率-出口货物退税率）=100.00×（13%-10%）=3.00（万元）

免抵退税不得免征和抵扣税额=出口货物离岸价格×（出口货物征税率-出口货物退税率）-免抵退税不得免征和抵扣税额的抵减额=200.00×（13%-10%）-3.00=3.00（万元）

当期应纳税额=100.00×13%-（26.00-3.00）-6.00=-16.00（万元）

免抵退税额抵减额=免税购进原材料价格×出口货物退税率=100.00×10%=10.00（万元）

出口货物免抵退税额=200.00×10%-10.00=10.00（万元）

按规定，如果当期期末留抵税额>当期免抵退税额：当期应退税额=当期免抵退税额，由于当期期末留抵税额为 16.00 万元，因此该企业应退税额为 10.00 万元。

当期免抵税额 = 当期免抵退税额 − 当期应退税额 = 10.00 − 10.00 = 0.00（万元）

出口物资且实行"免、抵、退"办法的生产性企业，按规定计算出的当期不予免征、抵扣和退税的税额，计入出口物资成本，借记"主营业务成本"科目，贷记"应交税费——应交增值税（进项税额转出）"科目。按规定当期应抵扣的税额，借记"应交税费——应交增值税——出口抵减内销产品应纳税额（免抵额）"科目，贷记"应交税费——应交增值税——出口退税（免抵额）"科目。

因应抵扣的税额大于应纳税额而未全部抵扣，且按规定应予以退回的税额，借记"应收补贴款"科目，贷记"应交税费——应交增值税（出口退税）"科目，收到退税款时，借记"银行存款"科目，贷记"应收补贴款"科目。

2.3.6 增值税税收优惠

增值税是企业的第一大税种，为了减轻企业税收负担，激发企业经营的积极性，促进社会经济的发展，国家出台了一系列的税收优惠政策，本小节对其中一些常用的增值税税收优惠政策进行梳理。

财政部、税务总局公告 2019 年第 87 号《关于明确生活性服务业增值税加计抵减政策的公告》中规定，从 2019 年 10 月 1 日至 2021 年 12 月 31 日，允许生活性服务业纳税人按照当期可抵扣进项税额加计 15%，抵减应纳税额。生活性服务业纳税人是指提供生活服务，即提供文化体育服务、教育医疗服务、旅游娱乐服务、餐饮住宿服务、居民日常服务和其他生活服务取得的销售额占全部销售额的比重超过 50% 的纳税人。

依据财务部、税务总局、海关总署公告 2019 年第 39 号《关于深化增值税改革有关政策的公告》，对增值税的减税规定有表 2-6 所示的几条。

表 2-6　相关政策中增值税的减税规定

条目	内容
1	调整一般纳税人增值税税率,增值税一般纳税人发生增值税应税销售行为或者进口货物,原适用 16% 税率的,税率调整为 13%,原适用 10% 税率的,税率调整为 9%
2	纳税人购进用于生产或者委托加工 13% 税率货物的农产品,按照 10% 的扣除率计算进项税额
3	自 2019 年 4 月 1 日起,纳税人取得不动产或者不动产在建工程的进项税额不再分两年抵扣,可以一次性抵扣
4	纳税人购进国内旅客运输服务,其进项税额允许从销项税额中抵扣
5	自 2019 年 4 月 1 日起,试行增值税期末留抵税额退税制度

财政部、税务总局、退役军人事务部财税〔2019〕21 号《关于进一步扶持自主就业退役士兵创业就业有关税收政策的通知》中,主要有如下规定。

◆ 自主就业退役士兵从事个体经营的,自办理个体工商户登记当月起,在 3 年（36 个月,下同）内按每户每年 12 000 元为限额依次扣减其当年实际应缴纳的增值税、城市维护建设税、教育费附加、地方教育附加和个人所得税。限额标准最高可上浮 20%,各省、自治区、直辖市人民政府可根据本地区实际情况在此幅度内确定具体限额标准。

◆ 企业招用自主就业退役士兵,与其签订一年以上期限劳动合同并依法缴纳社会保险费的,自签订劳动合同并缴纳社会保险当月起,在 3 年内按实际招用人数予以定额依次扣减增值税、城市维护建设税、教育费附加、地方教育附加和企业所得税优惠。定额标准为每人每年 6 000 元,最高可上浮 50%,各省、自治区、直辖市人民政府可根据本地区实际情况在此幅度内确定具体定额标准。

| 范例解析 |　增值税优惠政策对企业税负的影响

甲公司是餐饮住宿服务企业,为增值税一般纳税人,适用税率为 6%,

2019年10月不含税销售额为100.00万元，发生进项税额3.00万元，上期无留抵进项税额。

从例子中可知，如果不适用加计抵减的政策，甲公司当月应缴纳增值税为：100.00×6%-3.00=3.00（万元）。

甲公司运用生活服务业进项税额加计15%的政策，当月应缴纳增值税为：100.00×6%-3.00×（1+15%）=2.55（万元）。

利用加计15%的政策，甲公司当月可少缴纳增值税0.45万元（3.00-2.55）。

| 2.4 |
特殊行业增值税处理

大部分企业增值税的处理基本相同，但对于一些特殊行业来说，其增值税的处理方式有所不同，本节主要介绍房地产企业销售自行开发的房地产项目、建筑企业转让不动产和不动产租赁等特殊业务的增值税处理。

2.4.1　房地产企业销售自行开发房地产项目的增值税处理

房地产企业销售自行开发的房地产项目是指房地产企业在依法取得土地使用权的土地上进行基础设施和房屋建设。而房地产开发企业以接盘等形式购入未完工的房地产项目继续开发后，以自己的名义立项销售的，也属于销售自行开发的房地产项目。

房地产开发企业中的一般纳税人销售自行开发的房地产项目，适用一般计税方法计税，按照取得的全部价款和价外费用，扣除当期销售房地产项目对应的土地价款后的余额计算销售额，其计算公式如下。

不含税销售额=（全部价款和价外费用-当期允许扣除的土地价款）÷（1+9%）

当期允许扣除的土地价款=当期销售房地产项目建筑面积÷房地产项目可供销售建筑面积×支付的土地价款

针对上述计算公式中的部分项目，解释说明如表2-7所示。

表2-7　计算公式中的项目说明

项目	说明
当期销售房地产项目建筑面积	指当期进行纳税申报的增值税销售额对应的建筑面积
房地产项目可供销售建筑面积	指房地产项目可以出售的总建筑面积，不包括销售房地产项目时未单独作价结算的配套公共设施的建筑面积
支付的土地价款	指向政府、土地管理部门或受政府委托收取土地价款的单位直接支付的土地价款（应当取得省级以上财政部门监制的财政票据）

一般纳税人应建立台账，用来登记土地价款的扣除情况，扣除的土地价款不得超过纳税人实际支付的土地价款。房地产企业销售自行开发的房地产老项目，可以选择适用简易计税方法按照5%的征收率计税。

| 范例解析 |　房地产开发企业销售额的计算

甲公司为房地产开发一般纳税人企业，适用增值税税率为9%，甲公司于2016年支付5 000.00万元取得乙公司土地使用权，并于当年度内开工建设房屋，2019年10月销售开发的房地产建筑面积1 000平方米，可供销售的建筑面积为10 000平方米，取得全部价款和价外费用1 000.00万元，则甲公司2019年10月的销售额为多少？

依据公式"销售额=（全部价款和价外费用-当期允许扣除的土地价款）÷（1+9%）""当期允许扣除的土地价款=当期销售房地产项目建筑面积÷房地产项目可供销售建筑面积×支付的土地价款"可得：

当期允许扣除的土地价款=（1 000÷10 000）×5 000.00=500.00（万元）

销售额=（1 000.00-500.00）÷（1+9%）=458.72（万元）

一般纳税人采取预收款方式销售自行开发的房地产项目的，应在收到预收款时按照3%的预征率预缴增值税。而小规模纳税人销售自行开发的房地产项目，应按照规定的纳税义务发生时间，以当期销售额和5%征收率计算当期应纳税额，抵减已预缴税款后，向主管税务机关申报纳税。

| 范例解析 |　**房地产开发企业预缴增值税的计算**

甲公司为房地产开发一般纳税人企业，适用增值税税率为9%，2019年10月收到房地产开发项目预收款100.00万元。

在此例中，甲公司应在收到预收款时按照3%预征率预缴增值税，预缴金额为：100.00×3%=3.00（万元）。

2.4.2　建筑企业增值税征收管理

建筑企业是指开展各类建筑物、构筑物及其附属设施的建造、修缮、装饰，线路、管道、设备和设施等的安装以及其他工程作业的业务活动的企业，主要包括工程服务、安装服务、修缮服务、装饰服务和其他建筑服务。

建筑企业在机构所在地提供当地建筑服务的，需要在取得预收款时于机构所在地预缴增值税；其开展跨县（市、区）提供建筑服务，且增值税需要预缴的，规定如下。

◆ 一般纳税人跨县(市、区)提供建筑服务，适用一般计税方法计税的，以取得的全部价款和价外费用扣除支付的分包款后的余额，按照2%的预征率计算应预缴的税款。

◆ 一般纳税人跨县（市、区）提供建筑服务，选择适用简易计税方法计税的，以取得的全部价款和价外费用扣除支付的分包款后的余额，按照3%的征收率计算应预缴的税款。

◆ 小规模纳税人跨县（市、区）提供建筑服务的，以取得的全部价款和价外费用扣除支付的分包款后的余额，按照3%的征收率计算应预缴的税款。

| 范例解析 | 建筑企业增值税的计算

甲公司为建筑企业，是一般纳税人，适用增值税税率为9%，公司2019年10月开展跨市建筑服务，取得全部价款和价外费用10.00万元，支付分包款2.00万元，则预缴增值税多少元？

依据"一般纳税人跨县（市、区）提供建筑服务，适用一般计税方法计税的，以取得的全部价款和价外费用扣除支付的分包款后的余额，按照2%的预征率计算应预缴的税款"可得：

甲公司预缴增值税=（10.00−2.00）×2%=0.16（万元）

2.4.3 转让不动产增值税征收管理

纳税人转让其取得的不动产，是指纳税人转让其以直接购买、接受捐赠、接受投资入股、自建以及抵债等各种形式取得的不动产。

不同种类的纳税人转让不动产时，其增值税缴纳规定不同。一般纳税人转让其取得的不动产按照表2-8所示的规定缴纳增值税。

表2-8 一般纳税人转让不动产缴纳增值税的情形

情形	纳税
一般纳税人转让其2016年4月30日前取得（不含自建）的不动产	可以选择适用简易计税方法计税，以取得的全部价款和价外费用扣除不动产购置原价或者取得不动产时的作价后的余额为销售额，按照5%的征收率计算应纳税额。纳税人应按照上述计税方法向不动产所在地主管税务机关预缴税款，向机构所在地主管税务机关申报纳税
一般纳税人转让其2016年4月30日前自建的不动产	可以选择适用简易计税方法计税，以取得的全部价款和价外费用为销售额，按照5%的征收率计算应纳税额。纳税人应按照上述计税方法向不动产所在地主管税务机关预缴税款，向机构所在地主管税务机关申报纳税
一般纳税人转让其2016年4月30日前取得（不含自建）的不动产	选择适用一般计税方法计税的，以取得的全部价款和价外费用为销售额计算应纳税额。纳税人应以取得的全部价款和价外费用扣除不动产购置原价或者取得不动产时的作价后的余额，按照5%的预征率向不动产所在地主管税务机关预缴税款，向机构所在地主管税务机关申报纳税

续上表

情形	纳税
一般纳税人转让其 2016 年 4 月 30 日前自建的不动产	选择适用一般计税方法计税的，以取得的全部价款和价外费用为销售额计算应纳税额。纳税人应以取得的全部价款和价外费用，按照 5% 的预征率向不动产所在地主管税务机关预缴税款，向机构所在地主管税务机关申报纳税
一般纳税人转让其 2016 年 5 月 1 日后取得（不含自建）的不动产	适用一般计税方法，以取得的全部价款和价外费用为销售额计算应纳税额。纳税人应以取得的全部价款和价外费用扣除不动产购置原价或者取得不动产时的作价后的余额，按照 5% 的预征率向不动产所在地主管税务机关预缴税款，向机构所在地主管税务机关申报纳税
一般纳税人转让其 2016 年 5 月 1 日后自建的不动产	适用一般计税方法，以取得的全部价款和价外费用为销售额计算应纳税额。纳税人应以取得的全部价款和价外费用，按照 5% 的预征率向不动产所在地主管税务机关预缴税款，向机构所在地主管税务机关申报纳税

小规模纳税人转让其取得的不动产，除个人转让其购买的住房外，均按照表 2-9 所示的规定缴纳增值税。

表 2-9　小规模纳税人转让不动产缴纳增值税的情形

情形	纳税
小规模纳税人转让其取得（不含自建）的不动产	以取得的全部价款和价外费用扣除不动产购置原价或者取得不动产时的作价后的余额为销售额，按照 5% 的征收率计算应纳税额
小规模纳税人转让其自建的不动产	以取得的全部价款和价外费用为销售额，按照 5% 的征收率计算应纳税额

除其他个人之外的小规模纳税人，应按照表 2-9 所示的规定计税方法向不动产所在地主管税务机关预缴税款，向机构所在地主管税务机关申报纳税；其他个人按照表 2-9 所示的规定计税方法向不动产所在地主管税务机关申报纳税。

个人转让其购买的住房，按照表 2-10 所示的规定缴纳增值税。

表 2-10　个人转让其购买的住房缴纳增值税的情形

情形	纳税
按照有关规定全额缴纳增值税的	以取得的全部价款和价外费用为销售额，按照 5% 的征收率计算应纳税额
按照有关规定差额缴纳增值税的	以取得的全部价款和价外费用扣除购买住房价款后的余额为销售额，按照 5% 的征收率计算应纳税额

个体工商户应按照表 2-10 所示的规定计税方法向住房所在地主管税务机关预缴税款，向机构所在地主管税务机关申报纳税；其他个人应按照表 2-10 所示的规定计税方法向住房所在地主管税务机关申报纳税。

以转让不动产取得的全部价款和价外费用作为预缴税款计算依据的，应预缴税款的计算公式如下。

应预缴税款=全部价款和价外费用÷（1+5%）×5%

以转让不动产取得的全部价款和价外费用扣除不动产购置原价或者取得不动产时的作价后的余额作为预缴税款计算依据的，计算公式如下。

应预缴税款=（全部价款和价外费用-不动产购置原价或者取得不动产时的作价）÷（1+5%）×5%

| 范例解析 |　转让不动产增值税的计算

甲公司为一般纳税人企业，适用增值税税率为9%，公司于2019年10月销售其2016年6月自建的房屋一栋，取得全部价款和价外费用5 000.00万元，应缴纳的增值税为多少？

甲公司应缴纳增值税=5 000.00÷（1+5%）×5%=238.10（万元）

2.4.4　不动产租赁增值税征收管理

不动产租赁是纳税人通过经营租赁方式出租其以直接购买、接受捐赠、接受投资入股、自建以及抵债等方式取得的不动产。

（1）一般纳税人出租不动产，按照以下规定缴纳增值税

①一般纳税人出租其 2016 年 4 月 30 日前取得的不动产，可以选择适用简易计税方法，按照 5% 的征收率计算应纳税额。

◆ 不动产所在地与机构所在地不在同一县（市、区）的，纳税人应按照上述计税方法向不动产所在地主管税务机关预缴税款，向机构所在地主管税务机关申报纳税。

◆ 不动产所在地与机构所在地在同一县（市、区）的，纳税人向机构所在地主管税务机关申报纳税。

②一般纳税人出租其 2016 年 5 月 1 日后取得的不动产，适用一般计税方法计税。

◆ 不动产所在地与机构所在地不在同一县（市、区）的，纳税人应按照 3% 的预征率向不动产所在地主管税务机关预缴税款，向机构所在地主管税务机关申报纳税。

◆ 不动产所在地与机构所在地在同一县（市、区）的，纳税人应向机构所在地主管税务机关申报纳税。

一般纳税人出租其 2016 年 4 月 30 日前取得的不动产适用一般计税方法计税的，按照上述第 2 条规定执行。

（2）小规模纳税人出租不动产，按照以下规定缴纳增值税

单位和个体工商户出租不动产（不含个体工商户出租住房），按照 5% 的征收率计算应纳税额。个体工商户出租住房的，按照 5% 的征收率减按 1.5% 计算应纳税额。

◆ 不动产所在地与机构所在地不在同一县（市、区）的，纳税人应按照上述计税方法向不动产所在地主管税务机关预缴税款，向机构所在地主管税务机关申报纳税。

◆ 不动产所在地与机构所在地在同一县（市、区）的，纳税人应向机构所在地主管税务机关申报纳税。

其他个人出租不动产（不含住房），按照 5% 的征收率计算应纳税额，并向不动产所在地主管税务关申报纳税。其他个人出租住房，按照 5% 的征收率减按 1.5% 计算应纳税额，向不动产所在地主管税务机关申报纳税。

（3）预缴税款的计算

纳税人出租不动产适用一般计税方法计税的，按照以下公式计算应预缴税款。

应预缴税款=含税销售额÷（1+9%）×3%

纳税人出租不动产适用简易计税方法计税的，除个体工商户和个人出租住房外，按照以下公式计算应预缴税款。

应预缴税款=含税销售额÷（1+5%）×5%

个体工商户出租住房，按照以下公式计算应预缴税款。

应预缴税款=含税销售额÷（1+5%）×1.5%

其他个人出租不动产，按照以下公式计算应纳税款。

出租住房：应纳税款=含税销售额÷（1+5%）×1.5%

出租非住房：应纳税款=含税销售额÷（1+5%）×5%

| 范例解析 | 不动产租赁增值税的计算

甲公司为一般纳税人企业，适用增值税税率为9%，公司于2019年出租与其机构不在同一市的办公楼，该办公楼于2017年10月取得。当月取得租金收入50.00万元，则预缴税款为多少？

依据"应预缴税款=含税销售额÷（1+9%）×3%"可得：

甲公司预缴税款=50.00÷（1+9%）×3%=1.38（万元）

预缴增值税时也需要在纳税申报系统中进行申报，主要操作如下。

进入机构所在地主管税务机关的官网页面，单击"我要办税"按钮，进入页面后依次单击"税费申报及缴纳""增值税及附加税费申报"和"增值税预缴申报"等导航按钮，在打开的对话框中，纳税人需选择是否适用一般计税方法，选择后单击"确定"按钮才能进入申报页面，如图2-38所示。

图 2-38　选择计税方法

填写增值税预缴税款表时需要填写其预征项目的销售额和扣除金额，选择预征率，计算预征税额，单击"申报"按钮完成申报，如图2-39所示。

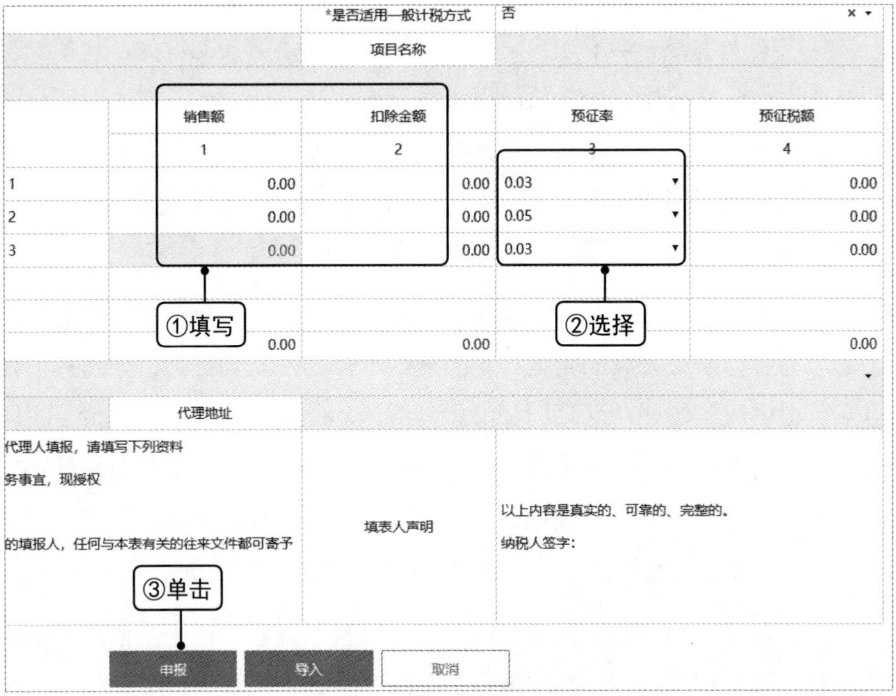

图 2-39　填写增值税预缴税款表

| 2.5 |
虚开增值税发票的处罚

根据我国《刑法》的有关规定，虚开增值税专用发票或者虚开用于骗取出口退税、抵扣税款的其他发票，是指有为他人虚开、为自己虚开、让他人为自己虚开以及介绍他人虚开等行为之一的，违反有关规范而给国家造成损失的行为。

2.5.1　虚开增值税普通发票的处罚

虚开增值税发票是指行为人违反有关发票开具管理的规定，不按照实际情况如实开具增值税专用发票及其他用于骗取出口退税、抵扣税款的发票行为。

从广义上讲，一切不如实出具发票的行为都是虚开的行为，包括没有经营活动而开具或虽有经营活动但进行不真实开具的行为，如改变客户的名称、商品名称、经营项目，夸大或缩小产品或经营项目的数量、单价及其实际收取或支出的金额，改变委托代扣、代收、代征税种的税率及税额和增值税税率及税额，虚写开票人、开票日期等。

狭义的虚开，是指对发票能反映纳税人纳税情况、数额的有关内容作不实填写致使所开发票的税款与实际缴纳不符的一系列行为，如没有销售商品、提供服务等经营活动，却虚构经济活动的项目、数量、单价、收取金额或者有关税率、税额予以填写；或在销售商品、提供服务而开具发票时变更经营项目的名称、数量、单价、税率及税额等，从而使发票不能反映出交易双方进行经营活动以及应纳或已纳税款的真实情况。

虚开普通发票罪是指以虚假的手段开具普通发票的行为。依据《中华人民共和国发票管理办法》的规定，虚开发票的，由税务机关没收违法所得；虚开金额在 1 万元以下的，可以并处 5 万元以下的罚款；虚开金额超过 1 万元的，并处 5 万元以上 50 万元以下的罚款；构成犯罪的，依法追究刑事责任。

2.5.2　虚开增值税专用发票的处罚

虚开增值税专用发票包括两方面，一方面是开票方虚增其销售收入，营造销售良好的假象，另一方面是购买方抵扣进项税额，从而减少增值税税额的应纳税金额，导致其少缴纳税款。虚开增值税专用发票的具体行为方式有表 2-11 所示的四种。

表 2-11　虚开增值税专用发票的各种行为

行为	解释
为他人虚开增值税专用发票	指合法拥有开具增值税专用发票资格的单位或者个人，明知他人没有货物购销或者没有提供或接受应税劳务而为其开具增值税专用发票，或者即使有货物购销或者提供了应税劳务但为其开具数量或者金额不实的增值税专用发票或用于骗取出口退税、抵扣税款的其他发票的行为
为自己虚开增值税专用发票	指合法拥有开具增值税专用发票资格的单位和个人，在本身没有货物购销或者没有提供或者接受应税劳务的情况下为自己开具增值税专用发票，或者即使有货物购销或者提供或接受了应税劳务但却为自己开具数量或者金额不实的增值税专用发票的行为
让他人为自己虚开增值税专用发票	指没有货物购销或者没有提供或接受应税劳务的单位或者个人要求合法拥有增值税专用发票开具资格的单位或者个人为其开具增值税专用发票，或者即使有货物购销或者提供或接受了应税劳务但要求他人开具数量或者金额不实的增值税专用发票，或者进行了实际经营活动，但让他人为自己代开增值税专用发票的行为
介绍他人虚开增值税专用发票	指在合法拥有增值税专用发票开具资格的单位或者个人与要求虚开增值税专用发票的单位或者个人之间沟通联系、牵线搭桥的行为

依据《刑法》的有关规定，虚开增值税专用发票的处罚有：虚开的税款数额在五万元以上的，以虚开增值税专用发票罪处三年以下有期徒刑或

者拘役，并处二万元以上二十万元以下罚金；虚开的税款数额在五十万元以上的，认定为刑法第二百零五条规定的"数额较大"；虚开的税款数额在二百五十万元以上的，认定为刑法第二百零五条规定的"数额巨大"。

| 2.6 |
增值税节税妙招

企业以营利为目的，要实现利润的最大化，除了开拓市场，增加收入，还需要节省支出，减少成本费用和企业税负。这不只需要政府对社会税收优惠政策的倾斜，也需要企业自身积极运用节税妙招，减少税收支出。那么，增值税有哪些节税妙招可用呢？

2.6.1　运用适合的税收优惠政策节税

在促进国民经济发展的过程中，政府对企业的税收优惠政策一直存在，企业要结合自身实际，合理、有效运用税收优惠政策节税，比如生活性服务业的加计抵减政策。

生活性服务业纳税人应按照当期可抵扣进项税额的 15% 计提当期加计抵减额。按照现行规定，不得从销项税额中抵扣的进项税额不得计提加计抵减额；已按照 15% 计提加计抵减额的进项税额，按规定作进项税额转出的，应在进项税额转出当期，相应调减加计抵减额。计算公式如下。

当期计提加计抵减额=当期可抵扣进项税额×15%

当期可抵减加计抵减额=上期期末加计抵减额余额+当期计提加计抵减额-当期调减加计抵减额

| 范例解析 |　增值税优惠政策节税

甲公司为医疗服务企业，为一般纳税人，适用增值税税率为6%，2019年10月不含税销售额为500.00万元，发生进项税额20.00万元。

从例子中可知，如果不适用加计抵减的政策，甲公司当月应缴纳增值税为：500.00×6%-20=10.00（万元）。

如果甲公司运用生活服务业进项税额加计15%抵减的政策，且上期期末有加计抵减额1.00万元，则甲公司当月应缴纳增值税为：500.00×6%-20.00×（1+15%）-1.00=6.00（万元）。

甲公司当月适用加计抵减政策后可少缴纳增值税4.00万元（10.00-6.00）。

企业要在税收优惠政策出台后积极备案享受增值税税收优惠政策，多与税务征缴机关沟通，要确保企业可以享受的增值税税收优惠政策都享受到，享受足够，为企业节税。对于优惠政策，可能由于地域的差异，类型会不一样，优惠的幅度也不一样。

2.6.2　纳税人身份节税

企业有增值税一般纳税人和小规模纳税人之分，增值税一般纳税人实行抵扣制，而小规模纳税人一般以3%的征收率征收增值税，由此可见，对企业纳税人身份的认定把握，一样可以帮助企业减少增值税税负。

| 范例解析 |　纳税人身份节税

甲公司是一家销售企业，现为增值税小规模纳税人，年应税销售额为300.00万元（不含增值税），会计核算制度健全，符合转为增值税一般纳税人的条件，适用13%的增值税税率。而甲公司从增值税一般纳税人处一年购进适用同样增值税税率的货物为200.00万元（不含增值税）。

若甲公司为小规模纳税人，应缴纳增值税为：300.00×3%=9.00（万元）。

若甲公司为增值税一般纳税人，应缴纳增值税为：300.00×13%-200.00×

13%=13.00（万元）。

由此可见，认定为增值税一般纳税人要多缴纳4.00万元的增值税税款。

但如果假设甲公司适用的税率为9%，则甲公司为增值税一般纳税人时应缴纳的增值税为：300.00×9%-200.00×9%=9.00（万元）。

与小规模纳税人缴纳税款一样。

但若假设其购进货物为250.00万元，销售额保持不变，增值税税率为13%，则其转为增值税一般纳税人后应缴纳增值税为：300.00×13%-250.00×13%=6.50（万元）。

那么，这时认定为增值税一般纳税人就可以少缴纳增值税税款2.50万元（9.00-6.50）。

所以要想利用好企业的纳税人身份进行纳税筹划，必须根据企业的年销售额和购进数据，结合企业自身的实际情况，找准企业的不同纳税人身份的纳税临界点，才能更准确地达到节税的目的。

第 3 章

企业经营成果税：企业所得税

企业的经营活动中除了产品增值需要缴纳增值税，对于企业的经营成果，即企业收入扣除成本费用后的利润所得，一样需要纳税，本章为大家揭晓企业经营成果税——企业所得税。

| 3.1 |
企业所得税概述

　　企业所得税是对我国境内的企业和其他取得收入的组织取得的生产经营所得和其他所得征税的一种所得税，是企业除了增值税以外的又一重要的税种，本节我们来认识和了解企业所得税的基础概述。

3.1.1　企业所得税基础必知

　　依据《中华人民共和国企业所得税法》的规定，企业所得税的纳税人是指在中华人民共和国境内的企业和其他取得收入的组织，主要包括居民企业和非居民企业。

　　居民企业是指依法在中国境内成立，或者依照外国（地区）法律成立但实际管理机构在中国境内的企业。居民企业应当就其来源于中国境内、境外的所得缴纳企业所得税。

　　非居民企业是指依照外国（地区）法律成立且实际管理机构不在中国境内，但在中国境内设立机构、场所的，或者在中国境内未设立机构、场所，但有来源于中国境内所得的企业。非居民企业在中国境内设立机构、场所的，应当就其所设机构、场所取得的来源于中国境内的所得，以及发生在中国境外但与其所设机构、场所有实际联系的所得，缴纳企业所得税；在中国境内未设立机构、场所的，或者虽设立机构、场所但取得的所得与其所设机构、场所没有实际联系的，应当就其来源于中国境内的所得缴纳企业所得税。

　　企业所得税的纳税年度是从公历的 1 月 1 日起至 12 月 31 日止，纳税人在一个纳税年度中间开业的，或者实际经营期不足 12 个月的，应当以实际经营期为一个纳税年度；纳税人进行财产清算的，应当以清算期间为一个纳税年度。

企业所得税实行分月或者分季预缴，企业应当自月份或者季度终了之日起 15 日内，无论盈利或亏损，都向税务机关报送预缴企业所得税纳税申报表，预缴税款。企业应当自年度终了之日起 5 个月内，向税务机关报送企业所得税年度纳税申报表，并汇算清缴，结清应缴、应退税款。

企业在报送企业所得税纳税申报表时，应当按照规定报送财务会计报表和其他有关资料。

3.1.2 企业所得税计税依据

企业每一纳税年度的收入总额，减除不征税收入、免税收入、各项扣除以及允许弥补的以前年度亏损后的余额，为企业所得税的应纳税所得额。

企业以货币形式和非货币形式从各种来源取得的收入确认为企业的收入总额，主要包括：销售货物收入，提供劳务收入，转让财产收入，股息、红利等权益性投资收益，利息收入，租金收入，特许权使用费收入，接受捐赠收入以及其他收入。但企业的收入有一些是不征税的，主要有以下几种。

- ◆ 财政拨款。
- ◆ 依法收取并纳入财政管理的行政事业性收费、政府性基金。
- ◆ 国务院规定的其他不征税收入。

企业实际发生的与取得收入有关的、合理的支出，包括成本、费用、税金、损失和其他支出，准予在计算企业所得税应纳税所得额时扣除；另外，企业发生的公益性捐赠支出，在年度利润总额 12% 以内的部分准予在计算应纳税所得额时扣除。但企业的下列支出不得在计算企业所得税应纳税所得额时扣除。

- ◆ 企业向投资者支付的股息、红利等权益性投资收益款项。
- ◆ 企业的所得税税款。

◆ 税收滞纳金。

◆ 罚金、罚款和被没收财物的损失。

◆ 准予扣除以外的捐赠支出。

◆ 赞助支出。

◆ 未经核定的准备金支出。

◆ 与取得收入无关的其他支出。

企业在计算企业所得税应纳税所得额时，按照规定计算的固定资产折旧准予扣除，但以下固定资产不得计算折旧扣除。

◆ 房屋、建筑物以外未投入使用的固定资产。

◆ 以经营租赁方式租入的固定资产。

◆ 以融资租赁方式租出的固定资产。

◆ 已足额提取折旧但仍继续使用的固定资产。

◆ 与经营活动无关的固定资产。

◆ 单独估价作为固定资产入账的土地。

◆ 其他不得计算折旧扣除的固定资产。

同样的，企业在计算企业所得税应纳税所得额时，按照规定计算的无形资产摊销费用准予扣除，但以下无形资产不得计算摊销费用扣除。

◆ 自行开发的支出已在计算应纳税所得额时扣除的无形资产。

◆ 自创的商誉。

◆ 与经营活动无关的无形资产。

◆ 其他不得计算摊销费用扣除的无形资产。

3.1.3　企业所得税免税政策

企业所得税减免是指国家运用税收经济杠杆，鼓励和扶持企业或者某些特殊行业的发展而采取的一项税收调节措施。税法规定的税收优惠方式包括免税、减税、加计扣除、减计收入和税额抵免等。主要的一些政策措施如下。

1. 经国务院批准的高新技术产业开发区内的高新技术企业，减按 15%的税率征收所得税；新办的高新技术企业自投产年度起，免征所得税两年。

2. 农村为农业生产的产前、产中、产后服务的行业，即乡村的农技推广站、植保站、水管站、林业站、畜牧兽医站、水产站、生机站、气象站以及农民专业技术协会、专业合作社等，对其提供的技术服务或劳务所取得的收入，以及城镇其他各类事业单位开展的技术服务或劳务所取得的收入，暂免征收企业所得税。

3. 对科研单位和大专院校服务于各行各业的技术成果转让、技术培训、技术咨询、技术服务和技术承包所取得的技术性服务收入，暂免征收企业所得税。

4. 对新办的独立核算的从事咨询业（包括科技、法律、会计、审计、税务等）、信息业、技术服务业的企业或经营单位，自开业之日起，免征企业所得税两年；对新办的独立核算的从事交通运输业、邮电通信业的企业或经营单位，自开业之日起，第一年免征企业所得税，第二年减半征收企业所得税。

5. 企业在原设计规定的产品以外，综合利用该企业生产过程中产生的，在《资源综合利用目录》内的资源作为主要原料生产的产品所得，以及企业利用本企业外的大宗煤矸石、炉渣、粉煤灰作为主要原料生产建材产品的所得，自生产经营之日起，免征所得税五年；为处理利用其他企业废弃的，在《资源综合利用目录》内的资源而兴办的企业，经主管税务机关批准，可减征或免征企业所得税一年。

6. 在国家确定的"老、少、边、穷"地区新办的企业，经主管税务机关批准后，可减征或免征企业所得税三年。

7. 企事业单位进行技术转让以及在技术转让过程中发生的与技术转让

有关的技术咨询、技术服务和技术培训的所得，年净收入在 30 万元以下的，暂免征收企业所得税。

8. 企业遇有风、火、水、震等严重自然灾害，经主管税务机关批准，可减征或免征企业所得税一年。

9. 新办的城镇劳动就业服务企业，当年安置城镇待业人员超过企业从业人员总数 60% 的，经主管税务机关审查批准，可免征企业所得税三年；劳动就业服务企业免税期满后，当年新安置待业人员占企业原从业人员总数 30% 以上的，经主管税务机关审核批准，可减半征收企业所得税两年。

10. 高等学校和中小学校办工厂、农场等自身从事生产经营的所得，暂免征收企业所得税；高等学校和中小学校举办各类进修班、培训班的所得，暂免征收企业所得税。高等学校和中小学校享受税收优惠的校办企业，必须是学校出资自办的，由学校负责经营管理，且经营收入归学校所有的企业。下列企业不得享受对校办企业的税收优惠。

◆ 将原有的纳税企业转为校办企业。
◆ 学校在原校办企业的基础上吸收外单位投资举办的联营企业。
◆ 学校向外单位投资举办的联营企业。
◆ 学校与其他企业、单位和个人联合创办的企业。
◆ 学校将校办企业转租给外单位经营的企业。
◆ 学校将校办企业承包给个人经营的企业。

知识延伸｜享受税收优惠政策的高等学校和中小学校的范围

享受税收优惠政策的高等学校和中小学校的范围仅限于教育部门所办的普教性学校，不包括电大、夜大、业大等各类成人学校以及企业举办的职工学校和私人办学校。

11. 对民政部门举办的福利工厂和街道的非中途转办的社会福利生产单位，凡安置"四残"人员占生产人员总数 35% 以上的，暂免征收企业所得税；

凡安置"四残"人员占生产人员总数的比例超过 10% 但未达到 35% 的，减半征收企业所得税。

12. 乡镇企业可按应缴税款减征 10%，用于补助社会性开支的费用。

| 3.2 |
企业所得税计算与申报

对于企业所得税的基础知识我们已经有一个大概的了解，那么企业所得税的税率是多少？应纳税额如何计算？如何申报？本节将做详细讲述。

3.2.1　企业所得税税率

企业所得税税率是企业应纳所得税额与计税基数之间的比率，是衡量企业所得税税负高低的重要指标。企业的所得税税率都是法定的，在同等经营利润的前提下，所得税税率越高，企业的净利润就越少。企业所得税税率一般规定为 25%，但也有一些特殊规定，主要如表 3-1 所示。

表 3-1　企业所得税的各种税率

企业所得税税目	税率
企业所得税税率一般情况	25%
符合条件的小型微利企业（2019 年 1 月 1 日至 2021 年 12 月 31 日，年应纳税所得额不超过 100 万元的部分，减按 25% 计入应纳税所得额；超过 100 万元但不超过 300 万元的部分，减按 50% 计入应纳税所得额）	20%
国家需要重点扶持的高新技术企业	15%
技术先进型服务企业（中国服务外包示范城市）	15%
线宽小于 0.25 微米的集成电路生产企业	15%
投资额超过 80 亿元的集成电路生产企业	15%

续上表

企业所得税税目	税率
设在西部地区的鼓励类产业企业	15%
广东横琴、福建平潭、深圳前海等地区鼓励类产业企业	15%
国家规划布局内的重点软件企业和集成电路设计企业	10%
对从事污染防治的第三方企业（从 2019 年 1 月 1 日至 2021 年底）	15%
非居民企业在中国境内未设立机构、场所的，或者虽设立机构、场所但取得的所得与其所设机构、场所没有实际联系的，取得的来源于中国境内的所得	10%

小型微利企业是指年度应纳税所得额不超过 300 万元，从业人数不超过 300 人，资产总额不超过 5 000 万元的企业。无论是查账征收还是核定征收企业所得税，小型微利企业均可享受表 3-1 中的税收优惠政策。

3.2.2 企业所得税应纳税额及计算

企业所得税应纳税所得额是企业所得税的计税依据，企业所得税应纳税额等于应纳税所得额乘以企业所得税税率，再扣除相关的减免税额或抵免税额。企业所得税的应纳税所得额和应纳税额的计算公式如下。

企业所得税应纳税所得额=收入总额 - 不征税收入 - 免税收入 - 抵扣项目 - 允许弥补的以前年度的亏损

应纳税额=应纳税所得额×适用税率 - 减免税额 - 抵免税额

| 范例解析 | 应纳税所得额和应纳税额的计算

甲公司 2019 年第 3 季度收入总额 500.00 万元，其中不征税收入 100.00 万元，发生销售税金 5.00 万元，销售成本费用 300.00 万元，可允许抵扣的以前年度亏损 50.00 万元，适用企业所得税税率 25%，则甲公司的企业所得税应纳税所得额和应纳税额为多少？

依据公式"企业所得税应纳税所得额=收入总额 - 不征税收入 - 免税

收入−抵扣项目−允许弥补的以前年度的亏损"和"应纳税额=应纳税所得额×适用税率−减免税额−抵免税额"可得：

甲公司企业所得税应纳税所得额=500.00−100.00−5.00−300.00−50.00=45.00（万元）

应纳税额=45.00×25%=11.25（万元）

企业的下列经营收入可以分期确定，并据以计算应纳税所得额。

◆ 以分期收款方式销售商品的，可以按交付商品并开出发票的日期确定销售收入的实现，也可以按合同约定的购买人应付价款的日期确定销售收入的实现。

◆ 建筑、安装、装配工程和提供劳务，持续时间超过一年的，可以根据完工进度或完成的工作量按比例确定收入的实现。

◆ 为其他企业加工、制造大型机械设备、船舶等，持续时间超过一年的，可以根据完工进度或完成的工作量按比例确定收入的实现。

3.2.3　企业所得税预申报

企业所得税的预申报分为居民企业（查账征收）企业所得税月（季）度申报、居民企业（核定征收）企业所得税月（季）度申报、非居民企业（据实申报）企业所得税季度申报和非居民企业（核定征收）企业所得税季度申报等，下面来了解每种情形的申报流程（以四川省为例）。

（1）居民企业（查账征收）企业所得税月（季）度申报

查账征收的居民企业纳税人可通过国家税务总局四川省电子税务局完成企业所得税（月）季度预缴纳税申报，企业所得税月（季）度预缴申报纳税期限为月份或者季度终了之日起的 15 日内。主要操作步骤如下。

登录国家税务总局四川省电子税务局官网，单击"我要办税"按钮，在打开的页面中单击"税费申报及缴纳"按钮，进入"税费申报及缴纳"页面，在页面左侧选择"企业所得税申报"选项，进入企业所得税申报页面，单击

"居民企业（查账征收）企业所得税月（季）度申报"超链接，如图3-1所示。

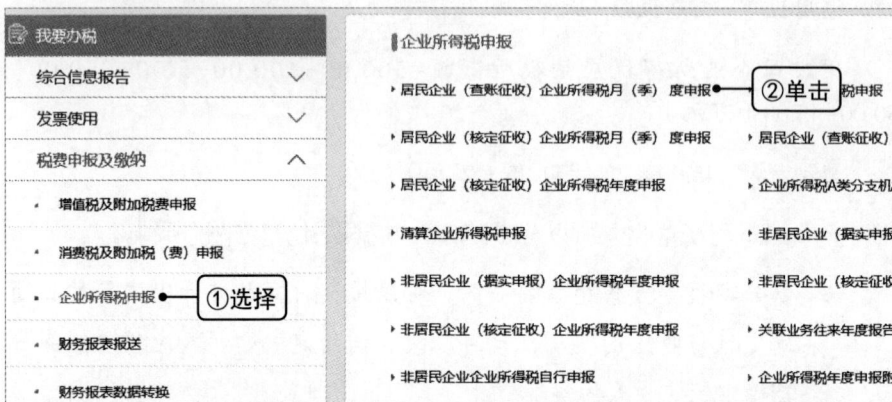

图3-1　单击"居民企业（查账征收）企业所得税月（季）度申报"超链接

进入居民企业（查账征收）企业所得税月（季）度申报页面后，会出现对纳税人的提示，单击"确定"按钮，如图3-2所示。

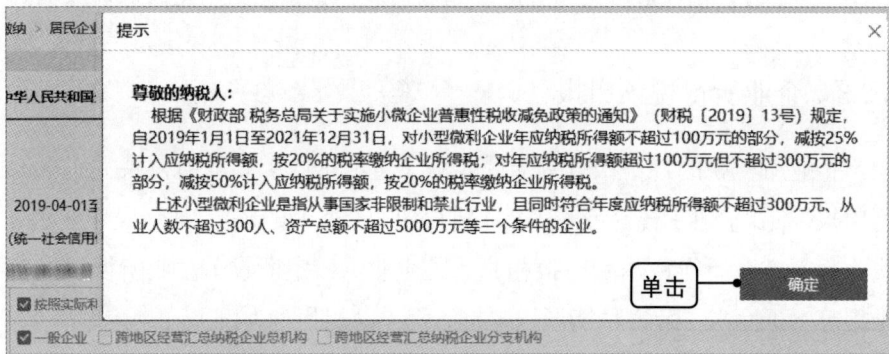

图3-2　关闭提示对话框

在打开的页面中，纳税人可填写的报表包括：A200000中华人民共和国企业所得税月（季）度预缴纳税申报表（A类）、A201010免税收入、减计收入、所得减免等优惠明细表（附表一）、A201020固定资产加速折旧（扣除）优惠明细表（附表二）、A201030减免所得税优惠明细表（附表三）和居民企业参股外国企业信息报告表。纳税人需根据实际情况进行各个申报表的填写, 要注意申报表之间的勾稽关系。纳税人可在上方进行报表切换, 单击对应报表名称导航按钮（或单击页面右上角的 ◀▶ 按钮）, 在各个申报表中填写经营信息。当所需报表填写完成后, 可提交申报, 单击 "申报" 按钮后, 系统自动跳转到申报等待页面, 完成申报。如图 3-3 所示。

图 3-3 填写与企业所得税相关的各个申报表

> **知识延伸 | 关于填写报表时的说明**
>
> 表中白色背景的为纳税人可以手工填写的内容，灰色背景的为系统自动计算或自动带出的信息。纳税人填写完所有报表后，单击"保存"按钮，系统会对纳税人填写的内容进行校验，若纳税人填写的与系统判断的不符，则系统会提示纳税人进行修改，纳税人需根据提示修改后再提交申报。

需要注意的是，同属期、同税款属性不允许重复申报，在未扣缴成功的情况下，如需更正，可进行申报作废，再进行申报；如果查找不到该报表，可能未进行税种登记，需先到税务大厅办税窗口进行税种（费）认定。首次享受减免税申报的纳税人需先到窗口做减免税备案或审批，但符合条件的小型微利企业享受企业所得税优惠的无需做减免备案，由纳税人在纳税申报时直接享受。根据纳税人在税务机关核定的行业、税种不同，系统会相应显示允许纳税人填报的纳税申报表及附表。

（2）居民企业（核定征收）企业所得税月（季）度申报

核定征收的居民企业纳税人在国家税务总局四川省电子税务局完成企业所得税（月）季度预缴纳税申报的，企业所得税月（季）度预缴申报纳税期限为月份或者季度终了之日起 15 日内。操作步骤如下。

进入企业所得税申报页面，单击"居民企业（核定征收）企业所得税月（季）度申报"超链接，如图 3-4 所示。

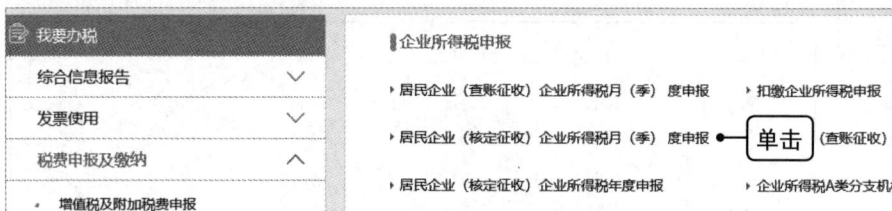

图 3-4　进行企业所得税核定征收的纳税申报

在打开的提示对话框中单击"确定"按钮，进入申报表填写页面，如

图 3-5 所示。

提示 ×

尊敬的纳税人：

　　根据《财政部 税务总局关于实施小微企业普惠性税收减免政策的通知》（财税〔2019〕13号）规定，自2019年1月1日至2021年12月31日，对小型微利企业年应纳税所得额不超过100万元的部分，减按25%计入应纳税所得额，按20%的税率缴纳企业所得税；对年应纳税所得额超过100万元但不超过300万元的部分，减按50%计入应纳税所得额，按20%的税率缴纳企业所得税。

　　上述小型微利企业是指从事国家非限制和禁止行业，且同时符合年度应纳税所得额不超过300万元、从业人数不超过300人、资产总额不超过5000万元等三个条件的企业。

单击　　确定

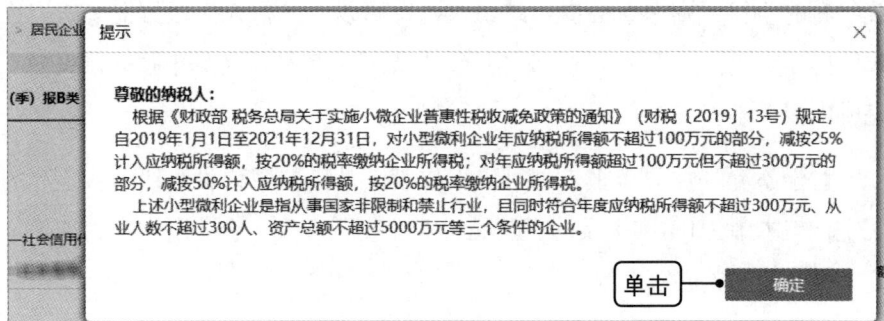

图 3-5　进入申报表填写页面

纳税人根据实际经营情况填写报表，填写完后，单击"申报"按钮，进行提交申报，如图 3-6 所示。

图 3-6　填写纳税申报表

此时，系统会对纳税人填写的内容进行校验，如果纳税人填写的与系统判断的不符，则系统会提示纳税人进行修改。纳税人需根据提示做出修改后再提交申报；若与系统判断相符，则系统会自动跳转到申报等待页面，完成申报。

对于不允许重复申报、进行申报作废以及需要做税种（费）认定等的规定，与本节（1）中提及的“居民企业（查账征收）企业所得税月（季）度申报”的相关内容一致。

（3）非居民企业（据实申报）企业所得税季度申报

依照外国（地区）法律成立且实际管理机构不在中华人民共和国境内，但在中华人民共和国境内设立机构、场所，能够建立健全账簿，规范财务核算，正确计算盈亏的非居民企业，在月份或季度终了后15日内，向税务机关申报缴纳企业所得税（在中华人民共和国境内取得工程作业和劳务所得应缴纳的所得税实施指定扣缴的除外），主要步骤如下。

进入企业所得税申报页面，单击“非居民企业（据实申报）企业所得税季度申报”超链接，进入非居民企业据实申报企业所得税的页面，纳税人需根据实际情况填写非居民企业所得税季度纳税申报表（适用于据实申报企业）和税收优惠明细表，如图3-7所示。

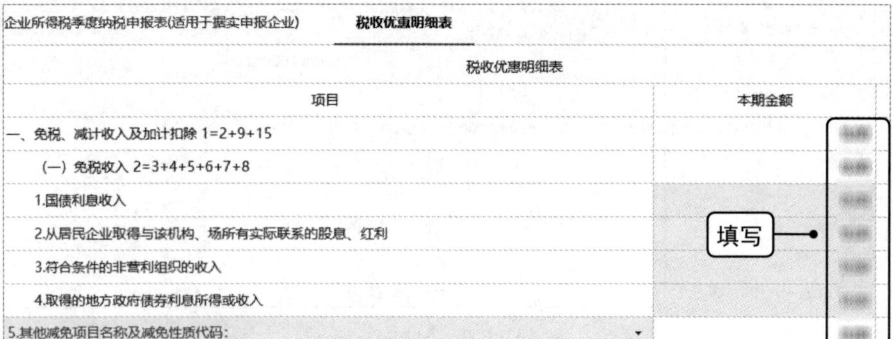
企业所得税季度纳税申报表(适用于据实申报企业)　**税收优惠明细表**

税收优惠明细表

项目	本期金额
一、免税、减计收入及加计扣除 1=2+9+15	
（一）免税收入 2=3+4+5+6+7+8	
1.国债利息收入	
2.从居民企业取得与该机构、场所有实际联系的股息、红利	
3.符合条件的非营利组织的收入	
4.取得的地方政府债券利息所得或收入	
5.其他减免项目名称及减免性质代码:	

图3-7　填写申报表

填写完成后，单击"申报"按钮，系统自动跳转到申报等待页面，完成申报。如图 3-8 所示。

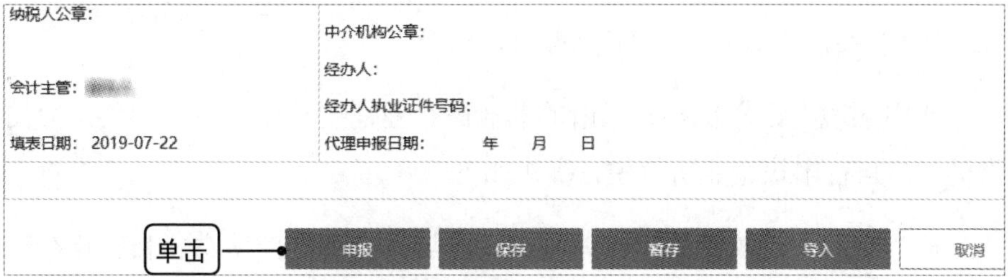

图 3-8 单击"申报"按钮完成申报

（4）非居民企业（核定征收）企业所得税季度申报

在中国境内设立机构、场所，账簿不健全，不能准确核算收入或成本费用，以及无法据实申报的非居民企业，在季度终了后 15 日内，向主管税务机关报送中华人民共和国非居民企业所得税季度和年度纳税申报表（适用于核定征收企业），主要操作如下。

进入企业所得税申报页面，单击"非居民企业（核定征收）企业所得税季度申报"超链接，进入非居民企业核定征收企业所得税的申报表填写页面，纳税人根据实际情况填写报表内容，如图 3-9 所示。

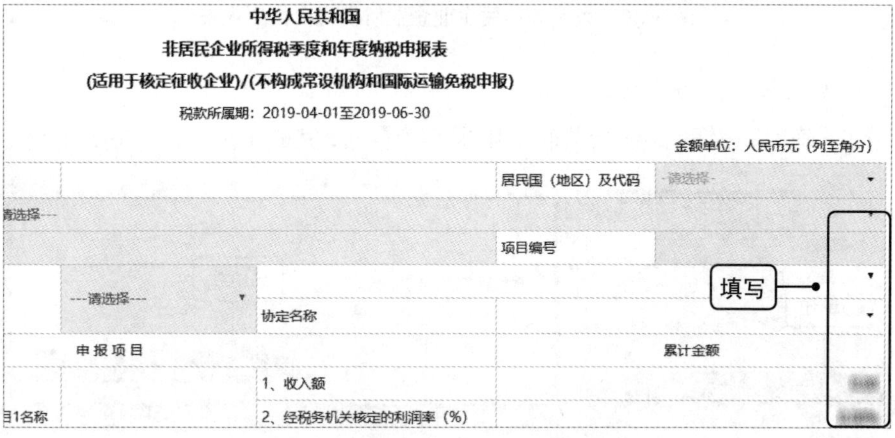

图 3-9 填写企业所得税申报表内容

填写完成后，单击"申报"按钮，系统会自动跳转到申报等待页面，完成申报。

（5）非居民企业企业所得税自行申报

在中国境内设立机构、场所的非居民企业需要按季预缴、年终汇算清缴的，可自行申报企业所得税，操作如下。

进入企业所得税申报页面，单击"非居民企业企业所得税自行申报"超链接，进入非居民企业自行申报企业所得税的页面，纳税人需根据实际情况填写非居民企业企业所得税自行申报表，如图 3-10 所示。

图 3-10　填写非居民企业企业所得税自行申报表

所有报表内容填写完成后单击"申报"按钮，在打开的提示对话框中单击"确定"按钮，系统会跳转到申报等待页面，完成申报，如图 3-11 所示。

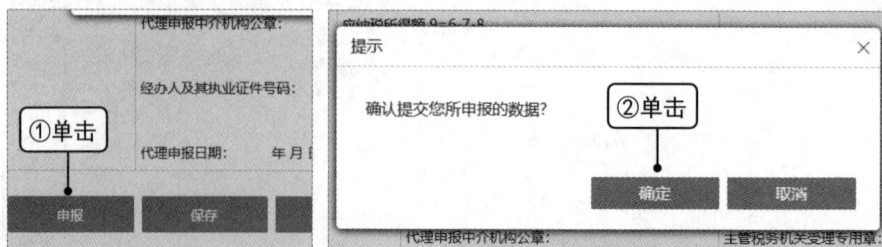

图 3-11　提交申报数据

（6）财务报表报送

纳税人需依照税收法律法规及相关规定确定的申报期限、申报内容，向税务机关报送财务会计报告，操作如下。

在"税费申报及缴纳"页面的左侧选择"财务报表报送"选项，在右侧页面中选择适合自身企业会计制度的财务报表，单击对应的名称超链接，进行财务报表的填写，如单击"财务报表报送与信息采集（企业会计准则）-月季报"超链接，如图 3-12 所示。

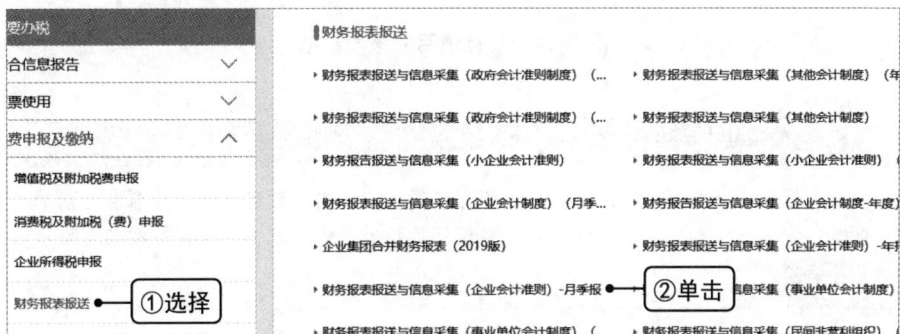

图 3-12　选择要填写的财务报表进行信息采集

进入报表填写页面，系统会自动带出纳税人识别号和名称，申报表分为"资产负债表""利润表"和"现金流量表"三个部分。首先填写"资产负债表"，手动填写表中各个项目的期末余额和年初余额，如图 3-13 所示。

图 3-13　填写资产负债表

填写完成后单击"暂存"按钮，进行数据保存，如图 3-14 所示。

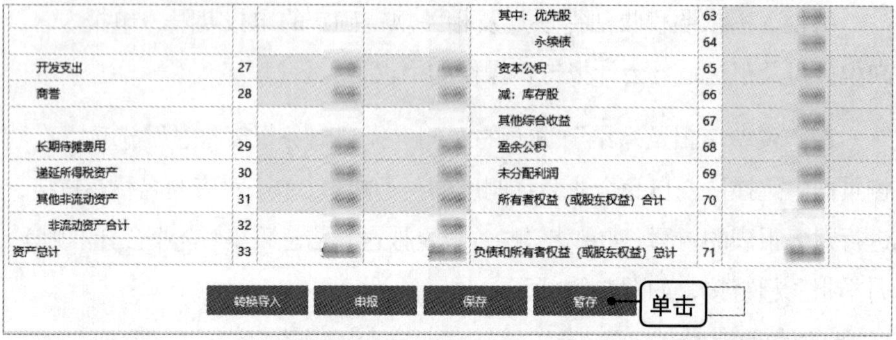

图 3-14 暂存填写的报表数据

知识延伸 | 关于填写报表时的说明

在财务报表填写页面，白色框为不可编辑框，单击"暂存"按钮可暂存当前的表格，单击"取消"按钮可以清除已经填写的报表数据，单击"申报"按钮可发送报表数据。

单击报表填写页面上方的"利润表"导航按钮，手动填写利润表中各个项目的本年累计金额或本月金额，包括收入、成本费用等，如图 3-15 所示。

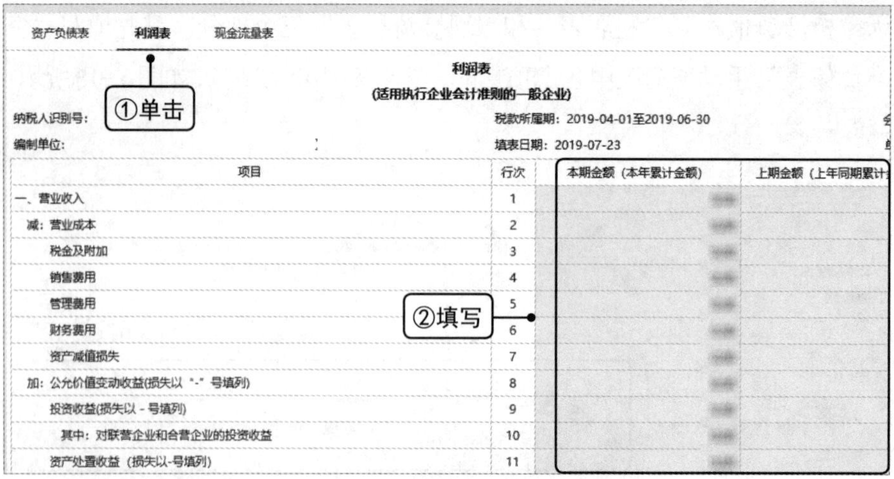

图 3-15 填写利润表数据

填写完成后，单击"暂存"按钮，保存数据。再单击页面上方的"现金流量表"导航按钮，手动填写现金流量表中各个项目的本期金额和上期金额，如图 3-16 所示。

图 3-16　填写现金流量表数据

确认所有报表的信息填写完成后，单击"申报"按钮，提交申报，完成财务报表的申报工作，如图 3-17 所示。

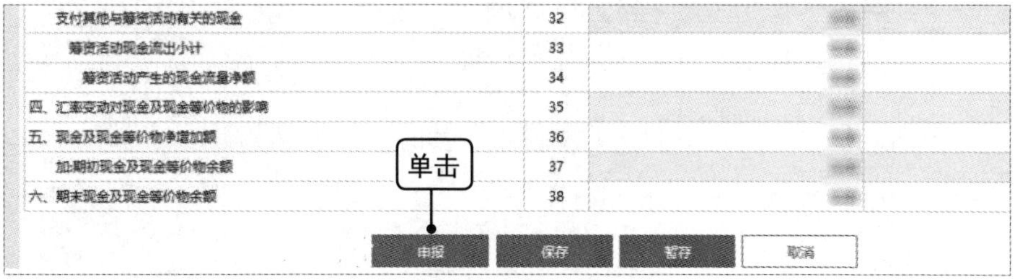

图 3-17　提交填写好的财务报表

3.2.4　企业所得税会计处理

企业所得税按年计算，分月或分季度预缴。企业按月或者按季度计算应预缴的企业所得税时，应该编制如下会计分录。

借：所得税费用

贷：应交税费——应交企业所得税

企业在缴纳企业所得税时，应编制如下会计分录。

借：应交税费——应交企业所得税

贷：银行存款

企业在年终汇算清缴时，全年应交所得税额减去已预缴的税款，差额为正数的是应补缴的税额，应编制如下会计分录。

借：以前年度损益调整

贷：应交税费——应交企业所得税

缴纳汇算清缴时应补缴的企业所得税时，应编制如下会计分录。

借：应交税费——应交企业所得税

贷：银行存款

但如果汇算清缴时计算出全年应交所得税额小于已预缴的税款，应编制如下会计分录。

借：应交税费——应交企业所得税

贷：以前年度损益调整

申请退税并收到退还的企业所得税税款时，应编制如下会计分录。

借：银行存款

贷：应交税费——应交企业所得税

| 范例解析 | 企业所得税会计处理

甲公司2019年第4季度计算应缴纳企业所得税10.00万元，并以银行存款预缴，汇算清缴时应补缴企业所得税1.00万元，甲公司企业所得税的会计处理应如何记录？

1.计算第4季度应缴纳企业所得税10.00万元。

借：所得税费用　　　　　　　　　　　　　　 100 000.00

　　贷：应交税费——应交企业所得税　　　　　　　　 100 000.00

2.缴纳第4季度企业所得税10.00万元的税款。

借：应交税费——应交企业所得税　　　　　 100 000.00

　　贷：银行存款　　　　　　　　　　　　　　　　　 100 000.00

3.汇算清缴时应补缴税款1.00万元。

借：以前年度损益调整　　　　　　　　　　　 10 000.00

　　贷：应交税费——应交企业所得税　　　　　　　　　 10 000.00

借：应交税费——应交企业所得税　　　　　　 10 000.00

　　贷：银行存款　　　　　　　　　　　　　　　　　　 10 000.00

| 3.3 |
企业所得税汇算清缴

　　企业在分月或者分季度申报缴纳企业所得税后，并不代表企业的企业所得税税务工作已经处理完毕，还需要在一年结束后进行企业所得税的汇算清缴。本节来具体了解一下企业所得税汇算清缴的相关知识。

3.3.1　企业所得税汇算清缴的含义与意义

　　企业所得税汇算清缴是指纳税人在纳税年度终了后的规定时期内，依照税收法律、法规、规章及其他有关企业所得税的规定，自行计算全年应纳税所得额和应纳税额，根据月度或季度预缴的所得税税额，确定该年度应补或者应退税额，并填写企业所得税年度纳税申报表，向主管税务机关办理年度企业所得税纳税申报、提供税务机关要求提供的有关资料以及结清全年应缴纳的企业所得税税款的行为。

企业所得税汇算清缴时间是自年度终了之日起 5 个月内，即每年 5 月 31 日前需完成上一年度的企业所得税汇算清缴工作。

企业所得税汇算清缴是企业每年的税务重点工作之一，做好企业所得税汇算清缴，不仅是企业诚信纳税的体现，也是国家税收收入的重要保障。企业所得税汇算清缴涉及企业经营活动的各个方面，也是税收知识体现得最全面的一项工作，它有助于提升企业的财务管理水平，规范企业经营管理，促进企业发展。税收是国家财政收入的重要来源，做好企业所得税汇算清缴，有利于国家经济的健康平稳发展。

3.3.2　企业所得税汇算清缴纳税调整

企业所得税汇算清缴纳税调整是指在进行企业所得税汇算清缴时，企业的一些项目需要调增或者调减，主要包括收入类调整项目、扣除类调整项目、资产类调整项目、特殊事项调整项目和特别纳税调整应税所得。

收入类调整项目主要包括视同销售收入、未按权责发生制原则确认的收入和投资收益等，主要如图 3-18 所示。

A105000					
纳税调整项目明细表					
行次	项　目	账载金额	税收金额	调增金额	调减金额
		1	2	3	4
1	一、收入类调整项目（2+3+4+5+6+7+8+10+11）	*	*		
2	（一）视同销售收入（填写A105010）	*			*
3	（二）未按权责发生制原则确认的收入（填写A105020）				
4	（三）投资收益（填写A105030）				
5	（四）按权益法核算长期股权投资对初始投资成本调整确认收益	*	*	*	
6	（五）交易性金融资产初始投资调整	*	*		*
7	（六）公允价值变动净损益	*	*		
8	（七）不征税收入	*	*		
9	其中：专项用途财政性资金（填写A105040）	*	*		
10	（八）销售折扣、折让和退回				
11	（九）其他				

图 3-18　收入类纳税调整明细

账载金额是指按照国家统一会计制度规定核算的金额；税收金额是指按照税法规定计算的金额；调增金额是指税会差异中，会计较税法少确认收益而需要纳税调增的金额；调减金额是指税会差异中，会计较税法多确认收益而需要纳税调减的金额。

扣除类调整项目主要包括职工薪酬、业务招待费支出和利息支出等项目的调整，如图 3-19 所示。

A105000					
纳税调整项目明细表					
行次	项目	账载金额	税收金额	调增金额	调减金额
		1	2	3	4
12	二、扣除类调整项目 （13+14+15+16+17+18+19+20+21+22+23+24+26+27+28+29+30）	*	*		
13	（一）视同销售成本（填写A105010）	*		*	
14	（二）职工薪酬（填写A105050）				
15	（三）业务招待费支出				*
16	（四）广告费和业务宣传费支出（填写A105060）	*	*		
17	（五）捐赠支出（填写A105070）				*
18	（六）利息支出				
19	（七）罚金、罚款和被没收财物的损失		*		*
20	（八）税收滞纳金、加收利息		*		*
21	（九）赞助支出		*		*
22	（十）与未实现融资收益相关在当期确认的财务费用				
23	（十一）佣金和手续费支出				*
24	（十二）不征税收入用于支出所形成的费用	*	*		*
25	其中：专项用途财政性资金用于支出所形成的费用（填写A105040）	*	*		*
26	（十三）跨期扣除项目				
27	（十四）与取得收入无关的支出		*		*
28	（十五）境外所得分摊的共同支出	*	*		*
29	（十六）党组织工作经费				
30	（十七）其他				

图 3-19　扣除类纳税调整明细

对于扣除类项目，我们需要注意表 3-2 所示的几个方面。

表 3-2　企业所得税汇算清缴的扣除类项目注意问题

项目	注意问题
职工福利费	企业发生的职工福利费，不超过实际发生工资薪金总额的14%的部分，准予扣除；超过的部分，如果前期已经扣除，则需要做纳税调增处理
工会经费	企业缴纳的工会经费，不超过工资薪金总额2%的部分，准予扣除
职工教育经费	其中按照税收规定比例扣除的不超过工资薪金总额的8%的部分，准予扣除
补充养老保险	补充养老保险不超过企业工资薪资总额5%的部分准予扣除
业务招待费	企业发生的与生产经营活动有关的业务招待费支出，按照发生额的60%扣除，但最高不得超过当年营业收入的0.5%

续上表

项目	注意问题
广告费和业务宣传费支出	除国务院财政、税务主管部门另有规定的外，广告费和业务宣传费支出不超过当年营业收入 15% 的部分，准予扣除
捐赠支出	企业发生的公益性事业的捐赠支出，不超过年度利润总额 12% 的部分，准予扣除。但是非公益性捐赠不得扣除，已扣除的应做纳税调增

资产类调整项目主要是指资产的折旧摊销、资产减值准备和资产损失等；特殊事项调整项目主要包括企业重组及递延纳税事项、政策性搬迁、特殊行业准备金、房地产开发企业特定业务计算的纳税调整额以及合伙企业法人合伙人应分得的应纳税所得额等。如图 3-20 所示。

图 3-20　资产类和特殊事项纳税调整明细

3.3.3　企业所得税汇算清缴纳税申报

企业所得税汇算清缴的申报需要在次年 5 月 31 日前完成，主要的申报表单填写说明如下（这里列举 A 类）。

首先进行封面的填制，主要包括税款所属期间、纳税人识别号和纳税人名称，这一部分一般都由系统自动带出生成，申报时只需要核对生成数据的准确性，如图 3-21 所示。

图 3-21　核对企业所得税汇算清缴的申报表封面信息

填写企业所得税年度纳税申报表单，勾选企业需要填报的表单，如图3-22
所示。

图 3-22　勾选需要填报的表单

填写企业基础信息表，需填报企业基本经营情况以及企业主要股东及分红情况，如图 3-23 所示。

企业所得税年度纳税申报基础信息表

基本经营情况（必填项目）					
101纳税申报企业类型（填写代码）		100非跨地区经营企业	102分支机构就地纳税比例（%）		0.00
103资产总额（填写平均值，单位：万元）		[illegible]	104从业人数（填写平均值，单位：人）		[illegible]
105所属国民经济行业（填写代码）		石油及制品批发	106从事国家限制或禁止行业		□是 ■否
107适用会计准则或会计制度（填写代码）		一般企业	108采用一般企业财务报表格式（[illegible]年版）		□是 ■否
109小型微利企业		□是 ■否	110上市公司	是（□境内 □境外）	■否
有关涉税事项情况（存在或者发生下列事项时必填）					
201从事股权投资业务		□是	202存在境外关联交易		□是
203选择采用的境外所得抵免方式		□分国（地区）不分项□不分国（地区）不分项			
204有限合伙制创业投资企业的法人合伙人		□是	205创业投资企业		□是
206技术先进型服务企业类型（填写代码）			207非营利组织		□是
208软件、集成电路企业类型（填写代码）			209集成电路生产项目类型		□130纳米 □65纳米
210科技型中小企业	210-1 2018年（申报所属期年度）入库编号1			210-2入库时间1	
	210-3 2019年（所属期下一年度）入库编号2			210-4入库时间2	
211高新技术企业申报所属期年度有效的高新技术企业证书		211-1 证书编号1		211-2发证时间1	
		211-3 证书编号2		211-4发证时间2	
212重组事项税务处理方式		□一般性 □特殊性	213重组交易类型（填写代码）		
214重组当事方类型（填写代码）			215政策性搬迁开始时间		
216发生政策性搬迁且停止生产经营无所得年度		□是	217政策性搬迁损失分期扣除年度		□是
218发生非货币性资产对外投资递延纳税事项		□是	219非货币性资产对外投资转让所得递延纳税年度		□是
220发生技术成果投资入股递延纳税事项		□是	221技术成果投资入股递延纳税年度		□是
222发生资产（股权）划转特殊性税务处理事项		□是	223债务重组所得递延纳税年度		□是
主要股东及分红情况（必填项目）					
股东名称	证件种类	证件号码	投资比例（%）	当年（决议日）分配的股息、红利等权益性投资收益金额	国籍（注册地址）
[illegible]	[illegible]	[illegible]	[illegible]	0.00	中华人民共和国
[illegible]	[illegible]	[illegible]	[illegible]	0.00	中华人民共和国
其余股东合计	—	—	0.00%	0.00	—

图 3-23　填写企业基础信息表

填写中华人民共和国企业所得税年度纳税申报表（A 类），此表单中的大部分数据是由本小节后面的一些表单中的数据生成，与后面表单的关联性较强，如图 3-24 所示。

中华人民共和国企业所得税年度纳税申报表（A 类）（A100000）

行次	类别	项目	金额
1	利润总额计算	一、营业收入(填写 A101010\101020\103000)	
2		减：营业成本(填写 A102010\102020\103000)	
3		税金及附加	
4		销售费用(填写 A104000)	
5		管理费用(填写 A104000)	
6		财务费用(填写 A104000)	
7		资产减值损失	
8		加：公允价值变动收益	
9		投资收益	
10		二、营业利润(1-2-3-4-5-6-7+8+9)	
11		加：营业外收入(填写 A101010\101020\103000)	
12		减：营业外支出(填写 A102010\102020\103000)	
13		三、利润总额（10+11-12）	
14	应纳税所得额计算	减：境外所得（填写 A108010）	
15		加：纳税调整增加额（填写 A105000）	
16		减：纳税调整减少额（填写 A105000）	
17		减：免税、减计收入及加计扣除（填写 A107010）	
18		加：境外应税所得抵减境内亏损（填写 A108000）	
19		四、纳税调整后所得（13-14+15-16-17+18）	
20		减：所得减免（填写 A107020）	
21		减：抵扣应纳税所得额（填写 A107030）	
22		减：弥补以前年度亏损（填写 A106000）	
23		五、应纳税所得额（19-20-21-22）	
24	应纳税额计算	税率（25%）	
25		六、应纳所得税额（23×24）	
26		减：减免所得税额（填写 A107040）	
27		减：抵免所得税额（填写 A107050）	
28		七、应纳税额（25-26-27）	
29		加：境外所得应纳所得税额（填写 A108000）	
30		减：境外所得抵免所得税额（填写 A108000）	
31		八、实际应纳所得税额（28+29-30）	
32		减：本年累计实际已预缴的所得税额	
33		九、本年应补（退）所得税额（31-32）	
34		其中：总机构分摊本年应补（退）所得税额(填写 A109000)	
35		财政集中分配本年应补（退）所得税额（填写 A109000）	
36		总机构主体生产经营部门分摊本年应补（退）所得税额(填写 A109000)	
37	附列资料	以前年度多缴的所得税额在本年抵减额	
38		以前年度应缴未缴在本年入库所得税额	

图 3-24　填写企业所得税纳税申报表

一般企业收入明细表包括企业的营业收入和营业外收入，企业要区分各项收入来源的性质，按照对应的性质在表格相应位置填写，如图 3-25 所示。

A101010

一般企业收入明细表

行次	项　目	金　额
1	一、营业收入（2+9）	
2	（一）主营业务收入（3+5+6+7+8）	
3	1.销售商品收入	
4	其中：非货币性资产交换收入	
5	2.提供劳务收入	
6	3.建造合同收入	
7	4.让渡资产使用权收入	
8	5.其他	
9	（二）其他业务收入（10+12+13+14+15）	
10	1.销售材料收入	
11	其中：非货币性资产交换收入	
12	2.出租固定资产收入	
13	3.出租无形资产收入	
14	4.出租包装物和商品收入	
15	5.其他	
16	二、营业外收入（17+18+19+20+21+22+23+24+25+26）	
17	（一）非流动资产处置利得	
18	（二）非货币性资产交换利得	
19	（三）债务重组利得	
20	（四）政府补助利得	
21	（五）盘盈利得	
22	（六）捐赠利得	
23	（七）罚没利得	
24	（八）确实无法偿付的应付款项	
25	（九）汇兑收益	
26	（十）其他	

图 3-25　填写收入明细表

一般企业成本支出明细表包括企业的营业成本和营业外支出，与收入对应，也要区分各项成本的性质，按对应性质填写表格，如图 3-26 所示。

A102010

一般企业成本支出明细表

行次	项　目	金　额
1	一、营业成本（2+9）	
2	（一）主营业务成本（3+5+6+7+8）	
3	1.销售商品成本	
4	其中：非货币性资产交换成本	
5	2.提供劳务成本	
6	3.建造合同成本	
7	4.让渡资产使用权成本	
8	5.其他	
9	（二）其他业务成本（10+12+13+14+15）	
10	1.材料销售成本	
11	其中：非货币性资产交换成本	
12	2.出租固定资产成本	
13	3.出租无形资产成本	
14	4.包装物出租成本	
15	5.其他	
16	二、营业外支出（17+18+19+20+21+22+23+24+25+26）	
17	（一）非流动资产处置损失	
18	（二）非货币性资产交换损失	
19	（三）债务重组损失	
20	（四）非常损失	
21	（五）捐赠支出	
22	（六）赞助支出	
23	（七）罚没支出	
24	（八）坏账损失	
25	（九）无法收回的债券股权投资损失	
26	（十）其他	

图 3-26　填写成本支出明细表

填写期间费用明细表，企业需要将销售费用、管理费用和财务费用分为 25 个明细，境外支付的情况也要填写在表格中的对应位置，如图 3-27 所示。

A104000

期间费用明细表

行次	项 目	销售费用 1	其中：境外支付 2	管理费用 3	其中：境外支付 4	财务费用 5	其中：境外支付 6
1	一、职工薪酬		*		*	*	*
2	二、劳务费					*	*
3	三、咨询顾问费					*	*
4	四、业务招待费		*		*	*	*
5	五、广告费和业务宣传费		*		*	*	*
6	六、佣金和手续费						
7	七、资产折旧摊销费		*		*	*	*
8	八、财产损耗、盘亏及毁损损失		*		*	*	*
9	九、办公费		*		*	*	*
10	十、董事会费		*		*	*	*
11	十一、租赁费					*	*
12	十二、诉讼费					*	*
13	十三、差旅费					*	*
14	十四、保险费					*	*
15	十五、运输、仓储费					*	*
16	十六、修理费					*	*
17	十七、包装费		*			*	*
18	十八、技术转让费					*	*
19	十九、研究费用					*	*
20	二十、各项税费		*		*	*	*
21	二十一、利息收入	*	*	*	*		
22	二十二、汇兑差额	*	*	*	*		
23	二十三、现金折扣	*	*	*	*		
24	二十四、党组织工作经费	*	*		*	*	
25	二十五、其他						
26	合计(1+2+3+…+25)	0.00	0.00			0.00	

图 3-27　填写期间费用明细表

填写纳税调整项目明细表，包括企业年度所得税汇算清缴需要调整的项目，如图 3-28 所示。

纳税调整项目明细表（A105000）

行次	项 目	账载金额 1	税收金额 2	调增金额 3	调减金额 4
1	一、收入类调整项目(2+3+4+5+6+7+8+10+11)	*	*		
2	(一)视同销售收入(填写 A105010)	*	*		
3	(二)未按权责发生制原则确认的收入(填写 A105020)				
4	(三)投资收益(填写 A105030)				
5	(四)按权益法核算长期股权投资对初始投资成本调整确认收益	*	*	*	
6	(五)交易性金融资产初始投资调整	*	*	*	
7	(六)公允价值变动净损益	*		*	
8	(七)不征税收入	*	*		
9	其中：专项用途财政资金(填写 A105040)	*	*		
10	(八)销售折扣、折让和退回				
11	(九)其他				
12	二、扣除类调整项目(13+14+15+16+17+18+19+20+21+22+23+24+26+27+28+29)	*	*		
13	(一)视同销售成本(填写 A105010)	*	*		
14	(二)职工薪酬(填写 A105050)				
15	(三)业务招待费支出	*		*	
16	(四)广告费和业务宣传费支出(填写 A105060)	*			
17	(五)捐赠支出(填写 A105070)			*	
18	(六)利息支出				
19	(七)罚金、罚款和被没收财物的损失	*		*	
20	(八)税收滞纳金、加收利息	*		*	
21	(九)赞助支出	*		*	
22	(十)与未实现融资收益相关在当期确认的财务费用				
23	(十一)佣金和手续费支出			*	
24	(十二)不征税收入用于支出所形成的费用	*			
25	其中：专项用途财政性资金用于支出所形成的费用(填写 A105040)	*			
26	(十三)跨期扣除项目				
27	(十四)与取得收入无关的支出	*		*	
28	(十五)境外所得分摊的共同支出	*	*		
29	(十六)其他				
30	三、资产类调整项目(31+32+33+34)	*	*		
31	(一)资产折旧、摊销(填写 A105080)				
32	(二)资产减值准备金			*	
33	(三)资产损失(填写 A105090)				
34	(四)其他				
35	四、特殊事项调整项目(36+37+38+39+40)	*	*		
36	(一)企业重组(填写 A105100)				
37	(二)政策性搬迁(填写 A105110)				
38	(三)特殊行业准备金(填写 A105120)				
39	(四)房地产开发企业特定业务计算的纳税调整额(填写 A105010)	*			
40	(五)其他			*	
41	五、特别纳税调整应税所得	*		*	
42	六、其他	*		*	
43	合计(1+12+30+35+41+42)	*		*	

图 3-28　填写纳税调整项目明细表

填写职工薪酬纳税调整明细表，这是对企业工资薪金、职工福利费支出、职工教育经费支出、工会经费支出以及社保公积金等按税收规定扣除率调整的表格，企业将其实际发生的职工薪酬支出填写在对应的表格位置，如图 3-29 所示。

行次	项目	账载金额	实际发生额	税收规定扣除率	以前年度累计结转扣除额	税收金额	纳税调整金额	累计结转以后年度扣除额
		1	2	3	4	5	6 (1-5)	7 (1+4-5)
1	一、工资薪金支出			*		*	*	
2	其中：股权激励			*		*	*	
3	二、职工福利费支出			14.00%		*	*	
4	三、职工教育经费支出			*				
5	其中：按税收规定比例扣除的职工教育经费			8.00%		*	*	
6	按税收规定全额扣除的职工培训费用			100.00%		*	*	*
7	四、工会经费支出			2.00%		*	*	
8	五、各类基本社会保障性缴款			*		*	*	
9	六、住房公积金			*		*	*	
10	七、补充养老保险			5.00%		*	*	
11	八、补充医疗保险			5.00%		*	*	
12	九、其他			*		*	*	
13	合计（1+3+4+7+8+9+10+11+12）					*	*	

图 3-29　填写职工薪酬纳税调整明细表

填写广告费和业务宣传费跨年度纳税调整明细表，应填制企业发生的本年广告费和业务宣传费，并体现应扣除的范围金额，如图 3-30 所示。

行次	项目	金额
1	一、本年广告费和业务宣传费支出	
2	减：不允许扣除的广告费和业务宣传费支出	
3	二、本年符合条件的广告费和业务宣传费支出（1-2）	
4	三、本年计算广告费和业务宣传费扣除限额的销售（营业）收入	
5	税收规定扣除率	
6	四、本企业计算的广告费和业务宣传费扣除限额（4×5）	
7	五、本年结转以后年度扣除额（3>6，本行=3-6；3≤6，本行=0）	
8	加：以前年度累计结转扣除额	
9	减：本年扣除的以前年度结转额[3>6，本行=0；3≤6，本行=8 或（6-3）孰小值]	
10	六、按照分摊协议归集至其他关联方的广告费和业务宣传费（10≤3 或 6 孰小值）	
11	按照分摊协议从其他关联方归集至本企业的广告费和业务宣传费	
12	七、本年广告费和业务宣传费支出纳税调整金额（3>6，本行=2+3-6+10-11；3≤6，本行=2+10-11-9）	
13	八、累计结转以后年度扣除额（7+8-9）	

图 3-30　填写广告费和业务宣传费跨年度纳税调整明细表

填写资产折旧、摊销情况及纳税调整明细表，应填写企业拥有的固定资产和无形资产的原值及折旧、摊销情况，如图 3-31 所示。

行次	项目	账载金额			税收金额					纳税调整金额
		资产原值	本年折旧、摊销额	累计折旧、摊销额	资产计税基础	税收折旧、摊销额	享受加速折旧政策的资产按税收一般规定计算的折旧、摊销额	加速折旧、摊销统计额	累计折旧、摊销额	纳税调整金额
		1	2	3	4	5	6	7=5-6	8	9(2-5)
1	一、固定资产(2+3+4+5+6+7)						*	*		
2	(一)房屋、建筑物						*	*		
3	(二)飞机、火车、轮船、机器、机械和其他生产设备						*	*		
4	(三)与生产经营活动有关的器具、工具、家具等						*	*		
5	(四)飞机、火车、轮船以外的运输工具						*	*		
6	(五)电子设备						*	*		
7	(六)其他						*	*		
8	(一)重要行业固定资产加速折旧(不含一次性扣除)									*
9	(二)其他行业研发设备加速折旧									*
10	(三)固定资产一次性扣除									*
11	(四)技术进步、更新换代固定资产									*
12	(五)常年强震动、高腐蚀固定资产									*
13	(六)外购软件折旧									*
14	(七)集成电路企业生产设备									*
15	二、生产性生物资产(16+17)						*	*		
16	(一)林木类						*	*		
17	(二)畜类						*	*		
18	三、无形资产(19+20+21+22+23+24+25+27)									
19	(一)专利权									
20	(二)商标权									
21	(三)著作权									
22	(四)土地使用权									
23	(五)非专利技术									
24	(六)特许权使用费									
25	(七)软件									
26	其中:享受企业外购软件加速摊销政策									*
27	(八)其他									
28	四、长期待摊费用(29+30+31+32+33)									
29	(一)已足额提取折旧的固定资产的改建支出									
30	(二)租入固定资产的改建支出									
31	(三)固定资产的大修理支出									
32	(四)开办费									
33	(五)其他									
34	五、油气勘探投资						*	*		
35	六、油气开发投资						*	*		
36	合计(1+15+18+28+34+35)									
附列资料	全民所有制企业公司制改制资产评估增值政策资产							*		

图 3-31　填写资产折旧、摊销情况及纳税调整明细表

填写企业所得税弥补亏损明细表，该表是企业发生的 10 年的亏损额的体现，如图 3-32 所示。

行次	项目 年度	当年填报所得额	分立转出的亏损额	合并、分立转入的亏损额		弥补亏损企业类型	当年亏损额	当年待弥补的亏损额	用本年度所得额弥补的以前年度亏损额		当年可结转以后年度弥补的亏损额
				可弥补年限5年	可弥补年限10年				使用境内所得额弥补	使用境外所得弥补	
		1	2	3	4	5	6	7	8	9	10	11
1	前十年度										
2	前九年度										
3	前八年度										
4	前七年度										
5	前六年度										
6	前五年度										
7	前四年度										
8	前三年度										
9	前二年度										
10	前一年度										
11	本年度										
12	可结转以后年度弥补的亏损额合计										

图 3-32　填写企业所得税弥补亏损明细表

以上就是企业所得税汇算清缴时需填报的一些主要表格，重视表格之间数据的关联度与逻辑性，才能完成企业所得税汇算清缴的申报工作。

| 3.4 |
企业所得税节税妙招

对于企业而言，企业所得税一样可以进行纳税筹划，以达到节税的目标，减轻企业的税负。那么，企业所得税有哪些节税妙招可用呢？

3.4.1　运用适合的税收优惠政策节税

企业运用适合的税收优惠政策，可以帮助企业减少企业所得税支出，比如企业开展研发活动时实际发生的研发费用，未形成无形资产而计入当期损益的，在按规定据实扣除的基础上，在 2018 年 1 月 1 日至 2020 年 12 月 31 日期间，再按照实际发生额的 75% 在税前加计扣除；形成无形资产的，在上述期间按照无形资产成本的 175% 在税前摊销；企业在 2018 年 1 月 1 日至 2020 年 12 月 31 日期间新购进的设备、器具，单位价值不超过 500 万元的，允许一次性计入当期成本费用在计算应纳税所得额时扣除，不再分年度计算折旧。

| 范例解析 |　企业所得税优惠政策节税

甲公司2018年购进一套新的生产设备，价值300.00万元，当年其企业所得税应纳税所得额为500.00万元。

如果甲公司当年购进的固定资产不进行一次性折旧，则2018年缴纳企业所得税为：500.00×25%=125.00（万元）。

甲公司当年购进的固定资产进行一次性折旧，则2018年缴纳企业所得税为：（500.00-300.00）×25%=50.00（万元）。

企业在税收优惠政策出台后，要积极备案享受税收优惠政策，减少企业所得税支出，节约税收成本，提高盈利水平。

3.4.2　利用区域经济政策节税

对于企业而言，经营地所在区域也比较重要，不同隶属地区会针对地区发展制定不同的经济政策，以帮助促进企业发展，激活区域经济活力。比如经国务院批准的高新技术产业开发区内的高新技术企业，减按 15% 的税率征收企业所得税；新办的高新技术企业自投产年度起，免征企业所得税两年。

｜范例解析｜　区域经济政策节税

甲公司为一家高新技术企业，但公司成立初期并不在高新技术产业开发区内。2018年甲公司的企业所得税应纳税所得额为500.00万元，2019年甲公司变更经营场所，搬迁至高新技术产业开发区，当年企业所得税应纳税所得额同样为500.00万元，则2019年节税多少？

2018年缴纳企业所得税时不可享受企业所得税的减征，因为不在高新技术产业开发区，即使甲公司是高新技术企业。2018年缴纳企业所得税为：500.00×25%=125.00（万元）。

2019年搬迁至高新技术产业开发区，可减按15%的税率征收企业所得税，则甲公司2019年缴纳企业所得税：500.00×15%=75.00（万元）。

由此可见，利用区域经济政策后，甲公司2019年可以节税50.00万元（125.00−75.00）。

第 4 章

特种货物流转税：消费税

消费税是特种货物或劳务税，与我们的生活息息相关，不管是烟酒，还是汽车、化妆品，都是我们经常接触的物品，都需要缴纳消费税。那么消费税是什么？如何征收计算？如何申报缴纳？本章将一一揭晓答案。

| 4.1 |
消费税概述

生活中我们经常听到消费税，它好像离我们的生活很遥远，又和我们的生活息息相关。我们每天都在进行消费，那么我们的消费中是否都含有消费税呢？这一节我们来认识并了解特种货物流转税——消费税。

4.1.1 消费税及其纳税义务人

消费税又叫特种货物及劳务税，是指以应税消费品的流转额作为征税对象的各种税收的统称，是政府向消费品征收的税款，可以对批发商或者零售商进行征收。

消费税是间接税，并不是特指在零售环节征收，这一点要注意区分。消费税的税款最终是由消费者承担，是在对货物普遍征收增值税的基础上，选择部分消费品再征收一道消费税，其目的是调节企业的产品结构，引导国民的消费方向，保证国家的财政收入。

消费税征税项目具有选择性，按照不同的产品设计不同的税率，而同一产品同等纳税。

消费税的纳税人是我国境内从事生产、委托加工、零售和进口《中华人民共和国消费税暂行条例》规定的应税消费品的单位和个人，主要包括在我国境内生产、委托加工、零售和进口应税消费品的国有企业、私有企业、股份制企业、其他企业、行政单位、事业单位、社会团体、个体经营者和其他个人。

注意，在我国境内从事生产、委托加工、零售和进口应税消费品的外商投资企业和外国企业，也是消费税的纳税人。

4.1.2　消费税的征税范围

我国现行消费税的征税范围主要包括：烟、酒、高档化妆品、贵重首饰及珠宝玉石、鞭炮和焰火、成品油、摩托车、小汽车、高尔夫球及球具、高档手表、游艇、木制一次性筷子、实木地板、电池和涂料等税目。其中部分税目的具体介绍如下。

◆　烟

凡是以烟叶为原材料加工生产的烟产品，都属于本税目下的消费税征收范围，主要包括卷烟、雪茄烟和烟丝等子项目。而卷烟又分为生产环节与商品批发环节的甲类卷烟（即不含增值税的调拨价 70 元及以上 / 条的卷烟）和乙类卷烟（即不含增值税的调拨价 70 元 / 条以下的卷烟）。

◆　酒

酒的税目主要包括白酒、黄酒、啤酒和其他酒。白酒主要指以高粱、玉米、大米、小麦和青稞等为原材料，经过糖化、发酵后，采用蒸馏方法酿制的白酒；黄酒指以糯米、粳米、籼米、大米、黄米、玉米、小麦和薯类等为原料，经加温、糖化、发酵、压榨酿制的酒；啤酒指以大麦或者其他粮食为原料，加入啤酒花，经糖化、发酵、过滤酿造的含有二氧化碳的酒；其他酒是除白酒、黄酒、啤酒以外的，酒的度数在 1 度以上的各种酒，比如汽酒、药酒等。

◆　高档化妆品

化妆品是日常生活中用于修饰美化人体表面的用品，主要包括香水、香水精、香粉、口红、胭脂、眉笔、蓝眼油、眼睫毛和成套化妆品等。

◆　贵重首饰及珠宝玉石

贵重首饰及珠宝玉石包括金银首饰、铂金首饰和钻石及钻石饰品、其他贵重首饰和珠宝玉石。珠宝玉石包括珍珠、松石、青金石、长石和各种玉等。

◆ 鞭炮、焰火

该类应税消费品包括各种鞭炮、焰火，主要有喷花类、旋转类、旋转升空类、火箭类、线香类和爆竹类等。

◆ 成品油

成品油包括汽油、柴油、航空煤油、石脑油、溶剂油、润滑油和燃料油这七类。

◆ 摩托车

摩托车分为气缸容量 250 毫升及以下的摩托车和气缸容量在 250 毫升以上的摩托车两类。

◆ 小汽车

小汽车分为乘用车和中轻型商用客车。

这些消费税的征税范围又可以划分为四个种类，如表 4-1 所示。

表 4-1　消费税的四大税目类别

类别	税目
一些过度消费会对人类健康、社会秩序和生态环境等方面造成危害的特殊消费品	如烟、酒、鞭炮、焰火等
奢侈品、非生活必需品	如贵重首饰、化妆品等
高能耗及高档消费品	如小轿车、摩托车等
不可再生和替代的石油类消费品	如汽油、柴油等

4.1.3　消费税免税政策

消费税的一些税收优惠政策对于一些特定的产品，或者在一些特定的地区适用。主要的税收优惠政策举例如下。

1. 在财税〔2014〕51 号《财政部 海关总署 国家税务总局关于横琴、平潭开发有关增值税和消费税政策的通知》的第二条规定中提到，横琴、平潭各自的区内企业之间销售其在本区内的货物，免征消费税。

2. 财税〔2015〕16 号《财政部 国家税务总局关于对电池、涂料征收消费税的通知》政策中规定，对电池、涂料征收消费税，但也规定节能环保电池和节能环保涂料免征消费税。

3. 财税〔2018〕144 号《财政部 国家税务总局关于延长对废矿物油再生油品免征消费税政策实施期限的通知》规定，对废矿物油生产的工业料油免征消费税。

4. 财税〔2010〕98 号《财政部 国家税务总局关于对成品油生产企业生产自用油免征消费税的通知》规定，对生产成品油过程中消耗的自产成品油部分免征消费税。

| 4.2 |
消费税的计算

消费税和其他税种一样，也涉及税额计算、纳税申报以及账务处理，那么消费税的税率是怎样的呢？消费税如何进行计算呢？

4.2.1 消费税的税率

消费税根据其征收对象的不同，对应的税率就不同，有以比例税率计税的，也有以定额税率计税的，主要如表 4-2 所示。

表 4-2 消费税的税率

税目	税率
一、烟 1. 卷烟 （1）甲类卷烟 （2）乙类卷烟	 56% 加 0.003 元 / 支（生产环节） 36% 加 0.003 元 / 支（生产环节）

续上表

税目	税率
（3）批发环节	11% 加 0.005 元 / 支
2. 雪茄烟	36%
3. 烟丝	30%
二、酒	
1. 白酒	20% 加 0.5 元 /500 克（或 500 毫升）
2. 黄酒	240 元 / 吨
3. 啤酒	
（1）甲类啤酒	250 元 / 吨
（2）乙类啤酒	220 元 / 吨
4. 其他酒	10%
三、高档化妆品	15%
四、贵重首饰及珠宝玉石	
1. 金银首饰、铂金首饰和钻石及钻石饰品	5%
2. 其他贵重首饰和珠宝玉石	10%
五、鞭炮、焰火	15%
六、成品油	
1. 汽油	1.52 元 / 升
2. 柴油	1.20 元 / 升
3. 航空煤油	1.20 元 / 升
4. 石脑油	1.52 元 / 升
5. 溶剂油	1.52 元 / 升
6. 润滑油	1.52 元 / 升
7. 燃料油	1.20 元 / 升
七、摩托车	
1. 气缸容量 250 毫升（含）以下的摩托车	3%
2. 气缸容量 250 毫升以上的摩托车	10%
八、小汽车	
1. 乘用车	
（1）气缸容量（排气量，下同）在 1.0 升（含）以下的	1%
（2）气缸容量在 1.0 升至 1.5 升（含）的	3%
（3）气缸容量在 1.5 升至 2.0 升（含）的	5%

续上表

税目	税率
（4）气缸容量在 2.0 升至 2.5 升（含）的	9%
（5）气缸容量在 2.5 升至 3.0 升（含）的	12%
（6）气缸容量在 3.0 升至 4.0 升（含）的	25%
（7）气缸容量在 4.0 升以上的	40%
2. 中轻型商用客车	5%
九、高尔夫球及球具	10%
十、高档手表	20%
十一、游艇	10%
十二、木制一次性筷子	5%
十三、实木地板	5%
十四、电池	4%
十五、涂料	4%

4.2.2　消费税的计税依据

消费税采取从价和从量两种计税方法，不同的计税方法采用的计税依据不同，也就是计算消费税应纳税额时的基数不一样。

◆　从价计税

对于从价计税方法来说，一般情况下是以产品的销售额为计税依据，但也有特殊情况。

对于自产自用应税消费品，且不用于连续生产应税消费品，而用于其他方面，比如企业职工福利的，纳税人有生产同类消费品的，按照生产的同类消费品的销售价格为计税依据；没有同类消费品销售价格的，需要按照该消费品的成本加利润的和除以 1 减去消费税税率的差构成计税价格，也就是计算消费税的计税依据。相关计算公式在 4.2.3 节内容中介绍。

对于委托加工应税消费品的，由受托方交货时代扣代缴消费税的，如果受托方有同类消费品的，按照受托方的同类消费品销售价格为计税依据；没有同类消费品销售价格的，按该委托加工消费品的材料成本加加工费的和除以1减去消费税税率的差构成计税价格，也就是计算消费税的计税依据。

对于进口应税消费品而言，其计税依据是关税完税价格与关税的和除以1减去消费税税率的差构成计税价格。

零售金银首饰的，以其购进原价乘以1加上利润率的和，再除以1减去消费税税率的差计算得出的数额构成消费税的计税依据。

◆ 从量计税

对于从量计征方法来说，其计税依据通常是应税消费品的销售数量，比如成品油就是以销售量计征消费税，计量单位为"升"。

4.2.3 消费税的计算

消费税的不同计税方法，有不同的计算方式，主要有以下几种。

（1）实行从价计税

从价计税方法下，消费税的应纳税额计算公式如下。

$$应纳税额=应税消费品销售额×适用税率$$

| 范例解析 | 采用从价计税方法计算应缴纳的消费税

某日用化妆品厂本月销售800套自产化妆品套装，每套由以下产品组成：口红一支，价值50.00元；防晒霜一瓶，价值200.00元；自产香水一瓶，价值150.00元；洗面奶一瓶，价值60.00元。已知化妆品的消费税税率为15%，计算该厂本月销售套装应缴纳的消费税。

每套产品的单价=50.00+200.00+150.00+60.00=460.00（元）

依据"应纳税额=应税消费品销售额×适用税率"可得：

本月应缴纳的消费税=460.00×800×15%=55 200.00（元）

（2）实行从量计税

从量计税方法下，消费税的应纳税额计算公式如下。

$$应纳税额=应税消费品销售数量×适用税额标准$$

| 范例解析 |　从量计征消费税计算

某成品油生产企业本月销售汽油50 000升、柴油60 000升，则本月应缴纳消费税为多少？

成品油消费税采用从量计征，汽油标准为1.52元/升，柴油标准为1.20元/升，则依据"应纳税额=应税消费品销售数量×适用税额标准"可得：

本月应缴纳消费税=50 000.00×1.52+60 000.00×1.20=148 000.00（元）

（3）自产自用应税消费品

企业自产消费品用于连续生产应税消费品的，不纳税；用于其他方面的，有同类消费品销售价格的，按照纳税人生产的同类消费品销售价格计算纳税，没有同类消费品销售价格的，按组成计税价格计算纳税。相关计算公式如下。

$$组成计税价格=（成本＋利润）÷（1－消费税税率）$$

$$应纳税额=组成计税价格×适用税率$$

| 范例解析 |　自产自用应税消费品的消费税计算

某化妆品公司将一批自产的化妆品用作员工福利，已知这批化妆品的成本为10.00万元，利润率为5%，消费税税率15%，则应缴纳多少消费税？

依据"组成计税价格=（成本＋利润）÷（1－消费税税率）"可得：

该批化妆品的计税价格=（10.00+10.00×5%）÷（1－15%）=12.35（万元）

依据"应纳税额=组成计税价格×适用税率"可得：

应缴纳的消费税=12.35×15%=1.85（万元）

（4）委托加工应税消费品

由受托方交货时代收代缴消费税，按照受托方的同类消费品销售价格计算纳税；没有同类消费品销售价格的，按组成计税价格计算纳税。相关计算公式如下。

组成计税价格=（材料成本＋加工费）÷（1－消费税税率）

应纳税额=组成计税价格×适用税率

| 范例解析 | 委托加工的消费税计算

某企业受托加工一批高尔夫球具，委托方提供的原材料成本80.00万元，收取加工费10.00万元，该企业没有同类高尔夫球具的销售价格，则其应代收代缴的消费税为多少？

依据"组成计税价格=（材料成本+加工费）÷（1-消费税税率）"可得：

组成计税价格=（80.00+10.00）÷（1-10%）=100.00（万元）

依据"应纳税额=组成计税价格×适用税率"可得：

应缴纳的消费税=100.00×10%=10.00（万元）

（5）进口应税消费品

按照组成计税价格计算纳税，相关计算公式如下。

组成计税价格=（关税完税价格＋关税）÷（1－消费税税率）

应纳税额=组成计税价格 ×消费税税率

| 范例解析 | 进口应税消费品的消费税计算

某商业企业2019年10月从国外进口一批高档手表，海关核定的关税完税价格为100.00万元，其中关税税率为30%，消费税税率为20%，已取得海

关开具的完税凭证，则其应缴纳的消费税为多少呢？

依据"进口应税消费品组成计税价格＝（关税完税价格＋关税）÷（1－消费税税率）"可得：

组成计税价格＝（100.00＋100.00×30%）÷（1－20%）＝162.50（万元）

应缴纳的消费税＝162.50×20%＝32.50（万元）

（6）零售金银首饰

在计税时，应将含税的销售额换算为不含增值税税额的销售额，然后再计算消费税应纳税额。相关计算公式如下。

金银首饰的应税销售额＝含增值税的销售额÷（1＋增值税税率或征收率）

组成计税价格＝购进原价×（1＋利润率）÷（1－金银首饰消费税税率）

应纳税额＝组成计税价格×金银首饰消费税税率

| 范例解析 | 金银首饰的消费税计算

某零售金银首饰的企业2019年10月购进一批金银首饰，购进原价为10.00万元，已知其利润率为10%，消费税税率为5%，则应纳消费税税额为多少？

依据"组成计税价格＝购进原价×（1＋利润率）÷（1－金银首饰消费税税率）"可得：

该批金银首饰组成计税价格＝10.00×（1＋10%）÷（1－5%）＝11.58（万元）

依据"应纳税额＝组成计税价格×金银首饰消费税税率"可得：

应纳税额＝11.58×5%＝0.58（万元）

知识延伸 | 消费税应纳税额的其他计算情况

对于生产、批发、零售单位用于馈赠、赞助、集资、广告、样品、职工福利和奖励等方面或未分别核算销售的应税消费品，按照组成计税价格计算消费税的应纳税额。

| 4.3 |
消费税的会计处理

我们已经知道消费税如何计算，那么消费税科目如何设置？如何进行会计处理？不同类型应税消费品的消费税如何申报呢？

消费税和增值税、企业所得税一样，都是在"应交税费"科目下进行核算，并在"应交税费"科目下设置"应交消费税"明细科目进行明细核算。本科目的借方核算实际缴纳的消费税或者待抵扣的消费税，贷方核算企业按照规定应当缴纳的消费税，而期末贷方余额表示尚未缴纳的消费税，借方余额则表示多缴纳的消费税。

消费税属于价内税，含在商品的销售收入中，因而在核算时另一会计方向的科目可以是"税金及附加"科目，也可以是"固定资产"和"应收账款"等科目，要依据企业业务的实际发生情况准确使用相关会计科目进行核算。

4.3.1　消费税会计处理

对于企业的消费税，不同的情形，其处理方式不同，比如企业销售应税消费品时，计算应缴纳的消费税时编制如下会计分录。

借：税金及附加
　　贷：应交税费——应交消费税

企业将应税消费品用于在建工程或者固定资产，计算应缴纳消费税时编制如下会计分录。

借：在建工程/固定资产等
　　贷：应交税费——应交消费税

委托加工应税消费品业务中，受托方应按照代收代缴的消费税金额编制如下会计分录。

借：应收账款

　　贷：应交税费——应交消费税

委托加工应税消费品回收后，直接用于销售的，委托方应将受托方代收代缴的消费税计入委托加工产品的成本中，编制如下会计分录。

借：委托加工物资/生产成本等（含消费税）

　　贷：应付账款/银行存款等

委托加工应税消费品回收后，用于连续生产应税消费品的，按照规定准予抵扣的，委托方按照受托方代收代缴的消费税金额编制如下会计分录。

借：应交税费——应交消费税

　　贷：应付账款/银行存款等

外购应税消费品用于生产应税消费品的，编制如下会计分录。但如果改变用途，应将改变用途的部分对应的消费税做转出处理。

借：应交税费——应交消费税

　　贷：应付账款/银行存款等

因受托加工或者翻新改制金银首饰，在交货时按规定应缴纳的消费税，应通过如下会计分录进行核算。

借：税金及附加

　　贷：应交税费——应交消费税

金银首饰零售时，计算应缴纳的消费税并编制如下会计分录。

借：税金及附加

　　贷：应交税费——应交消费税

金银首饰用于馈赠等时，应编制如下会计分录。

借：营业外支出/销售费用等

　　贷：应交税费——应交消费税

企业缴纳消费税税款时，应编制如下会计分录。

借：应交税费——应交消费税

　　贷：银行存款

| 范例解析 |　消费税账务处理

1.甲公司销售化妆品，应缴纳消费税40 000.00元。

借：税金及附加　　　　　　　　　　　　　40 000.00

　　贷：应交税费——应交消费税　　　　　　　　　40 000.00

2.甲公司缴纳消费税40 000.00元。

借：应交税费——应交消费税　　　　　　　40 000.00

　　贷：银行存款　　　　　　　　　　　　　　　　40 000.00

3.某公司用生产的游艇换取其他公司的生产设备，消费税的应纳税额为50.00万元。

借：固定资产　　　　　　　　　　　　　500 000.00

　　贷：应交税费——应交消费税　　　　　　　　500 000.00

4.某啤酒厂举办啤酒展会，使用自产的甲类啤酒20吨，计算应缴纳的消费税税额5 000.00元。

借：销售费用　　　　　　　　　　　　　　5 000.00

　　贷：应交税费——应交消费税　　　　　　　　　5 000.00

5.乙公司委托丙公司加工一批木制一次性筷子，丙公司代收代缴消费税10 000.00元。

借：应收账款　　　　　　　　　　　　　10 000.00

　　贷：应交税费——应交消费税　　　　　　　　10 000.00

4.3.2　消费税纳税申报

企业消费税的申报主要分为成品油消费税申报、烟类应税消费品消费税申报、酒类应税消费品消费税申报、小汽车消费税申报、卷烟批发消费税申报、电池消费税申报、涂料消费税申报和其他类消费税申报，这些消费税的申报流程基本相似，下面以申报成品油消费税的流程为例来进行介绍（以四川省的申报为例）。

登录进入国家税务总局四川省电子税务局，单击"我要办税"导航按钮跳转到"我要办税"页面，单击"税费申报及缴纳"超链接，如图4-1所示。

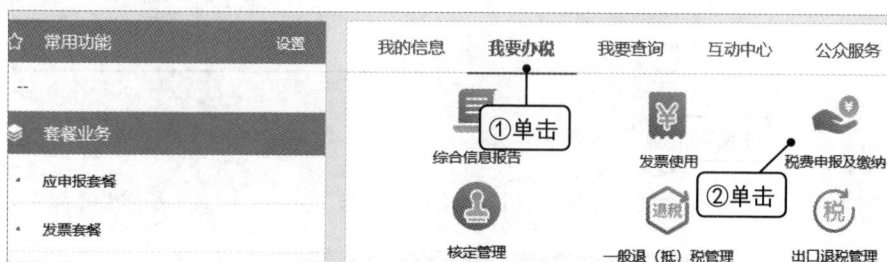

图4-1 单击"税费申报及缴纳"超链接

进入"税费申报及缴纳"页面后单击左侧任务窗格中的"消费税及附加税（费）申报"超链接，在进入到的页面中单击"成品油消费税申报"超链接，在打开的页面中即可进行相关税费的申报，首先，在自动进入到的页面中填写成品油消费税纳税申报表，在其中按实际的应税消费品项目、销售数量、价格和扣缴税额等进行如实申报，申报完后单击页面下方的"保存"按钮完成保存，如图4-2所示。

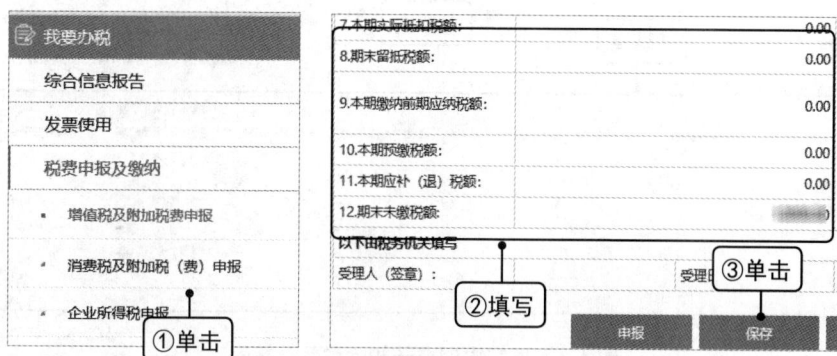

图4-2 成品油消费税纳税申报

在"成品油消费税申报"页面中单击"本期减（免）税额明细表"导航按钮，在切换的页面中选择相应的应税消费品名称／项目及减（免）项目名称，填写减免的金额等，完成后单击"保存"按钮，如图4-3所示。

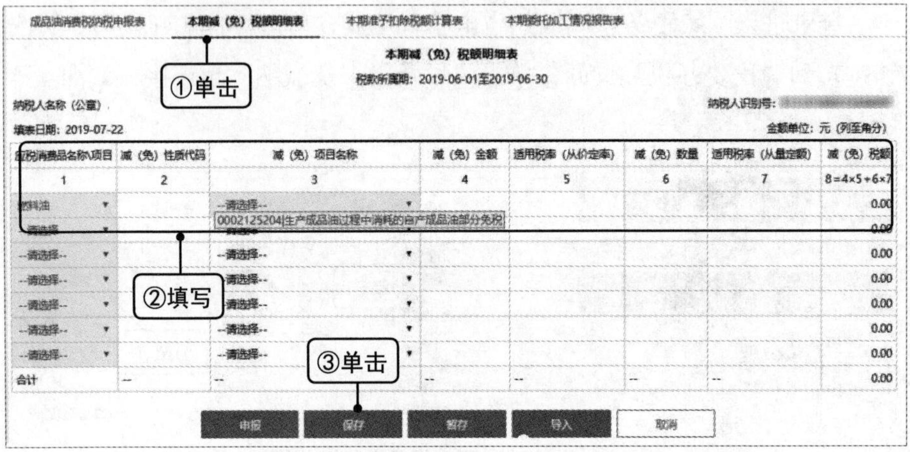

图4-3　填写本期减（免）税额明细表

单击"本期准予扣除税额计算表"导航按钮，在切换的页面中填写本期准予扣除税额计算表，在该页面中要注意，蓝色数据为手动填写，黑色数字由系统自动计算或自动带出，填写完后单击"保存"按钮，如图4-4所示。

图4-4　填写本期准予扣除税额计算表

单击"本期委托加工情况报告表"导航按钮，在切换的页面中根据填写说明及申报情况，填写本期委托加工情况报告表，填写完后单击"保存"按钮，如图 4-5 所示。

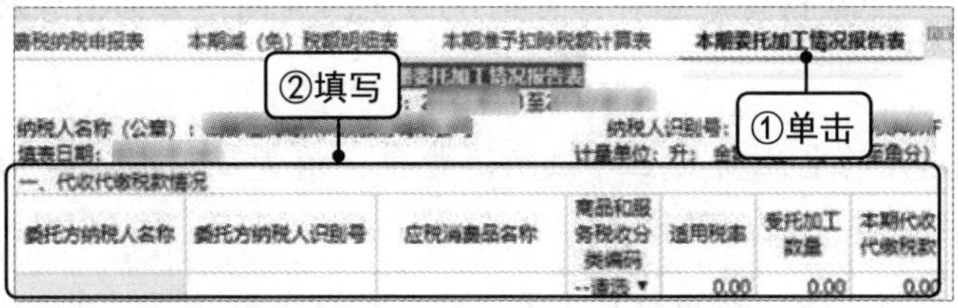

图 4-5　填写本期委托加工情况报告表

当所需的报表填写完成后，单击"申报"按钮，完成申报，系统自动跳转到附加税费申报界面，附加税费报表填写完成后单击"申报"按钮，系统后台进行一窗式比对，比对失败的可在申报结果查询页面查看申报失败的原因；比对成功的可在申报结果查询页面进行缴款／查询、下载申报表和申报作废等操作。

| 4.4 |
消费税节税妙招

消费税是针对特定消费品征收的税收，其节税措施较增值税更少，但也有一些优惠措施可以运用。那么，消费税有哪些节税妙招可用呢？

虽然消费税的税收优惠政策比较少，但企业也可运用适合的税收优惠政策达到节税的目的，比如在横琴、平潭开发区的企业可以利用"财税〔2014〕51 号"文件的有关规定，区内企业之间销售其在本地区内的货物，免征消费税；对于经营电池涂料的企业来说，可以改进生产工艺与技术，使其生产的电池涂料节能环保，那么就可以免征消费税。

| 范例解析 | 消费税优惠政策节税

甲公司为电池生产企业,2019年5月没有进行节能环保电池的生产,当月销售电池50.00万元。2019年10月经过工艺改造,其生产的电池全部为节能环保电池,10月销售电池同样为50.00万元,则两个月的消费税对比是怎样的呢?

2019年5月的电池需要全部缴纳消费税,消费税税额为:50.00×4%=2.00(万元)。

2019年10月的电池依据税收优惠政策,免征消费税,则同样的50.00万元销售收入,不缴纳消费税。

企业在税收优惠政策出台后,要积极备案享受消费税税收优惠政策,这样才能多享受相关的税收优惠政策,减少企业消费税支出,增加企业的盈利。

第 **5** 章

全民参与度最高的税：个人所得税

工作中的每个人都会有所得，这就导致个人所得税成为了全民参与度最高的税种，也是和我们个人最直接相关的税种，那么个人所得税是怎么体现在我们生活中的呢？如何计算缴纳个人所得税呢？新税制实施后，对我们又有哪些影响呢？

| 5.1 |
个人所得税入门

个人所得税与我们个人都有关系，那么个人所得税是什么？征收对象与范围是什么？对于个人所得税又有哪些相关政策？本节就来了解这些基础知识。

5.1.1　个人所得税知多少

个人所得税是调整征税机关与自然人，包括居民与非居民之间在个人所得税的征缴与管理过程中所发生的社会关系的法律规范的总称。

个人所得税的纳税义务人既包括居民纳税义务人，也包括非居民纳税义务人。在中国境内有住所，或者无住所而一个纳税年度内在中国境内居住累计满 183 天的个人，为居民个人；在中国境内无住所又不居住，或者无住所且一个纳税年度内在中国境内居住累计不满 183 天的个人，为非居民个人。

个人所得税以获取所得的人为纳税人，以支付所得的单位或者个人为扣缴义务人。纳税人有中国居民身份号码的，以中国居民身份号码为纳税人识别号；纳税人没有中国居民身份号码的，由税务机关赋予其纳税人识别号。

居民个人取得综合所得，按年计算个人所得税；有扣缴义务的，由扣缴义务人按月或者按次预缴税款；需要办理汇算清缴的，应当在取得所得的次年 3 月 1 日至 6 月 30 日内办理汇算清缴。

纳税人取得经营所得，按年计算个人所得税，由纳税人在月度或者季度终了后 15 日内向主管税务机关报送纳税申报表，并预缴税款，在取得所得的次年 3 月 31 日前办理汇算清缴；纳税人取得应税所得且没有扣缴义务人的，应当在取得所得的次月 15 日内向主管税务机关报送纳税申报表，并缴纳税款。

纳税人取得应税所得，而扣缴义务人未扣缴税款的，纳税人应当在取得所得的次年 6 月 30 日前缴纳税款；税务机关通知限期缴纳的，纳税人应当按照期限缴纳税款。居民个人从中国境外取得所得的，应当在取得所得的次年 3 月 1 日至 6 月 30 日内申报纳税；非居民个人在中国境内从两处以上取得工资、薪金所得的，应当在取得所得的次月 15 日内申报纳税。

5.1.2　个人所得税征收对象与范围

个人所得税的纳税义务人中，居民纳税义务人具有完全的纳税义务，必须就其来源于中国境内、境外的全部所得缴纳个人所得税；非居民纳税义务人是仅以其来源于中国境内的所得缴纳个人所得税。对于境外人士获取中国境内所得是否征收个人所得税的问题，内容主要如表 5-1 所示。

表 5-1　境外人士获取中国境内所得是否征收个人所得税一览表

在中国境内居住时间	雇员职位	境内所得境内支付或负担	境内所得境外支付或负担	境外所得境内支付或负担	境外所得境外支付或负担
不超过 90 日或 183 日	一般雇员	征	不征	不征	不征
	高层管理人员	征	不征	征	不征
超过 90 日或 183 日	一般雇员	征	征	不征	不征
	高层管理人员	征	征	征	不征
满 1 年但不满 5 年	所有人	征	征	征	不征

续上表

在中国境内居住时间	雇员职位	境内所得境内支付或负担	境内所得境外支付或负担	境外所得境内支付或负担	境外所得境外支付或负担
超过 5 年	所有人	征	征	征	征
高层管理人员指公司正、副（总）经理、各职能总师、总监及其他类似管理人员					

个人的工资薪金所得，劳务报酬所得，稿酬所得，特许权使用费所得，经营所得，利息、股息、红利所得，财产租赁所得，财产转让所得，以及偶然所得等都应缴纳个人所得税。表 5-2 所示是对这些所得的具体解释。

表 5-2　应缴纳个人所得税的所得

项目	具体内容
工资薪金所得	指个人因任职或者受雇而取得的工资、薪金、奖金、年终加薪、劳动分红、津贴、补贴以及与任职或者受雇有关的其他所得
劳务报酬所得	指个人从事设计、装潢、安装、制图、化验、测试、医疗、法律、会计、咨询、讲学、新闻、广播、翻译、审稿、书画、雕刻、影视、录音、演出、广告、展览和技术服务等劳务取得的所得
稿酬所得	指个人因其作品以图书、报纸形式出版、发表而取得的所得
特许权使用费所得	指个人提供专利权、著作权、商标权、非专利技术以及其他特许权的使用权取得的所得，另外，作者将自己的文字作品手稿原件或复印件公开拍卖取得的所得，应属于特许权使用费所得
经营所得	包括个体工商户的生产、经营所得和对企事业单位的承包经营、承租经营所得。 如个体工商户的生产、经营所得包括经工商行政管理部门批准开业并领取营业执照的城乡个体工商户，从事工业、手工业、建筑业、交通运输业、商业、饮食业、服务业、修理业及其他行业的生产、经营取得的所得；个人经政府有关部门批准，取得营业执照，从事办学、医疗、咨询以及其他有偿服务活动取得的所得；以及个人临时从事生产、经营活动取得的所得等

续上表

项目	具体内容
利息、股息、红利所得	指个人因拥有债权、股权而取得的利息、股息、红利所得。利息是指个人存款利息、贷款利息和购买各种债券的利息；股息是指股票持有人根据股份制公司章程规定，凭股票定期从股份公司取得的投资收益；红利是指股份公司或企业根据应分配的利润按股份分配超过股息部分的利润
财产租赁所得	指个人出租建筑物、土地使用权、机器设备及其他财产取得的所得
财产转让所得	指个人转让有价证券、股权、建筑物、土地使用权、机器设备、车船及其他自有财产给他人或单位取得的所得
偶然所得	指个人取得的所得是非经常性的，属于各种机遇性所得，包括得奖、中奖、中彩以及其他偶然性所得

5.1.3　个人所得税相关政策

在我国，对于一些个人所得可以免征个人所得税，也可减征个人所得税。表 5-3 所示是可免征个人所得税的各项个人所得。

表 5-3　免征个人所得税的个人所得

条目	个人所得
1	省级人民政府、国务院部委和中国人民解放军军以上单位，以及外国组织、国际组织颁发的科学、教育、技术、文化、卫生、体育、环境保护等方面的奖金
2	国债和国家发行的金融债券利息
3	按照国家统一规定发给的补贴、津贴
4	福利费、抚恤金、救济金
5	保险赔款
6	军人的转业费、复员费、退役金
7	中国政府参加的国际公约、签订的协议中规定免税的所得

续上表

条目	个人所得
8	按照国家统一规定发给干部、职工的安家费、退职费、基本养老金或者退休费、离休费、离休生活补助费
9	依照有关法律规定应予免税的各国驻华使馆、领事馆的外交代表、领事官员和其他人员的所得
10	国务院规定的其他免税所得，由国务院报全国人民代表大会常务委员会备案

有下列情形之一的，可以减征个人所得税，具体幅度和期限由省、自治区、直辖市人民政府规定，并报同级人民代表大会常务委员会备案。

◆ 残疾、孤老人员和烈属的所得。

◆ 因严重自然灾害遭受重大损失的。

以上是《中华人民共和国个人所得税法》对免征和减征个人所得税的一些规定，除此之外还有一些个人所得税优惠政策，举例如下。

财税〔2019〕21号文件《财政部 税务总局 退役军人部关于进一步扶持自主就业退役士兵创业就业有关税收政策的通知》规定，自主就业退役士兵从事个体经营的，自办理个体工商户登记当月起，在3年内（36个月）按每户每年12 000元为限额，依次扣减当年实际应缴纳的增值税、城市维护建设税、教育费附加、地方教育附加和个人所得税，限额标准最高可上浮20%。

财税〔2019〕22号文件《财政部 税务总局 人力资源社会保障部 国务院扶贫办关于进一步支持和促进重点群体创业就业有关税收政策的通知》规定，建档立卡贫困人口、持就业创业证（注明"自主创业税收政策"或"毕业年度内自主创业税收政策"）或就业失业登记证（注明"自主创业税收政策"）的人员，从事个体经营的，自办理个体工商户登记当月起，在3年（36个月）内按每户每年12 000元为限额，依次扣减当年实际应缴纳的增值税、城市维护建设税、教育费附加、地方教育附加和个人所得税，限额标准最高可上浮 20%。

个人将其所得对教育、扶贫和济困等公益慈善事业进行捐赠，捐赠额未超过纳税人申报的应纳税所得额 30% 的部分，可从应纳税所得额中扣除。

| 5.2 |
个人所得税这么算

我们知道了个人所得税的基础知识，那么个人所得税要如何计算呢？我们又该如何进行个人所得税申报呢？

5.2.1　个人所得税税率

个人所得税在综合所得，经营所得，利息、股息、红利所得和其他所得中适用不同的税率标准，《中华人民共和国个人所得税法》对个人所得税的税率规定如下。

◆　综合所得，适用 3% ~ 45% 的超额累进税率，主要如表 5-4 所示。

表 5-4　个人所得税税率表（综合所得）

级数	全年应纳税所得额	税率（%）
1	不超过 36 000 元的	3
2	超过 36 000 元至 144 000 元的部分	10
3	超过 144 000 元至 300 000 元的部分	20
4	超过 300 000 元至 420 000 元的部分	25
5	超过 420 000 元至 660 000 元的部分	30
6	超过 660 000 元至 960 000 元的部分	35
7	超过 960 000 元的部分	45

综合所得包括工资薪金所得、劳务报酬所得、稿酬所得和特许权使用费所得。非居民个人取得工资薪金所得、劳务报酬所得、稿酬所得和特许权使用费所得，依照表5-4按月换算后计算应纳税额。

◆ 经营所得，适用5%～35%的超额累进税率，主要如表5-5所示。

表5-5　个人所得税税率表（经营所得）

级数	全年应纳税所得额	税率（%）
1	不超过30 000元的	5
2	超过30 000元至90 000元的部分	10
3	超过90 000元至300 000元的部分	20
4	超过300 000元至500 000元的部分	30
5	超过500 000元的部分	35

◆ 利息、股息、红利所得，财产租赁所得，财产转让所得和偶然所得，适用比例税率，税率为20%。

5.2.2　个人所得税的计算

个人所得税的计算因其取得所得的性质不同和身份不同，计算的方式也不一样，得到的结果也不一样。

居民个人的综合所得，以每一纳税年度的收入额减除费用6万元以及专项扣除、专项附加扣除和依法确定的其他扣除后的余额，为应纳税所得额，再用应纳税所得额乘以适用的税率，得到应缴纳的个人所得税，公式如下。

居民个人综合所得应纳税所得额=综合所得收入－60 000.00－专项扣除－专项附加扣除－其他扣除

应交个人所得税=居民个人综合所得应纳税所得额×适用税率

其中专项扣除是指居民个人按照国家规定的范围和标准缴纳的基本养

老保险、基本医疗保险和失业保险等社会保险费及住房公积金；专项附加扣除包括子女教育、继续教育、大病医疗、住房贷款利息或者住房租金以及赡养老人等支出。专项附加扣除的具体规定如表 5-6 所示。

表 5-6　个人所得税的专项附加扣除项目

项目	扣除标准
子女教育	纳税人的子女接受全日制学历教育的相关支出，按照每个子女每月 1 000 元的标准定额扣除。学历教育包括义务教育（小学、初中教育）、高中阶段教育（普通高中、中等职业、技工教育）和高等教育（大学专科、大学本科、硕士研究生、博士研究生教育），年满 3 岁至小学入学前处于学前教育阶段的子女也适用。父母可以选择其中一方按扣除标准的 100% 扣除，也可选择由双方分别按扣除标准的 50% 扣除，具体扣除方式在一个纳税年度内不能变更
继续教育	纳税人在中国境内接受学历（学位）继续教育的支出，在学历（学位）教育期间按照每月 400 元定额扣除，同一学历（学位）继续教育的扣除期限不能超过 48 个月；纳税人接受技能人员职业资格继续教育、专业技术人员职业资格继续教育的支出，在取得相关证书的当年按照 3 600 元定额扣除。 个人接受本科及以下学历（学位）继续教育，符合规定扣除条件的，可以选择由其父母扣除，也可以选择由本人扣除
大病医疗	在一个纳税年度内，纳税人发生的与基本医保相关的医药费用支出，扣除医疗保险报销后个人负担（指医保目录范围内的自付部分）累计超过 15 000 元的部分，由纳税人在办理年度汇算清缴时，在 80 000 元限额内据实扣除。纳税人发生的医药费用支出可以选择由本人或者其配偶扣除，未成年子女发生的医药费用支出可以选择由其父母一方扣除
住房贷款利息	纳税人本人或者配偶共同使用商业银行或者住房公积金个人住房贷款为本人或者其配偶购买中国境内住房，发生的首套住房贷款利息支出，在实际发生贷款利息的年度，按照每月 1 000 元的标准定额扣除，扣除期限最长不超过 240 个月，纳税人只能享受一次首套住房贷款的利息扣除。经夫妻双方约定，可以选择其中一方扣除，具体扣除方式在一个纳税年度内不能变更。 夫妻双方婚前分别购买住房发生的首套住房贷款，其贷款利息支出在婚后可以选择其中一套购买的住房由购买方按扣除标准的 100% 扣除，也可以由夫妻双方对各自购买的住房分别按扣除标准的 50% 扣除，具体扣除方式在一个纳税年度内不能变更

续上表

项目	扣除标准
住房租金	纳税人在主要工作城市没有自有住房而发生的住房租金支出，可以按照以下标准定额扣除： 1. 直辖市、省会（首府）城市、计划单列市以及国务院确定的其他城市，扣除标准为每月 1 500 元。 2. 除第一项所列城市以外，市辖区户籍人口超过 100 万的城市，扣除标准为每月 1 100 元；市辖区户籍人口不超过 100 万的城市，扣除标准为每月 800 元。 纳税人的配偶在纳税人的主要工作城市有自有住房的，视同纳税人在主要工作城市有自有住房。纳税人及其配偶在一个纳税年度内不能同时分别享受住房贷款利息和住房租金专项附加扣除
赡养老人	1. 纳税人为独生子女的，按照每月 2 000 元的标准定额扣除。 2. 纳税人为非独生子女的，由其与兄弟姐妹分摊每月 2 000 元的扣除额度，每人每月分摊的额度不能超过 1 000 元。可以由赡养人均摊或者约定分摊，也可以由被赡养人指定分摊，约定或者指定分摊的须签订书面分摊协议，指定分摊优先于约定分摊，具体分摊方式和额度在一个纳税年度内不能变更。 被赡养人是指年满 60 岁的父母，以及子女均已去世的年满 60 岁的祖父母、外祖父母

劳务报酬所得，每次收入不超过 4 000 元的，减除费用 800 元；超过 4 000 元的，减除 20% 的费用，其余额为应纳税所得额。

稿酬所得，每次收入不超过 4 000 元的，减除费用 800 元；超过 4 000 元的，减除 20% 的费用，其余额再扣减 30%，得到应纳税所得额。

特许权使用费所得，每次收入不超过 4 000 元的，减除费用 800 元；超过 4 000 元的，减除 20% 的费用，其余额为应纳税所得额。

| 范例解析 | 纳税人综合所得的个人所得税计算

甲于2019年度取得工资薪金收入40.00万元，劳务报酬收入10.00万元，当年专项扣除5.00万元，从1月开始由甲一方享受扣除子女教育的专项附加扣除，甲只有一个女儿，计算甲应缴纳的个人所得税。

甲的应纳税所得额 $=40.00+10×（1-20\%）-6.00-5.00-0.10×12=35.80$（万元）

将这 35.80 万元分成几个缴税级别，分别计算应缴纳的个人所得税。首先，这 35.80 万元中未超过 36 000.00 元的部分，对应税率 3%；在 36 000.00～144 000.00 元之间的部分，共 108 000.00 元，对应税率 10%；在 144 000～300 000 元之间的部分，共 156 000.00 元，对应税率 20%；累计已经有 30.00 万元核算了应纳个人所得税，则 35.80 万元中还有 5.80 万元没有核算应缴纳的个人所得税，而第四级税率标准 320 000.00～420 000.00 元包含了 10.00 万元，也就是说，这剩余的 5.80 万元全部对应税率 25%。

2019 年甲应缴纳个人所得税 $=36\,000.00×3\%+108\,000.00×10\%+156\,000.00×20\%+58\,000.00×25\%=57\,580.00$（元）

非居民个人的工资薪金所得，以每月收入额减除费用 5 000 元后的余额为应纳税所得额；而非居民个人取得的劳务报酬所得、稿酬所得、特许权使用费所得，以每次收入额为应纳税所得额，再乘以适用税率，计算应缴纳的个人所得税税额。

非居民个人所得税 $=（每月收入-5\,000.00）×适用税率$

| 范例解析 |　非居民个人所得税计算

乙为非居民个人，2019 年 9 月在中国境内取得工资薪金收入 7 000.00 元，计算当月应缴纳个人所得税为多少？

乙应缴纳个人所得税 $=（7\,000.00-5\,000.00）×3\%=60.00$（元）

经营所得，其个人所得税是以每一个纳税年度的收入总额减去成本、费用以及损失后的余额，再乘以适用的税率计算得出，计算公式如下。

经营所得应交个人所得税 $=（收入-成本、费用、损失）×适用税率$

| 范例解析 |　经营所得的个人所得税计算

甲为个体工商户，2019 年度实现销售收入 50.00 万元，成本费用 35.00 万元，甲经营所得应缴纳个人所得税为多少？

经营所得应纳税所得额=50.00-35.00=15.00（万元）

甲应缴纳个人所得税=30 000.00×5%+60 000.00×10%+60 000.00×20%=19 500.00（元）

财产租赁所得，每次收入不超过 4 000 元的，减除费用 800 元；超过 4 000 元的，减除 20% 的费用，其余额为个人所得税的应纳税所得额，再乘以个人所得税税率，算出应交个人所得税税额。

财产转让所得，以转让财产的收入额减除财产原值和合理费用后的余额为个人所得税的应纳税所得额，再乘以个人所得税税率，算出应交个人所得税税额。

利息、股息、红利所得和偶然所得，以每次收入额为个人所得税的应纳税所得额，再乘以适用的个人所得税税率，算出应交个人所得税税额。

知识延伸 | 关于所得中的"次"的解释

在本小节内容中描述的"次"是指：劳务报酬所得、稿酬所得和特许权使用费所得等属于一次性收入的，以取得该项收入为一次；属于同一项目连续性收入的，以一个月内取得的收入为一次。财产租赁所得以一个月内取得的收入为一次。利息、股息、红利所得，以支付利息、股息、红利时取得的收入为一次。偶然所得，以每次取得该项收入为一次。

5.2.3　个人所得税代扣代缴

凡是向个人支付应纳税所得的企业、事业单位、机关团体、社会组织、军队、驻华机构和个体工商户等单位或个人，均为个人所得税的扣缴义务人。按照税法的规定，代扣代缴个人所得税是扣缴义务人的法定义务，必须依法履行。

扣缴义务人向个人支付工资薪金所得，对企事业单位的承包经营、承租经营所得，劳务报酬所得，稿酬所得，特许权使用费所得，利息、股息、红利所得，财产租赁所得，财产转让所得以及偶然所得等，应代扣代缴个人所得税。

扣缴义务人向个人支付的应纳税所得，包括现金、实物和有价证券，无论纳税人是否是属于本单位的人员，扣缴义务人均应代扣代缴纳税人应缴纳的个人所得税税款。

5.2.4　个人所得税纳税申报

对于个人所得税的申报，不同的所得有不同的申报方式，纳税人可以采用远程办税端、邮寄等方式申报，也可以直接到主管税务机关申报。下面对一些纳税申报事项进行说明。

（1）专项附加扣除的申报

在专项附加扣除的填写工作中，申报纳税人一是可以按照各地税务局公告的渠道下载手机 App——"个人所得税"并填写；二是可以登录各省电子税务局网站填写；三是可以直接填写电子信息表；四是可以填写纸质信息表。

纳税人选择在扣缴义务人发放工资、薪金所得时享受专项附加扣除的，首次享受时应当填写并向扣缴义务人报送个人所得税专项附加扣除信息表。此时有如下两种特殊情况的处理。

◆ 相关信息在纳税年度中间发生变化的，纳税人应当更新个人所得税专项附加扣除信息表的相应栏次，并及时报送给扣缴义务人。

◆ 更换工作单位的纳税人，需要由新任职的单位或受雇扣缴义务人办理专项附加扣除的，应当在入职的当月填写并向扣缴义务人报送个人所得税专项附加扣除信息表。

纳税人选择在汇算清缴申报时享受专项附加扣除的，应当填写并向汇缴地主管税务机关报送个人所得税专项附加扣除信息表。如图 5-1 所示。

个人所得税专项附加扣除信息表

填报日期： 年 月 日　　　　　　　　　　　　扣除年度：

纳税人姓名：　　　　　　　　　　　　　　　纳税人识别号：□□□□□□□□□□□□□□□□□□

纳税人信息	手机号码			电子邮箱		
	联系地址			配偶情况		□有配偶 □无配偶
纳税人配偶信息	姓名		身份证件类型	身份证件号码		□□□□□□□□□□□□□□□□□□

一、子女教育

	较上次报送信息是否发生变化：	□首次报送（请填写全部信息）	□无变化（不需重新填写）	□有变化（请填写发生变化项目的信息）			
子女一	姓名		身份证件类型		身份证件号码		□□□□□□□□□□□□□□□□□□
	出生日期		当前受教育阶段		□学前教育阶段 □义务教育 □高中阶段教育 □高等教育		
	当前受教育阶段起始时间	年 月	当前受教育阶段结束时间	年 月	子女教育终止时间 *不再受教育时填写		年 月
	就读国家（或地区）		就读学校		本人扣除比例		□100%（全额扣除） □50%（平均扣除）
子女二	姓名		身份证件类型		身份证件号码		□□□□□□□□□□□□□□□□□□
	出生日期		当前受教育阶段		□学前教育阶段 □义务教育 □高中阶段教育 □高等教育		
	当前受教育阶段起始时间	年 月	当前受教育阶段结束时间	年 月	子女教育终止时间 *不再受教育时填写		年 月
	就读国家（或地区）		就读学校		本人扣除比例		□100%（全额扣除） □50%（平均扣除）

二、继续教育

	较上次报送信息是否发生变化：	□首次报送（请填写全部信息）	□无变化（不需重新填写）	□有变化（请填写发生变化项目的信息）		
学历（学位）继续教育	当前继续教育起始时间	年 月	当前继续教育结束时间	年 月	学历（学位）继续教育阶段	□专科 □本科 □硕士研究生 □博士研究生 □其他
职业资格继续教育	职业资格继续教育类型	□技能人员 □专业技术人员		证书名称		
	证书编号		发证机关		发证（批准）日期	

三、住房贷款利息

	较上次报送信息是否发生变化：	□首次报送（请填写全部信息）	□无变化（不需重新填写）	□有变化（请填写发生变化项目的信息）	
房屋信息	住房坐落地址		省（区、市） 市 县（区） 街道（乡、镇）		
	产权证号/不动产登记号/商品房买卖合同号/预售合同号				
房贷信息	本人是否借款人	□是 □否	是否婚前各自首套贷款， 且婚后分别扣除50%		□是 □否
	公积金贷款\贷款合同编号				
	贷款期限（月）		首次还款日期		
	商业贷款\贷款合同编号		贷款银行		
	贷款期限（月）		首次还款日期		

四、住房租金

	较上次报送信息是否发生变化：	□首次报送（请填写全部信息）	□无变化（不需重新填写）	□有变化（请填写发生变化项目的信息）	
房屋信息	住房坐落地址		省（区、市） 市 县（区） 街道（乡、镇）		
租赁情况	出租方（个人）姓名		身份证件类型	身份证件号码	□□□□□□□□□□□□□□□□□□
	出租方（单位）名称			纳税人识别号（统一社会信用代码）	
	主要工作城市 （*填写到一级）			住房租赁合同编号（非必填）	
	租赁期起		租赁期止		

五、赡养老人

	较上次报送信息是否发生变化：	□首次报送（请填写全部信息）	□无变化（不需重新填写）	□有变化（请填写发生变化项目的信息）		
	纳税人身份		□独生子女 □非独生子女			
被赡养人一	姓名		身份证件类型	身份证件号码		□□□□□□□□□□□□□□□□□□
	出生日期		与纳税人关系	□父亲 □母亲 □其他		
被赡养人二	姓名		身份证件类型	身份证件号码		□□□□□□□□□□□□□□□□□□
	出生日期		与纳税人关系	□父亲 □母亲 □其他		
共同赡养人信息	姓名		身份证件类型	身份证件号码		□□□□□□□□□□□□□□□□□□
	姓名		身份证件类型	身份证件号码		□□□□□□□□□□□□□□□□□□
	姓名		身份证件类型	身份证件号码		□□□□□□□□□□□□□□□□□□
	分摊方式（*独生子女不需填写）	□平均分摊 □赡养人约定分摊 □被赡养人指定分摊		本年度月扣除金额		

六、大病医疗（仅限综合所得年度汇算清缴申报时填写）

	较上次报送信息是否发生变化：	□首次报送（请填写全部信息）	□无变化（不需重新填写）	□有变化（请填写发生变化项目的信息）		
患者一	姓名		身份证件类型	身份证件号码		□□□□□□□□□□□□□□□□□□
	医药费用总金额		个人负担金额	与纳税人关系		□本人 □配偶 □未成年子女
患者二	姓名		身份证件类型	身份证件号码		□□□□□□□□□□□□□□□□□□
	医药费用总金额		个人负担金额	与纳税人关系		□本人 □配偶 □未成年子女

需要在任职受雇单位预扣预缴工资、薪金所得个人所得税时享受专项附加扣除的，填写本栏

重要提示：当您填写本栏，表示您已同意该任职受雇单位使用本表信息为您办理专项附加扣除。

扣缴义务人名称		扣缴义务人的纳税人识别号（统一社会信用代码）	

本人承诺：我已仔细阅读了填表说明，并根据《中华人民共和国个人所得税法》及其实施条例、《个人所得税专项附加扣除暂行办法》《个人所得税专项附加扣除操作办法（试行）》等相关法律法规规定填写本表。本人已就所填的扣除信息进行了核对，并对所填内容的真实性、准确性、完整性负责。

纳税人签字： 年 月 日

扣缴义务人签章：	代理机构签章：	受理人：
经办人签字：	代理机构统一社会信用代码： 经办人签字：	受理税务机关（章）：
接收日期： 年 月 日	办理人身份证件号码：	受理日期： 年 月 日

图 5-1　个人所得税专项附加扣除信息表

①纳税人享受子女教育专项附加扣除，应当填报配偶及子女的姓名、身份证件类型及号码、子女当前受教育阶段及起止时间、子女就读学校以及本人与配偶之间扣除分配比例等信息。

②纳税人享受继续教育专项附加扣除，接受学历（学位）继续教育的，应当填报教育起止时间、教育阶段等信息；接受技能人员或者专业技术人员职业资格继续教育的，应当填报证书名称、证书编号、发证机关和发证（批准）时间等信息。

③纳税人享受住房贷款利息专项附加扣除，应当填报住房权属信息、住房坐落地址、贷款方式、贷款银行、贷款合同编号、贷款期限和首次还款日期等信息；纳税人有配偶的，填写配偶姓名、身份证件类型及号码。

④纳税人享受住房租金专项附加扣除，应当填报主要工作城市、租赁住房坐落地址、出租人姓名及身份证件类型和号码或者出租方单位名称及纳税人识别号（统一社会信用代码）、租赁起止时间等信息；纳税人有配偶的，还需填写配偶姓名、身份证件类型及号码。

⑤纳税人享受赡养老人专项附加扣除，应当填报纳税人是否为独生子女、月扣除金额、被赡养人姓名及身份证件类型和号码以及与纳税人关系等信息；有共同赡养人的，需填报分摊方式、共同赡养人姓名及身份证件类型和号码等信息。

⑥纳税人享受大病医疗专项附加扣除，应当填报患者姓名、身份证件类型及号码、与纳税人关系、与基本医保相关的医药费用总金额以及医保目录范围内个人负担的自付金额等信息。

（2）取得综合所得代扣代缴申报

居民个人取得综合所得，由扣缴义务人进行代扣代缴申报。一般扣缴义务人选择自然人税收管理系统扣缴客户端进行申报，目前可以选择两种方式登录，一种是实名登录，如图 5-2 左图所示，即可以携带本人身份证件到本地办税大厅申请系统注册码，完成实名认证注册；也可通过"个人所得税"App 完成实名注册。二是申报密码登录，需要输入企业名称、纳税人识别号和申报密码进行登录，如图 5-2 右图所示。输入账号、密码或者企业名称、纳税人识别号和申报密码，单击"登录"按钮，进入自然人税收管理系统。

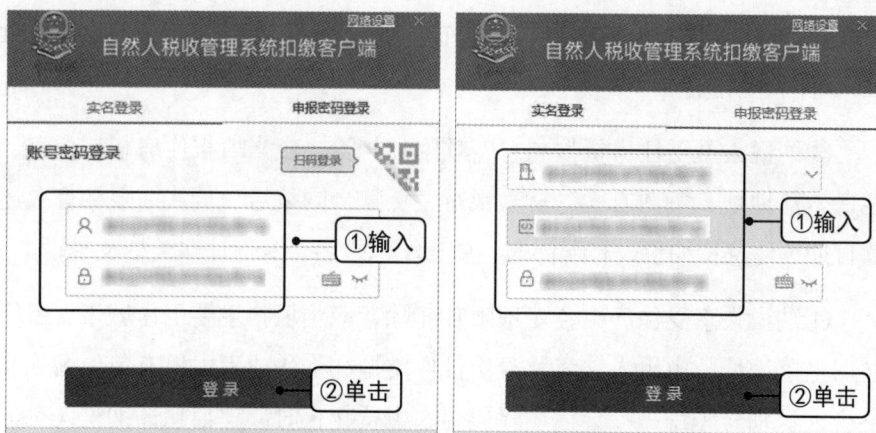

图 5-2　登录自然人税收管理系统扣缴客户端

纳税人登录后，进入自然人税收管理系统扣缴客户端页面，企业首先需要进行人员信息的采集，即对企业员工的身份信息进行采集录入，这里单击"人员信息采集"按钮，如图 5-3 所示。

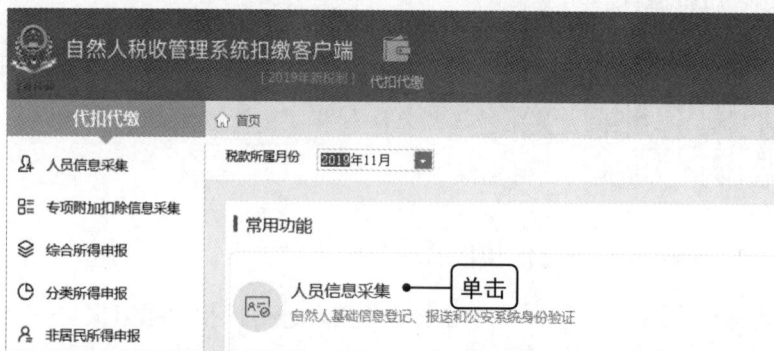

图 5-3　单击"人员信息采集"按钮

在打开的页面中输入企业员工的基本信息，完成后单击"保存"按钮，如图 5-4 所示。

图 5-4　录入企业员工身份信息

保存填写的企业员工信息后，在"人员信息采集"页面单击"报送"按钮，由公安系统进行身份验证，获取信息反馈，如图 5-5 所示，只有报送成功的人员才可进行申报操作。

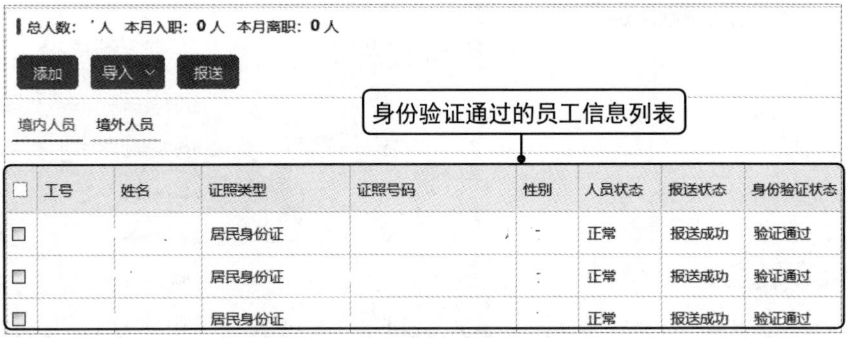

图 5-5　报送成功并查看反馈信息

在自然人税收管理系统扣缴客户端页面单击"专项附加扣除信息采集"按钮，将打开图 5-6 所示的页面，在其中可以进行专项附加扣除信息的填写。如果由纳税人提交纸质的扣缴表，则由扣缴义务人进行填写采集，采集相关专项附加扣除信息。

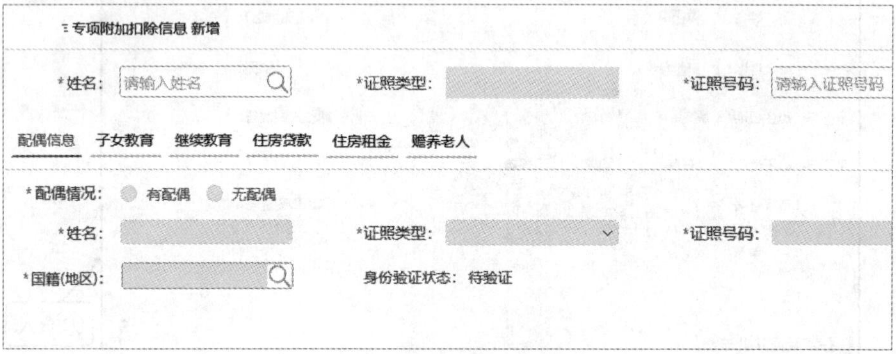

图 5-6　填写专项附加扣除信息

如果要进行综合所得申报，需要在自然人税收管理系统扣缴客户端页面单击"综合所得申报"按钮，将打开图 5-7 所示的页面，在其中可以选择对正常工资薪金所得、全年一次性奖金收入所得、劳务报酬所得和稿酬所得等收入进行申报。

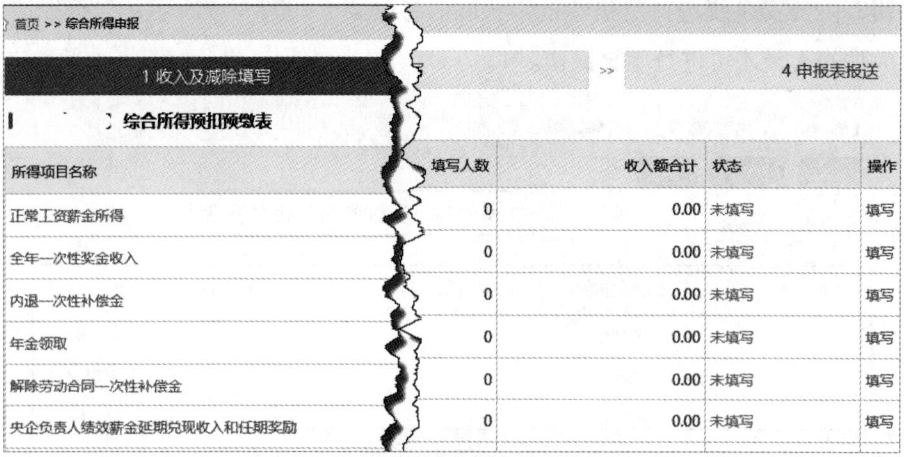

图 5-7　综合所得申报

比如进行正常工资薪金所得申报，单击该申报项目右侧对应的"填写"按钮进入申报填写页面，填写当期的申报工资及扣除项，再返回综合所得申报页面，进行税款的计算、附表的填写和申报表的报送，获取申报结果，完成申报。如图 5-8 所示。

图 5-8　综合所得申报结果

（3）取得经营所得的纳税申报

个体工商户业主、个人独资企业投资者、合伙企业个人合伙人、承包承租经营者个人以及其他从事生产、经营活动的个人取得经营所得，包括个体工商户从事生产、经营活动取得的所得，个人独资企业投资人、合伙企业的个人合伙人来源于境内注册的个人独资企业、合伙企业生产、经营的所得；个人依法从事办学、医疗、咨询以及其他有偿服务活动取得的所得；个人对企事业单位承包经营、承租经营和转包、转租取得的所得；以及个人从事其他生产、经营活动取得的所得。

纳税人取得经营所得，按年计算个人所得税，由纳税人在月度或季度终了后 15 日内，向经营管理所在地主管税务机关办理预缴纳税申报，并报送个人所得税经营所得纳税申报表（A 表），如图 5-9 所示。

个人所得税经营所得纳税申报表（A 表）

税款所属期：　　年　月　日至　　年　月　日

纳税人姓名：

纳税人识别号：□□□□□□□□□□□□□□□□□□□□　　　　金额单位：人民币元（列至角分）

被投资单位信息		
名称		
纳税人识别号（统一社会信用代码）	□□□□□□□□□□□□□□□□□□□□	
征收方式（单选）		
□查账征收（据实预缴）　□查账征收（按上年应纳税所得额预缴）　□核定应税所得率征收		
□核定应纳税所得额征收　□税务机关认可的其他方式＿＿＿＿		
个人所得税计算		
项目	行次	金额/比例
一、收入总额	1	
二、成本费用	2	
三、利润总额（第 3 行=第 1 行-第 2 行）	3	
四、弥补以前年度亏损	4	
五、应税所得率（%）	5	
六、合伙企业个人合伙人分配比例（%）	6	
七、允许扣除的个人费用及其他扣除（第 7 行=第 8 行+第 9 行+第 14 行）	7	
（一）投资者减除费用	8	
（二）专项扣除（第 9 行=第 10 行+第 11 行+第 12 行+第 13 行）	9	
1. 基本养老保险费	10	
2. 基本医疗保险费	11	
3. 失业保险费	12	
4. 住房公积金	13	
（三）依法确定的其他扣除（第 14 行=第 15 行+第 16 行+第 17 行）	14	
1.	15	
2.	16	
3.	17	
八、准予扣除的捐赠额（附报《个人所得税公益慈善事业捐赠扣除明细表》）	18	
九、应纳税所得额	19	
十、税率（%）	20	
十一、速算扣除数	21	
十二、应纳税额（第 22 行=第 19 行×第 20 行-第 21 行）	22	
十三、减免税额（附报《个人所得税减免税事项报告表》）	23	
十四、已缴税额	24	
十五、应补/退税额（第 25 行=第 22 行-第 23 行-第 24 行）	25	
备注		
谨声明：本表是根据国家税收法律法规及相关规定填报的，本人对填报内容（附带资料）的真实性、可靠性、完整性负责。 纳税人签字：　　年　月　日		
经办人签字： 经办人身份证件类型： 经办人身份证件号码： 代理机构签章： 代理机构统一社会信用代码：	受理人： 受理税务机关（章）： 受理日期：　　年　月　日	

国家税务总局监制

图 5-9　个人所得税经营所得纳税申报表（A 表）

在取得所得的次年 3 月 31 日前向经营管理所在地主管税务机关办理汇算清缴，并报送个人所得税经营所得纳税申报表（B 表），如图 5-10 所示。

个人所得税经营所得纳税申报表（B 表）

税款所属期：　　年　月　日至　　年　月　日

纳税人姓名：

纳税人识别号：□□□□□□□□□□□□□□□□□□□□　　　　金额单位：人民币元（列至角分）

被投资单位信息	名称		纳税人识别号（统一社会信用代码）	
项目			行次	金额/比例
一、收入总额			1	
其中：国债利息收入			2	
二、成本费用（3=4+5+6+7+8+9+10）			3	
（一）营业成本			4	
（二）营业费用			5	
（三）管理费用			6	
（四）财务费用			7	
（五）税金			8	
（六）损失			9	
（七）其他支出			10	
三、利润总额（11=1-2-3）			11	
四、纳税调整增加额（12=13+27）			12	
（一）超过规定标准的扣除项目金额（13=14+15+16+17+18+19+20+21+22+23+24+25+26）			13	
1. 职工福利费			14	
2. 职工教育经费			15	
3. 工会经费			16	
4. 利息支出			17	
5. 业务招待费			18	
6. 广告费和业务宣传费			19	
7. 教育和公益事业捐赠			20	
8. 住房公积金			21	
9. 社会保险费			22	
10. 折旧费用			23	
11. 无形资产摊销			24	
12. 资产损失			25	
13. 其他			26	
（二）不允许扣除的项目金额（27=28+29+30+31+32+33+34+35+36）			27	
1. 个人所得税税款			28	
2. 税收滞纳金			29	
3. 罚金、罚款和被没收财物的损失			30	
4. 不符合扣除规定的捐赠支出			31	
5. 赞助支出			32	
6. 用于个人和家庭的支出			33	
7. 与取得生产经营收入无关的其他支出			34	
8. 投资者工资薪金支出			35	
9. 其他不允许扣除的支出			36	
五、纳税调整减少额			37	
六、纳税调整后所得（38=11+12-37）			38	
七、弥补以前年度亏损			39	
八、合伙企业个人合伙人分配比例（%）			40	
九、允许扣除的个人费用及其他扣除（41=42+43+48+55）			41	
（一）投资者减除费用			42	
（二）专项扣除（43=44+45+46+47）			43	
1. 基本养老保险费			44	
2. 基本医疗保险费			45	
3. 失业保险费			46	
4. 住房公积金			47	
（三）专项附加扣除（48=49+50+51+52+53+54）			48	
1. 子女教育			49	
2. 继续教育			50	
3. 大病医疗			51	
4. 住房贷款利息			52	
5. 住房租金			53	
6. 赡养老人			54	
（四）依法确定的其他扣除（55=56+57+58+59）			55	
1. 商业健康保险			56	
2. 税延养老保险			57	
3.			58	
4.			59	
十、投资抵扣			60	
十一、准予扣除的个人捐赠支出			61	
十二、应纳税所得额（62=38-39-41-60-61）或[62=（38-39）×40-41-60-61]			62	
十三、税率（%）			63	
十四、速算扣除数			64	
十五、应纳税额（65=62×63-64）			65	
十六、减免税额（附报《个人所得税减免税事项报告表》）			66	
十七、已缴税额			67	
十八、应补/退税额（68=65-66-67）			68	
谨声明：本表是根据国家税收法律法规及相关规定填报的，是真实的、可靠的、完整的。 纳税人签字：　　年　月　日				
经办人： 经办人身份证件号码： 代理机构签章： 代理机构统一社会信用代码：			受理人： 受理税务机关（章）： 受理日期：　　年　月　日	

国家税务总局监制

图 5-10　个人所得税经营所得纳税申报表（B 表）

从两处以上取得经营所得的，选择向其中一处经营管理所在地主管税务机关办理年度汇总申报，并报送个人所得税经营所得纳税申报表（C 表），如图 5-11 所示。

个人所得税经营所得纳税申报表（C 表）

税款所属期：　　年　月　日至　　年　月　日

纳税人姓名：

纳税人识别号：□□□□□□□□□□□□□□□□□□□□　　金额单位：人民币元（列至角分）

			单位名称	纳税人识别号（统一社会信用代码）	投资者应纳税所得额
被投资单位信息	汇总地				
	非汇总地	1			
		2			
		3			
		4			
		5			

项目	行次	金额/比例
一、投资者应纳税所得额合计	1	
二、应调整的个人费用及其他扣除（2=3+4+5+6）	2	
（一）投资者减除费用	3	
（二）专项扣除	4	
（三）专项附加扣除	5	
（四）依法确定的其他扣除	6	
三、应调整的其他项目	7	
四、调整后应纳税所得额（8=1+2+7）	8	
五、税率（%）	9	
六、速算扣除数	10	
七、应纳税额（11=8×9-10）	11	
八、减免税额（附报《个人所得税减免税事项报告表》）	12	
九、已缴税额	13	
十、应补/退税额（14=11-12-13）	14	

谨声明：本表是根据国家税收法律法规及相关规定填报的，是真实的、可靠的、完整的。

纳税人签字：　　　年　月　日

经办人： 经办人身份证件号码： 代理机构签章： 代理机构统一社会信用代码：	受理人： 受理税务机关（章）： 受理日期：　　年　月　日

国家税务总局监制

图 5-11　个人所得税经营所得纳税申报表（C 表）

（4）取得应税所得，扣缴义务人未扣缴税款的纳税申报

纳税人取得应税所得，而扣缴义务人未扣缴税款的，应当区别以下情形办理纳税申报。

- 居民个人取得综合所得的，按照综合所得办理纳税申报。
- 非居民个人取得工资、薪金所得，劳务报酬所得，稿酬所得，特许权使用费所得的，应当在取得所得的次年 6 月 30 日前，向扣缴义务人所在地主管税务机关办理纳税申报，并报送个人所得税自行纳税申报表（A 表）。

有两个以上扣缴义务人均未扣缴税款的，选择向其中一处扣缴义务人所在地主管税务机关办理纳税申报。

非居民个人在次年 6 月 30 日前离境（临时离境除外）的，应当在离境

前办理纳税申报。纳税人取得利息、股息、红利所得，财产租赁所得，财产转让所得和偶然所得的，应当在取得所得的次年 6 月 30 日前，按相关规定向主管税务机关办理纳税申报，并报送个人所得税自行纳税申报表（A 表），如图 5-12 所示。税务机关通知限期缴纳的，纳税人应当按照规定期限缴纳税款。

个人所得税自行纳税申报表（A 表）

税款所属期：　　年　月　日至　　年　月　日

纳税人姓名：

纳税人识别号：□□□□□□□□□□□□□□□□□□□□　　金额单位：人民币元（列至角分）

自行申报情形	□居民个人取得应税所得，扣缴义务人未扣缴税款 □非居民个人取得应税所得，扣缴义务人未扣缴税款 □非居民个人在中国境内从两处以上取得工资、薪金所得　□其他 ____	是否为非居民个人	□是 □否	非居民个人本年度境内居住天数	□不超过 90 天 □超过 90 天不超过 183 天

序号	所得项目	收入额计算			减除费用	专项扣除				其他扣除			减按计税比例	准予扣除的捐赠额	税款计算							备注
		收入	费用	免税收入		基本养老保险费	基本医疗保险费	失业保险费	住房公积金	财产原值	允许扣除的税费	其他			应纳税所得额	税率	速算扣除数	应纳税额	减免税额	已缴税额	应补/退税额	
1	2	3	4	5	6	7	8	9	10	11	12	13	14	15	16	17	18	19	20	21	22	23

谨声明：本表是根据国家税收法律法规及相关规定填报的，是真实的、可靠的、完整的。

纳税人签字：　　　年　月　日

经办人签字： 经办人身份证件号码： 代理机构签章： 代理机构统一社会信用代码：	受理人： 受理税务机关（章）： 受理日期：　　年　月　日

国家税务总局监制

图 5-12　个人所得税自行纳税申报表（A 表）

（5）取得境外所得的纳税申报

居民个人从中国境外取得所得的，应当在取得所得的次年 3 月 1 日至 6 月 30 日内，向中国境内任职、受雇单位所在地主管税务机关办理纳税申报；在中国境内没有任职、受雇单位的，向户籍所在地或中国境内经常居住地主管税务机关办理纳税申报。

户籍所在地与中国境内经常居住地不一致的，选择其中一地的主管税务机关办理纳税申报；在中国境内没有户籍的，向中国境内经常居住地主管税务机关办理纳税申报。

（6）因移居境外并注销中国户籍的纳税申报

纳税人因移居境外并注销中国户籍的，应当在申请注销中国户籍前，向户籍所在地主管税务机关办理纳税申报，进行税款清算。纳税人在注销户籍的年度取得综合所得的，应当在注销户籍前办理当年综合所得的汇算清缴，并报送个人所得税年度自行纳税申报表。尚未办理上一年度综合所得汇算清缴的，应当在办理注销户籍纳税申报时一并办理。

纳税人在注销户籍的年度取得经营所得的，应当在注销户籍前办理当年经营所得的汇算清缴，并报送个人所得税经营所得纳税申报表（B 表）；从两处以上取得经营所得的，还应当一并报送个人所得税经营所得纳税申报表（C 表）。尚未办理上一年度经营所得汇算清缴的，应当在办理注销户籍纳税申报时一并办理。

纳税人在注销户籍当年取得利息、股息、红利所得，财产租赁所得，财产转让所得和偶然所得的，应当在注销户籍前申报当年上述所得的完税情况，并报送个人所得税自行纳税申报表（A 表）。

纳税人有未缴或者少缴税款的，应当在注销户籍前结清欠缴或未缴的税款。纳税人存在分期缴税且未缴纳完毕的，应当在注销户籍前结清尚未缴纳的税款。

纳税人办理注销户籍纳税申报时，需要办理专项附加扣除和依法确定的其他扣除的，应当向税务机关报送个人所得税专项附加扣除信息表、商业健康保险税前扣除情况明细表和个人税收递延型商业养老保险税前扣除情况明细表等。

（7）非居民个人在中国境内从两处以上取得工资、薪金所得的纳税申报

非居民个人在中国境内从两处以上取得工资、薪金所得的，应当在取得所得的次月 15 日内，向其中一处任职、受雇单位所在地主管税务机关申请办理纳税申报，并报送个人所得税自行纳税申报表（A 表）和其他有关资料。

5.2.5 个人所得税会计处理

个人所得税的会计处理分为计提和缴纳两个阶段。企业是个人所得税的扣缴义务人，在对纳税人发放工资薪金等其他应纳税所得时，需要代扣个人所得税，在发放时，编制如下会计分录。

借：应付职工薪酬

贷：银行存款

应交税费——代扣代缴个人所得税

缴纳个人所得税时，编制如下会计分录。

借：应交税费——代扣代缴个人所得税

贷：银行存款

│范例解析│ 个人所得税会计处理

甲公司2019年10月发放工资时代扣员工个人所得税5 000.00元，并于2019年11月申报缴纳，写出相应的会计分录。

1.发放工资时代扣员工个人所得税。

借：应付职工薪酬 5 000.00

贷：应交税费——代扣代缴个人所得税 5 000.00

2.缴纳个人所得税税款。

借：应交税费——代扣代缴个人所得税 5 000.00

贷：银行存款 5 000.00

│5.3│
个人所得税汇算清缴

从2019年1月1日起实施新的个人所得税政策后，居民个人取得综合所得的，需要办理汇算清缴，而纳税人取得经营所得也需要办理汇算清缴。那么个人所得税汇算清缴到底是怎么回事呢？

5.3.1　何为个人所得税汇算清缴

个人所得税汇算清缴是指居民个人取得综合所得，按年计算个人所得税，需要办理汇算清缴的，应当在取得所得的次年 3 月 1 日至 6 月 30 日内办理汇算清缴；纳税人取得经营所得，按年计算个人所得税，在取得所得的次年 3 月 31 日前办理汇算清缴。

纳税人办理汇算清缴时，取得综合收入的纳税人可以由本人进行汇算清缴，或委托代理人以本人名义办理，也可以由扣缴义务人办理汇算清缴。

需要办理综合所得个人所得税汇算清缴的情形主要包括如下几种。

- ◆ 一是纳税人在一个纳税年度中从两处或者两处以上取得综合所得，且综合所得年收入额减去"三险一金"等专项扣除后的余额超过 6 万元的。
- ◆ 二是取得劳务报酬所得、稿酬所得、特许权使用费所得中的一项或者多项所得，且 4 项综合所得年收入额减去"三险一金"等专项扣除后的余额超过 6 万元的。
- ◆ 三是纳税人在一个纳税年度内，预扣预缴的税额低于依法计算得出的应纳税额。
- ◆ 四是纳税人申请退税的。

| 范例解析 |　个人所得税汇算清缴的计算

吴先生在甲企业任职，2019 年 1 月～12 月每月在甲企业取得工资薪金收入 16 000.00 元，无免税收入；每月缴纳三险一金 3 000.00 元，从 1 月开始每月享受子女教育和赡养老人专项附加扣除共 3 000.00 元，无其他扣除。

另 2019 年 5 月取得劳务报酬收入 3 000.00 元，稿酬收入 5 000.00 元；8 月取得劳务报酬收入 30 000.00 元，特许权使用费收入 2 000.00 元。计算吴先生汇算清缴应纳个人所得税为多少？

表5-7所示为个人所得税税率表（综合所得）。

表5-7　个人所得税税率表（综合所得）

级数	全年应纳税所得额	税率（%）	速算扣除数
1	不超过36 000的	3	0
2	超过36 000元至144 000元的部分	10	2 520
3	超过144 000元至300 000的部分	20	16 920
4	超过300 000元至420 000元的部分	25	31 920
5	超过420 000元至660 000元的部分	30	52 920
6	超过660 000元至960 000元的部分	35	85 920
7	超过960 000元的部分	45	181 920

年收入额=工资薪金所得收入+劳务报酬收入+稿酬收入+特许权使用费所得收入=16 000.00×12+（3 000.00+30 000.00）×（1-20%）+5 000.00×（1-20%）×70%+2 000.00-800.00=222 400.00（元）

综合收入应纳税所得额=年收入额-60 000.00元-专项扣除-专项附加扣除-依法确定的其他扣除=222 400.00-60 000.00-3 000.00×12-3 000.00×12= 90 400.00（元）

应纳税额=应纳税所得额×税率-速算扣除数=90 400.00×10%-2 520.00=6 520.00（元）

5.3.2　个人所得税汇算清缴实施的原因与意义

个人所得税汇算清缴是在提高居民个人所得的法定扣除额并增加6项专项附加扣除后实施的。进行个人所得税的汇算清缴，就是要让纳税人一年的法定扣除额和6项专项附加扣除可以最大化发挥作用，提高个人收入水平。

对于个人取得两处以上综合所得且合计超过 6.00 万元的，以前并没有合并预扣预缴机制进行规范，难以做到预扣税款与实际应纳税款的一致性和核算的准确性，因而实施个人所得税汇算清缴，有利于规范个人取得来源于两处或两处以上收入的个人所得税核算，有利于促进依法纳税，保障税收收入。

对于分散式的收入，比如劳务报酬收入、稿酬收入、特许权使用费收入，这些收入具有不稳定性，可能存在多个扣缴义务人，所以需要进行汇算清缴，以保障预扣税款与实际应纳税款的一致性。

预扣预缴税款可能会导致有的纳税人多缴纳税款或少纳税款，新个人所得税规定实施后，个人所得税实行汇算清缴，既可以有效发挥税收的惠民作用，提高居民收入水平，又可以避免纳税人多缴或少缴税款，促进国民经济的发展。

5.3.3　个人所得税汇算清缴申报

我们知道个人所得税汇算清缴是居民综合所得与纳税人经营所得都需要进行的一项税务工作。

其中，个体工商户、个人独资企业和合伙企业可以通过自然人税收管理系统、自然人税收管理系统客户端或办税服务大厅申报办理，包括向经营管理所在地主管税务机关办理汇算清缴，并报送个人所得税经营所得纳税申报表（B 表）。

综合所得的个人所得税于取得所得的次年 3 月 1 日至 6 月 30 日内办理汇算清缴，但需注意的是，财政部、税务总局公告 2019 年第 94 号《关于个人所得税综合所得汇算清缴涉及有关政策问题的公告》中提出，2019 年 1 月 1 日至 2020 年 12 月 31 日居民个人年度综合所得收入不超过 12 万元且需要汇算清缴补税的、年度汇算清缴补税金额不超过 400 元的，免除汇算清缴的义务。

而纳税人已预缴税额与年度应纳税额一致和不申请年度汇算退税的也可以不进行汇算清缴。

依据税法规定，符合下列情形之一的，纳税人需要办理年度汇算清缴。

2019 年度已预缴税额大于年度应纳税额且申请退税的，包括 2019 年度综合所得收入额不超过 6 万元但已经预缴个人所得税的；年度中间获得的劳务报酬、稿酬、特许权使用费适用的预扣率高于综合所得年适用税率的；预缴税款时，未申报扣除或未足额扣除减除费用、专项扣除、专项附加扣除和依法确定的其他扣除或捐赠的，以及未申报享受或未足额享受综合所得税收优惠等情形。

2019 年度综合所得收入超过 12 万元且需要补税的金额超过 400 元的，包括取得两处及以上综合所得，合并后适用税率提高导致已预缴税额小于年度应纳税额等情形。

纳税人可以通过以下几种方式办理个人所得税汇算清缴。

◆ 自行办理年度汇算

纳税人可优先通过网上税务局（包括手机个人所得税 App）办理年度汇算，税务机关将按规定为纳税人提供申报表预填服务。

不方便通过上述方式办理的，也可以通过邮寄方式或到办税服务厅办理。选择邮寄申报的，纳税人需将申报表寄送至任职、受雇单位（没有任职受雇单位的，为户籍或者经常居住地）所在省、自治区、直辖市或计划单列市税务局公告指定的税务机关。

◆ 通过取得工资薪金或连续性取得劳务报酬所得的扣缴义务人代办

纳税人向扣缴义务人提出代办要求的，扣缴义务人应当代为办理，或者培训、辅导纳税人通过网上税务局（包括手机个人所得税 App）完成年度汇算申报和退（补）税。

由扣缴义务人代为办理的，纳税人应在取得所得的次年 4 月 30 日前与扣缴义务人进行书面确认，补充提供其本年度在本单位以外取得的综合所得收入、相关扣除及享受税收优惠等信息资料，并对所提交信息的真实性、准确性和完整性负责。

◆ 委托涉税专业服务机构或其他单位及个人（即"受托人"）办理

以这种方式办理个人所得税汇算清缴的，受托人需与纳税人签订授权书。进行个人所得税汇算清缴的，且收入额不超过 6 万元需要退税的，可以进行简易申报表的填写申报，其申报表的格式与个人所得税年度自行纳税申报表（A 表）相同，如图 5-13 所示。

图 5-13　个人所得税年度自行纳税申报表（A 表）

仅取得境内综合所得的，需进行个人所得税年度自行纳税申报表（A 表）的填写申报。

取得境外所得的，要进行个人所得税年度自行纳税申报表（B表）的填写申报，申报表如图5-14所示。

个人所得税年度自行纳税申报表（B表）

（居民个人取得境外所得适用）

税款所属期：　年　月　日至　年　月　日

纳税人姓名：

纳税人识别号：□□□□□□□□□□□□□□□□□□-□□　　金额单位：人民币元（列至角分）

基本情况

| 手机号码 | | 电子邮箱 | | 邮政编码 | |

| 联系地址 | 省（区、市）　　市　　县（区）　　街道（乡、镇） | | | | |

纳税地点（单选）

1.有任职受雇单位的，需选本项并填写"任职受雇单位所在地"	□ 任职受雇单位所在地
任职受雇	名称	
单位信息	纳税人识别号	
2.没有任职受雇单位的，可以从本栏次选择一地：	□ 户籍所在地 　 □ 经常居住地
户籍所在地/经常居住地	省（区、市）　　市　　县（区）　　街道（乡、镇）

申报类型

□ 首次申报　　□ 更正申报

综合所得个人所得税计算

项目	行次	金额
一、境内收入合计（第1行+第2行+第3行+第4行）	1	
（一）工资、薪金	2	
（二）劳务报酬	3	
（三）稿酬	4	
（四）特许权使用费	5	
二、境外收入合计（附报《境外所得个人所得税抵免明细表》）	6	
（第6行=第7行+第8行+第9行+第10行）		
（一）工资、薪金	7	
（二）劳务报酬	8	
（三）稿酬	9	
（四）特许权使用费	10	
三、费用合计[第11行=（第3行+第4行+第8行+第9行+第10行）×20%]	11	
四、免税收入合计（第12行=第13行+第14行）	12	
（一）稿酬所得免税部分[第13行=（第4行+第9行）×（1-20%）×30%]	13	
（二）其他免税收入（附报《个人所得税免税收入事项报告表》）	14	
五、减除费用	15	
六、专项扣除合计（第16行=第17行+第18行+第19行+第20行）	16	
（一）基本养老保险费	17	
（二）基本医疗保险费	18	
（三）失业保险费	19	
（四）住房公积金	20	
七、专项附加扣除合计（附报《个人所得税专项附加扣除信息表》）	21	

（第21行=第22行+第23行+第24行+第25行+第26行+第27行）	21	
（一）子女教育	22	
（二）继续教育	23	
（三）大病医疗	24	
（四）住房贷款利息	25	
（五）住房租金	26	
（六）赡养老人	27	
八、其他扣除合计（第28行=第29行+第30行+第31行+第32行+第33行）	28	
（一）年金	29	
（二）商业健康保险（附报《商业健康保险税前扣除情况明细表》）	30	
（三）税延养老保险（附报《个人税收递延型商业养老保险税前扣除情况明细表》）	31	
（四）允许扣除的税费	32	
（五）其他	33	
九、准予扣除的捐赠额（附报《个人所得税公益慈善事业捐赠扣除明细表》）	34	
十、应纳税所得额	35	
（第35行=第1行+第6行-第11行-第12行-第15行-第16行-第21行-第28行-第34行）		
十一、税率（%）	36	
十二、速算扣除数	37	
十三、应纳税额（第38行=第35行×第36行-第37行）	38	

除综合所得外其他境外所得个人所得税计算

（无内容的项目可不填，境外所得请填写《境外所得个人所得税抵免明细表》）

	（一）经营所得应纳税额（第39行=第40行×第41行）	39	
经营所得	境内应纳税所得额	40	
	境外经营所得的抵免所得额	41	
	（二）税率（%）	42	
	（三）速算扣除数	43	
利息、股息、红利所得	利息、股息、红利所得应纳税额（第44行=第30行×第42行+第43行）	44	
	境外利息、股息、红利所得应纳税所得额	45	
	（一）应纳税额（第46行=第45行×20%）	46	
	（二）境外已纳税额	47	
财产租赁所得	境外财产租赁所得应纳税所得额	48	
	应纳税额（第49行=第48行×20%）	49	
财产转让所得	境外财产转让所得应纳税所得额	50	
	（一）收入	51	
	（二）财产原值及合理税费	52	
	（三）应纳税所得额（第53行=第51行-第52行）	53	
	境外应纳税所得额	54	
偶然所得	（一）收入	55	
	（二）应纳税额（第56行=第55行×20%）	56	
六、其他所得	其他境内、境外所得应纳税额请填写《备注》栏处附列其他项目	57	
	应纳税额	58	

减免权益性个人所得税计算

一、境内、境外单独计税的股权激励收入合计	59	
二、税率（%）	60	
三、速算扣除数	61	
四、应纳税额（第62行=第59行×第60行-第61行）	62	

全年一次性奖金个人所得税计算

（无内容的项目可不填，境外取得全年一次性奖金的，应填写本表）

一、全年一次性奖金收入	63	
二、准予扣除的捐赠额（附报《个人所得税公益慈善事业捐赠扣除明细表》）	64	
三、税率（%）	65	
四、速算扣除数	66	
五、应纳税额[第67行=（第63行-第64行）×第65行-第66行]	67	

税款调整

| 一、综合所得税人减免税（附《备注》栏说明减征具体原因、计算方法等） | 68 | |
| 二、应纳税额调整额 | 69 | |

境内/境外个人所得税计算

一、应纳税额合计	70	
（第70行=第38行+第44行+第46行+第47行+第50行+第53行+第56行+第58行+第62行+第67行+第69行）		
二、减免税额（附报《个人所得税减免税事项报告表》）	71	
三、已缴税额（境内）	72	
其中：境外所得境外已纳税额已抵免额	73	
境外所得境外已纳税额当年抵免额	74	
四、境外已纳所得税抵免额（附报《境外所得个人所得税抵免明细表》）	75	
五、应补/退税额（第76行=第70行-第71行-第72行-第75行）	76	

无住所个人附报信息

| 纳税年度内在中国境内居住天数 | | 已在中国境内居住年数 | |

退税申请

（应补税额小于0必须填写本栏）

| □ 申请退税（请填写"开户银行名称""开户银行省份""银行账号"）　□ 放弃退税 |
| 开户银行名称 | | 开户银行省份 | |
| 银行账号 | |

备注

谨声明：本表是根据国家税收法律法规及相关规定填报的，本人对填报内容（附带资料）的真实性、可靠性、完整性负责。

纳税人签字：　　　　　　年　月　日

经办人签字：	受理人：
经办人身份证件类型：	受理税务机关（章）：
经办人身份证件号码：	
代理机构签章：	受理日期：　　年　月　日
代理机构统一社会信用代码：	国家税务总局监制

图5-14　个人所得税年度自行纳税申报表（B表）

| 5.4 |
个人所得税节税妙招

从客观环境来看，国家有一些优惠政策的实施可以减少个人所得税的缴纳；对于个人而言，转换收入性质一样可以减轻个人所得税负担，本节就来看看个人所得税的节税妙招。

5.4.1　利用税收优惠政策节约个人所得税

我们知道，国家对于个人所得税出台了一系列的税收优惠政策，纳税人不管是经营所得缴纳个人所得税，还是其他所得缴纳个人所得税，都需要最大化利用税收优惠政策和专项附加扣除政策，减少个人所得税的支出，提高个人收入水平。

| 范例解析 |　个人所得税利用专项附加扣除节税

李先生在乙企业任职，2019年1月～12月每月在甲企业取得工资薪金收入20 000.00元，无免税收入；每月缴纳三险一金3 000.00元，从1月开始每月享受房贷利息等专项附加扣除共3 000.00元。

李先生如果不享受专项附加扣除的优惠政策，应缴纳个人所得税的计算如下。

应纳税所得额=20 000.00×12-3 000.00×12-60 000.00=144 000.00（元）

应纳个人所得税=144 000.00×10%-2 520.00=11 880.00（元）

李先生享受专项附加扣除，应缴纳个人所得税的计算如下。

应纳税所得额=20 000.00×12-3 000.00×12-60 000.00-3 000.00×12=108 000.00（元）

应纳个人所得税=108 000.00×10%-2 520.00=8 280.00（元）

由此可见，享受专项附加扣除优惠政策时，可以少缴纳个人所得税

3 600.00元（11 880.00−8 280.00）。

5.4.2　转变收入性质节约个人所得税

对于高收入人群而言，其个人所得税税率最高可以达到45%，但如果我们将其工资转换为股息、红利形式发放，个人所得税的税率就只有20%，明显减轻税负。除此以外，高收入个人还可以在法律法规允许的范围内自己成立一家个人独资企业来规避高收入带来的个人所得税负担。

| 范例解析 |　个人所得税工资薪金转变为股息红利节税

张先生在乙企业任职，2019年年薪收入500.00万元，无免税收入，假设全部年薪收入都为应纳税所得额。

题目中张先生以500.00万元工资薪金所得缴纳个人所得税，税额为：500.00×45%−18.192=206.808（万元）。

这里的"18.192"是个人所得税税率表（综合所得）中第7档税率对应的速算扣除数181 920元换算成万元的结果。

转换为股息红利所得应缴纳个人所得税为：500.00×20%=100.00（万元）。

将收入转换成股息红利所得，张先生可少缴纳税款106.808万元。

注意，将收入转换为股息、红利所得必须是在法律法规允许的范围内进行。

第 6 章

非耕地使用税：城镇土地使用税

我们都知道，土地归国家和集体所有，对于企业而言，修建厂房、办公场所，都需要在土地上进行，而使用非耕地时会产生非耕地使用税：城镇土地使用税。本章对城镇土地使用税作详细介绍。

| 6.1 |
城镇土地使用税概述

城镇土地使用税是什么？哪些人是城镇土地使用税的纳税义务人？征收范围在哪些地方？本节将一一揭晓这些问题的答案。

6.1.1 城镇土地使用税的征收管理与纳税义务人

城镇土地使用税是指国家在城市、县城、建制镇和工矿区范围内，对使用土地的单位和个人，以实际占用的土地面积为计税依据，按照规定税额计算征收的一种税。

征收城镇土地使用税，有利于通过经济手段加强国家对土地的管理，变土地的无偿使用为有偿使用，促进合理、节约使用土地，提高土地使用效益；有利于适当调节不同地区、不同地段之间的土地级差收入，促进企业加强经济核算，理顺国家与土地使用者之间的分配关系。下面主要介绍该税种的征收管理的相关规定和纳税义务人。

（1）征收管理

城镇土地使用税实行按年计算、分期缴纳，具体的缴税时间由当地省、自治区、直辖市人民政府确定。例如四川省城镇土地使用税分两次缴纳，当年 5 月一次和 11 月一次，具体分别为当年的 5 月 20 日以前和 11 月 20 日以前。

需要注意的是，如果是纳税人新征用的土地，且征用的是耕地，需要从批准征用日当天起，满一年后开始缴纳城镇土地使用税；如果新征用的土地是非耕地，那么需要从批准征用日当天起，满一个月后开始缴纳城镇土地使用税。

（2）纳税义务人

现行《中华人民共和国城镇土地使用税暂行条例》规定：在城市、县城、建制镇、工矿区范围内使用土地的单位和个人，为城镇土地使用税（以下简称土地使用税）的纳税义务人（以下简称纳税人），应当依照本条例的规定缴纳土地使用税。

纳税人中的单位包括国有企业、集体企业、私营企业、股份制企业、外商投资企业、外国企业及其他企业和事业单位、社会团体、国家机关、军队和其他单位；个人包括个体工商户及其他个人。具体包括以下几个方面。

◆ 拥有土地使用权的单位和个人是纳税人。

◆ 拥有土地使用权的单位和个人不在土地所在地的，其土地的实际使用人和代管人为纳税人。

◆ 土地使用权未确定的或权属纠纷未解决的，土地的实际使用人为纳税人。

◆ 土地使用权共有的，共有各方都是纳税人，由共有各方分别纳税。

6.1.2 城镇土地使用税征收范围及特点

城镇土地使用税的征收范围包括城市、县城、建制镇和工矿区的国家所有、集体所有的土地。而从 2007 年 7 月 1 日起，外商投资企业、外国企业和在华机构的用地也要征收城镇土地使用税。

城镇土地使用税具有如下特点。

◆ 对占用土地的行为征税，即是对占用土地使用权的这一行为进行征缴税款的一个税种。

◆ 征税对象是土地，即土地是城镇土地使用税的征收对象。

◆ 征税范围有所限定，即对于城镇土地使用税的征收范围是有限定的，具体包括城市、县城、建制镇和工矿区的国家所有、集体所有的土地。

◆ 实行差别幅度税额，即不同经济发展水平的城市、不同地域，城镇土地使用税的税额标准是不一样的。

6.1.3 城镇土地使用税的税收优惠

现行《中华人民共和国城镇土地使用税暂行条例》规定，对于一些土地，可免征城镇土地使用税，主要如表 6-1 所示。

表 6-1 免征城镇土地使用税的情形

条目	政策内容
1	国家机关、人民团体、军队自用的土地。但如果是对外出租、经营用，则还是要缴纳城镇土地使用税
2	由国家财政部门拨付事业经费的单位自用的土地
3	宗教寺庙、公园、名胜古迹自用的土地。经营用地则不免
4	市政街道、广场、绿化地带等公共用地
5	直接用于农、林、牧、渔业的生产用地
6	经批准开山填海整治的土地和改造的废弃土地，从使用的月份起免缴城镇土地使用税 5 ~ 10 年
7	对非营利性医疗机构、疾病控制机构和妇幼保健机构等卫生机构自用的土地，免征城镇土地使用税
8	企业办的学校、医院、托儿所、幼儿园，其用地能与企业其他用地明确区分的，免征城镇土地使用税
9	免税单位无偿使用纳税单位的土地（如公安、海关等单位使用铁路、民航等单位的土地），免征城镇土地使用税。纳税单位无偿使用免税单位的土地，纳税单位应照章缴纳城镇土地使用税。纳税单位与免税单位共同使用、共有使用权的土地上的多层建筑，对纳税单位可按其占用的建筑面积占建筑总面积的比例计征城镇土地使用税
10	对行使国家行政管理职能的中国人民银行总行（含国家外汇管理局）所属分支机构自用的土地，免征城镇土地使用税

| 6.2 |
城镇土地使用税应纳税额计算

城镇土地使用税的计税依据是什么，其征收标准又是什么，如何来计算城镇土地使用税的应纳税额？这些都需要税务会计明确。

6.2.1　城镇土地使用税计税依据

城镇土地使用税以实际占用的土地面积为计税依据，即以单位或者个人实际占用了多少土地作为计缴城镇土地使用税的依据，但对于使用土地的面积主要有如下规定。

◆ 凡由省、自治区、直辖市人民政府确定的单位组织测定土地面积的，以测定的面积为准。

◆ 尚未组织测量，但纳税人持有政府部门核发的土地使用证书的，以证书确认的土地面积为准。

◆ 尚未核发土地使用证书的，应由纳税人申报土地面积，并据以纳税，待核发土地使用证以后再作调整。

需要注意的是，税务机关是不能核定纳税人实际使用的土地面积的，该机关只管按照相关部门或组织测定出的纳税人实际占用土地面积来核算纳税人应缴纳的城镇土地使用税税额。

6.2.2　城镇土地使用税缴纳标准

城镇土地使用税采用定额税率，且适用地区幅度差别定额税率，即采用有幅度的差别税额。按大、中、小城市和县城、建制镇、工矿区分别规定每平方米的城镇土地使用税年应纳税额。城镇土地使用税每平方米年税额标准具体规定如下。

- 大城市1.5～30元。
- 中等城市1.2～24元。
- 小城市0.9～18元。
- 县城、建制镇、工矿区0.6～12元。

省、自治区、直辖市人民政府应当在《中华人民共和国城镇土地使用税暂行条例》规定的税额幅度内,根据市政建设状况和经济繁荣程度等条件,确定所辖地区的适用税额幅度。

市、县人民政府应当根据实际情况,将本地区的土地划分为若干等级,在省、自治区、直辖市人民政府确定的税额幅度内,制定相应的适用税额标准,报省、自治区、直辖市人民政府批准执行。

经省、自治区、直辖市人民政府批准,经济落后地区的土地使用税的适用税额标准可以适当降低,但降低额不得超过本条例第四条规定最低税额的30%。经济发达地区的土地使用税的适用税额标准可以适当提高,但须报经财政部批准。

例如《四川省城镇土地使用税实施办法》对城镇土地使用税每平方米年税额的规定如下。

- 大城市6～30元。
- 中等城市4.5～24元。
- 小城市3～18元。
- 县城(不含第5条规定的县城)1.5～12元。
- 建制镇、工矿区及甘孜州、阿坝州、凉山州各县和其他地区的民族自治县以及经省人民政府批准享受少数民族地区待遇县(区)的县城为0.6～8元。

各州、市、县人民政府应根据本地区的实际情况,在规定的税额幅度内确定具体的征收标准,因而不同地区的城镇土地使用税的征收标准是不同的。

6.2.3　城镇土地使用税的计算

城镇土地使用税根据实际使用土地的面积，按税法规定的单位税额缴纳。其计算公式如下。

应纳城镇土地使用税税额=应税土地的实际占用面积×适用单位税额

| 范例解析 |　城镇土地使用税的计算

甲公司占用土地面积为 1 500 平方米，每平方米年税额为 6.00 元，税务部门规定纳税人的城镇土地使用税税款在季末后 10 日内缴纳，1 月 31 日计算本月应缴纳城镇土地使用税。

月应纳城镇土地使用税税额=1 500×6.00÷12=9 000.00÷12=750.00（元）

| 6.3 |
城镇土地使用税的会计处理及申报

城镇土地使用税如何进行会计处理，其申报有什么需要注意的？本节对城镇土地使用税的会计处理及申报工作进行解读。

6.3.1　城镇土地使用税科目设置

企业应该设置"应交税费"总账科目，并设置"应交城镇土地使用税"明细科目对城镇土地使用税进行明细核算。在计提城镇土地使用税时编制如下会计分录。

借：税金及附加

　　贷：应交税费——应交城镇土地使用税

实际缴纳税款时，编制如下会计分录。

借：应交税费——应交城镇土地使用税

贷：银行存款

| 范例解析 |　城镇土地使用税的会计处理

甲公司占用土地面积为2 000平方米，每平方米年税额为12.00元，税务部门规定对城镇土地使用税在季末后10日内征收，甲公司按月进行计提。

月应纳城镇土地使用税税额＝2 000×12.00÷12＝24 000.00÷12＝2 000.00（元）

1.每月计提城镇土地使用税时，编制如下会计分录。

借：税金及附加　　　　　　　　　　　　　　　　2 000.00

　　贷：应交税费——应交城镇土地使用税　　　　　2 000.00

2.季末缴纳税款时，编制如下会计分录。

借：应交税费——应交城镇土地使用税　　　　　　6 000.00

　　贷：银行存款　　　　　　　　　　　　　　　　6 000.00

6.3.2　城镇土地使用税申报表解读

城镇土地使用税的纳税申报可通过办税服务厅和电子税务局办理，首次申报或者税源信息发生变化时，需要填制城镇土地使用税、房产税税源明细表，具体要填制的部分如图6-1所示。

图6-1　城镇土地使用税、房产税税源明细表（部分）

城镇土地使用税、房产税税源明细表中关于城镇土地使用税的各项数据的说明如表 6-2 所示。

表 6-2　城镇土地使用税的税源明细表填写说明

项目	填写说明
自动计算生成表格	系统根据本表数据自动计算生成城镇土地使用税、房产税纳税申报表及其附表城镇土地使用税、房产税减免税明细申报表
申报	此表实施后，对首次进行纳税申报的纳税人，需要申报其全部土地的相关信息。此后办理纳税申报时，如果纳税人的土地及相关信息未发生变化的，可仅对上次申报信息进行确认；发生变化的，仅就变化的内容进行填写
遵循的原则	城镇土地使用税税源明细申报遵循"谁纳税谁申报"的原则，只要存在城镇土地使用税纳税义务，就应当如实申报土地信息
一宗土地填写一张表	同一宗土地跨两个土地等级的，按照不同等级分别填表，无不动产权证（土地使用权证）的，按照土地坐落地址分别填表，纳税人不得将多宗土地合并成一条记录填表
填写的依据	对于本表中的数据项目，有不动产权证（土地使用权证）的，依据证件记载内容填写，没有不动产权证（土地使用权证）的，依据实际情况填写
纳税人类型	（必填）分为土地使用权人、集体土地使用人、无偿使用人、代管人、实际使用人，必选一项，且只能选一项
土地使用权人纳税人识别号	（统一社会信用代码）填写土地使用权人的纳税人识别号或统一社会信用代码
土地使用权人名称	填写土地使用权人的姓名或名称
土地编号	由系统赋予编号，纳税人不必填写
土地名称	纳税人自行编写，以便于识别
不动产权证号	纳税人有不动产权证（土地使用权证）的，必填，填写不动产权证（土地使用权证）载明的证件编号
不动产单元号	纳税人有不动产权证的必填。填写不动产权证载明的不动产单元号
宗地号	填写土地权属证书记载的宗地号，有不动产单元号的不填
土地性质	（必填）根据实际的土地性质选择。选项为国有、集体

续上表

项目	填写说明
土地取得方式	（必填）根据土地的取得方式选择，分为划拨、出让、转让、租赁和其他
土地用途	（必填）分为工业、商业、居住、综合、房地产开发企业的开发用地和其他，必选一项，且只能选一项，不同用途土地应当分别填表
土地坐落地址	（必填）填写详细地址，具体为：××省（自治区、直辖市）××市（区）××县（区）××乡镇（街道）＋详细地址
土地所属主管税务所	（科、分局）系统自动带出，纳税人不必填写
土地取得时间	（必填）填写纳税人初次获得该土地的时间
变更类型	有变更情况的必选
变更时间	有变更情况的必填，填至月。变更类型选择纳税义务终止的，税款计算至当月末；变更类型选择信息项变更的，自变更当月起按新状态计算税款
占用土地面积	（必填）根据纳税人在本表所填列土地实际占用的土地面积填写，保留两位小数。此面积为全部面积，包括减税面积和免税面积
地价	曾经支付地价和开发成本的必填，地价为取得土地使用权支付的价款与开发土地发生的成本费用之和
土地等级	（必填）根据本地区土地等级的有关规定，填写纳税人占用土地所属的土地的等级。不同土地等级的土地应当分别填表
税额标准	系统自动带出，纳税人不必填写
减免性质代码	按照税务机关最新制发的减免税政策代码表中最细项减免性质代码填写，有减免税情况的必填。不同减免性质代码的土地应当分行填表。纳税人减免税情况发生变化时，应当进行变更
减免项目名称	按照税务机关最新制发的减免税政策代码表中最细项减免项目名称填写。有减免税情况的必填
减免起止时间	有减免税情况的必填。纳税人如有困难减免的情况，填写经税务机关核准的困难减免的起始月份和终止月份
减免税土地的面积	填写享受减免税政策的土地的全部面积

续上表

项目	填写说明
月减免税金额	填写本表所列土地本项减免税项目享受的月减免税金额

填写城镇土地使用税、房产税纳税申报表时，需填写的部分如图 6–2 所示。

城镇土地使用税 房产税纳税申报表

税款所属期：自　年　月　日至　年　月　日

纳税人识别号（统一社会信用代码）：□□□□□□□□□□□□□□□□□□□□

纳税人名称：　金额单位：人民币元（列至角分）；面积单位：平方米

一、城镇土地使用税												
本期是否适用增值税小规模纳税人减征政策（减免性质代码 10049901）				□是 □否	本期适用增值税小规模纳税人减征政策起始时间			年　月		减征比例（%）		
					本期适用增值税小规模纳税人减征政策终止时间			年　月				
序号	土地编号	宗地号	土地等级	税额标准	土地总面积	所属期起	所属期止	本期应纳税额	本期减免税额	本期增值税小规模纳税人减征额	本期已缴税额	本期应补（退）税额
1	*											
2	*											
3	*											
合计	*	*	*	*		*	*					

图 6–2　城镇土地使用税、房产税纳税申报表（部分）

城镇土地使用税、房产税纳税申报表中关于城镇土地使用税的各项数据的说明如表 6–3 所示。

表 6–3　城镇土地使用税的申报纳税填写说明

项目	填写说明
税款所属期	默认为税款所属期的起始时间和终止时间
纳税人识别号	（统一社会信用代码）填写纳税人识别号码或统一社会信用代码
纳税人名称	填报营业执照、身份证件等证件载明的纳税人名称
本期是否适用增值税小规模纳税人减征政策	（减免性质代码：城镇土地使用税 10049901）纳税人在税款所属期内有任意一个月份为增值税小规模纳税人的，勾选“是”；否则，勾选“否”
土地、房产编号	由系统赋予编号，纳税人不必填写
宗地号	土地权属证书记载的宗地号。不同宗地号的土地应当分行填写。无宗地号的，不同的宗地也应当分行填写

续上表

项目	填写说明
土地等级	根据本地区关于土地等级的有关规定，填写纳税人占用土地所属的土地的等级
税额标准	根据土地等级确定，由系统自动带出
本期适用增值税小规模纳税人减征政策起始时间	如果税款所属期内纳税人一直为增值税小规模纳税人，填写税款所属期起始月份；如果税款所属期内纳税人由增值税一般纳税人转登记为增值税小规模纳税人，填写成为增值税小规模纳税人的月份。如税款所属期为2019年1月～6月，按月申报增值税的某企业在2019年2月11日前为增值税一般纳税人，2月11日转登记为增值税小规模纳税人，该企业本期适用增值税小规模纳税人减征政策起始日期为2019年3月，应在本栏填写"2019年3月"。如果小规模纳税人状态没有发生变化，系统默认起始时间为税款所属期起始月份，纳税人可以修改
本期适用增值税小规模纳税人减征政策终止时间	如果税款所属期内纳税人一直为增值税小规模纳税人，填写税款所属期终止月份；如果税款所属期内纳税人由增值税小规模纳税人登记为增值税一般纳税人，填写增值税一般纳税人生效之日上月；经税务机关通知，逾期仍不办理增值税一般纳税人登记的，自逾期次月起不再适用减征优惠，填写逾期当月所在的月份。如税款所属期为2019年1月～6月，某企业在2019年5月1日前为增值税小规模纳税人，5月1日为一般纳税人的生效之日，该企业适用增值税小规模纳税人减征优惠终止日期为2019年4月，应在本栏填写"2019年4月"。如果小规模纳税人状态没有发生变化，系统默认终止时间为税款所属期终止月份，纳税人可以修改
减征比例（%）	系统自动带出，纳税人不必填写
土地总面积	此面积为全部面积，包括减免税面积。本项为城镇土地使用税、房产税税源明细表中"城镇土地使用税税源明细"中"占用土地面积"的值
城镇土地使用税所属期起	指税款所属期内税款所属的起始月份。起始月份不同的土地应当分行填写。默认为税款所属期的起始月份。但是，当城镇土地使用税、房产税税源明细表中"城镇土地使用税税源明细"中土地取得时间晚于税款所属期起始月份的，所属期起为"取得时间"的次月；城镇土地使用税、房产税税源明细表中"城镇土地使用税税源明细"中减免的起始月份晚于税款所属期起始月份的，所属期起为"减免的起始月份"；城镇土地使用税、房产税税源明细表中"城镇土地使用税税源明细"中变更类型选择信息项变更，且变更时间晚于税款所属期起始月份的，所属期起为"变更时间"

续上表

项目	填写说明
城镇土地使用税所属期止	指税款所属期内税款所属的终止月份。终止月份不同的土地应当分行填写。默认为税款所属期的终止月份。但是，当城镇土地使用税、房产税税源明细表中"城镇土地使用税税源明细"变更类型选择纳税义务终止，且变更时间早于税款所属期终止月份的，所属期止为"变更时间"；城镇土地使用税、房产税税源明细表中"城镇土地使用税税源明细"中"减免的终止月份"早于税款所属期终止月份的，所属期止为"减免的终止月份"
城镇土地使用税本期应纳税额	根据城镇土地使用税、房产税税源明细表中"城镇土地使用税税源明细"中有关数据项自动计算生成。 本期应纳税额 = $\sum$ 占用土地面积 × 税额标准 ÷ 12 × （所属期止月份 − 所属期起月份 +1）
城镇土地使用税本期减免税额	本期减免税额 = $\sum$ 城镇土地使用税、房产税税源明细表中"城镇土地使用税税源明细"中月减免税额 × （所属期止月份 − 所属期起月份 +1）
城镇土地使用税本期应补（退）税额	本期应补（退）税额 = 本期应纳税额 − 本期减免税额 − 本期增值税小规模纳税人减征额 − 本期已缴税额

填写城镇土地使用税、房产税减免税明细申报表时，需要填写的部分如图 6-3 所示。

图 6-3 城镇土地使用税、房产税减免税明细申报表（部分）

以上就是城镇土地使用税的各种申报表的主要解读说明。

知识延伸│关于城镇土地使用税与房产税的申报表说明

在最新的税收规定中，因城镇土地使用税和房产税的申报表整合为一张表格，所以城镇土地使用税和房产税在税源明细、纳税申报以及减免税明细申报等方面都分别使用的是一张表格，即文中提到的城镇土地使用税、房产税税源明细表，城镇土地使用税、房产税纳税申报表和城镇土地使用税、房产税减免税明细申报表。

| 6.4 |
城镇土地使用税节税妙招

城镇土地使用税是一种对使用土地的行为征收税款的税，对于城镇土地使用税的纳税人而言，又有哪些办法可以帮助其减少城镇土地使用税的缴纳呢？

6.4.1 从经营用地的所属区域节约城镇土地使用税

对于不同的城市、区域，城镇土地使用税的征收标准不同，因此经营者可以结合自身发展的实际需要，从如下角度考量税负并选择企业经营用地的所属区域。

◆ 可以在征税区与非征税区之间选择。

◆ 在经济发达与经济欠发达的省份之间选择。

◆ 在同一省份内的大中小城市和县城以及工矿区内进行选择。

同一城市、县城以及工矿区内的不同等级的土地的征收标准也不一样，纳税人也可以从企业实际发展需要的角度出发考虑不同等级的土地，以达到减少城镇土地使用税应纳税款的目的。

| 范例解析 |　城镇土地使用税的区域选择节税

甲公司计划在四川省成立，基于公司实际经营情况以及对城镇土地使用税纳税筹划的考虑，计划使用土地面积为 1 000 平方米，主要有以下选址方式。不同选址方式下年应缴纳城镇土地使用税是不同的。

1.选择大城市落户，城镇土地使用税征收标准为每年 10.00 元/平方米。

一年应缴纳的城镇土地使用税=1 000×10.00=10 000.00（元）

2.选择县城落户，有县城城镇土地使用税征收标准为每年 6.00 元/平方米和每年 3.00 元/平方米之分。

一年应缴纳的城镇土地使用税=1 000×6.00=6 000.00（元）

一年应缴纳的城镇土地使用税=1 000×3.00=3 000.00（元）

如果企业的生产经营活动对交通便利和经济水平等没有要求，则可以选择在县城落户，并选择适用较低的年税额标准。由此可见，企业可以利用城镇土地使用税的差别幅度税额这一特性进行纳税筹划，达到节税的目的。

6.4.2　从所拥有和占用的土地用途上节约城镇土地使用税

城镇土地使用税有一些免征项目，企业可以针对自身使用的土地适当改变其用途，使其符合免征条件，一样可以达到减少城镇土地使用税应纳税款的目的。

比如企业可以把原绿化地只对内专用改为对外共用，就可以享受免税的政策，企业在账务上核算土地价值时，明确区分不同用途的土地价值，以达到可以享受税收优惠的目的，节省税费支出。

企业在考虑土地用途时，要尽量考虑市政街道、广场、绿化地带等公共用地，直接用于农、林、牧、渔业的生产用地，能源、交通、水利设施用地等用途的税收优惠政策。相似的用途则尽量使其用途往这些方面靠拢，从而享受城镇土地使用税的优惠，以节省城镇土地使用税的支出。

　　法律规定，城镇土地使用税的计税依据是纳税人实际占用的土地面积，但在不同的情况下，计税的土地面积会有差异。因此，对于纳税人尚未核发土地使用证书的，可以根据纳税人自己申报的土地面积缴纳城镇土地使用税，虽然土地使用证书核发后需要对申报的占用土地面积作调整，但纳税人可以利用缴纳税款的时间差来获取纳税的时间价值，这是一种间接节省税收的方式。

第 7 章

不动产财产税：房产税

  房产税是财产税中的个别财产税，是对应税房屋征收的一种税。那么房产税是什么呢？该如何征收？如何申报房产税呢？本章我们将来认识这种不动产财产税：房产税。

| 7.1 |
房产税概述

什么是房产税？哪些是房产税的缴税对象？房产税的征收时间是怎么规定的？征收范围是什么？本节将一一揭晓。

7.1.1　何为房产税

房产税是以房屋为征税对象，按照房屋的计税余值或者租金收入为计税依据，向产权所有人、承典人、房产代管人或使用人征收的一种财产税。房产税具有如下的税收特点。

◆　房产税属于财产税中的个别财产税，其征收对象只是房屋。

◆　房产税的征收范围仅限于城镇的经营性房屋。

房产税的纳税时间会因为情形不同而不同，主要有表7-1所示的几点。

表7-1　房产税的不同纳税时间

情形	纳税时间
纳税人将原有房产用于生产经营	从生产经营之月起，缴纳房产税
纳税人自行新建房屋用于生产经营	从建成之次月起，缴纳房产税
纳税人委托施工企业建设的房屋	从办理验收手续之次月起，缴纳房产税
纳税人购置新建商品房	自房屋交付使用之次月起，缴纳房产税
纳税人购置存量房	自办理房屋权属转移、变更登记手续，房地产权属登记机关签发房屋权属证书之次月起，缴纳房产税
纳税人出租、出借房产	自交付出租、出借房产之次月起，缴纳房产税
房地产开发企业自用、出租、出借本企业建造的商品房	自房屋使用或交付之次月起，缴纳房产税

7.1.2　房产税的征收范围与方式

房产税的征税对象是房产。所谓房产，是指有屋面和围护结构，能够遮风避雨，可供人们在其中生产、学习、工作、娱乐、居住或储藏物资的场所，但独立于房屋的建筑物如围墙、暖房、水塔、烟囱和室外游泳池等不属于房产，而室内游泳池属于房产。

由于房地产开发企业开发的商品房在出售前，对房地产开发企业而言是一种产品，因此，对房地产开发企业建造的商品房，在售出前不征收房产税；但对售出前房地产开发企业已使用或出租、出借的商品房应按规定征收房产税。

房产税在城市、县城、建制镇和工矿区征收，由产权所有人缴纳，产权属于全民所有的，由经营管理的单位缴纳；产权出典的，由承典人缴纳；产权所有人、承典人不在房产所在地的，或者产权未确定及租典纠纷未解决的，由房产代管人或者使用人缴纳。因此，上述产权所有人、经营管理单位、承典人、房产代管人或者使用人，统称为房产税的纳税人。表 7-2 所示的是不同情形下的房产税纳税义务人。

表 7-2　不同情形下的房产税纳税人

情形	纳税人
产权属国家所有的	由经营管理单位纳税
产权属集体和个人所有的	由集体单位和个人纳税
产权出典的	由承典人纳税
产权所有人、承典人不在房屋所在地的	由房产代管人或者使用人纳税
产权未确定及租典纠纷未解决的	由房产代管人或者使用人纳税
纳税单位和个人无租使用房产管理部门、免税单位及纳税单位的房产	应由使用人代为缴纳房产税
产权属于集体所有制的	由实际使用人纳税

外商投资企业、外国企业、外籍个人、海外华侨和港澳台同胞所拥有的房产不征收房产税。

房产税实行按年计算、分期缴纳的征收方法,具体纳税期限由省、自治区、直辖市人民政府确定。

7.1.3 房产税税收优惠解读

国家对于房产税也有一些优惠政策,其中的免税政策主要有表 7-3 所示的一些。

表 7-3 房产税的部分免税政策

条目	政策内容
1	国家机关、人民团体、军队自用的房产免征房产税,但上述免税单位的出租房产不属于免税范围
2	由国家财政部门拨付事业经费的单位自用的房产免征房产税,但学校的工厂、商店和招待所等应照章纳税
3	宗教寺庙、公园、名胜古迹自用的房产免征房产税,但经营用的房产不免
4	个人所有非营业用的房产免征房产税,但个人拥有的营业用房或出租的房产,应照章纳税
5	对行使国家行政管理职能的中国人民银行总行所属分支机构自用的房地产,免征房产税
6	损坏不堪使用的房屋和危险房屋,经有关部门鉴定,在停止使用后,可免征房产税
7	纳税人因房屋大修导致连续停用半年以上的,在房屋大修期间免征房产税,免征税额由纳税人在申报缴纳房产税时自行计算扣除,并在申报表附表或备注栏中作相应说明
8	老年服务机构自用的房产免税
9	在基建工地为基建工地服务的各种工棚、材料棚、休息棚和办公室、食堂、茶炉房、汽车房等临时性房屋,在施工期间一律免征房产税,但工程结束后,施工企业将这种临时性房屋交还或估价转让给基建单位的,应从基建单位减收的次月起,照章纳税

续上表

条目	政策内容
10	为鼓励地下人防设施，对其暂不征收房产税
11	对高校后勤实体免征房产税
12	对非营利性的医疗机构、疾病控制机构和妇幼保健机构等卫生机构自用的房产，免征房产税
13	经财政部批准免税的其他房产，依法免征房产税

| 7.2 |
房产税的计算

房产税的计税依据是什么，其征收标准又是什么？如何计算房产税的税额？这些都需要税务会计掌握，本节就来学习房产税的计算。

7.2.1　房产税的计税依据

房产税的计税方式主要有两种，分别是从价计征和从租计征。从价计征是按照房产余值征税，它依照房产原值一次性减除 10% ~ 30% 后的余值计算缴纳。

其中，扣除比例由省、自治区、直辖市人民政府在税法规定的减除幅度内自行确定。这样规定，既有利于各地区根据本地情况，因地制宜地确定计税余值，又有利于平衡各地税收负担，简化计算手续，提高征管效率。

房产原值应包括与房屋不可分割的各种附属设备或一般不单独计算价值的配套设施，主要有暖气、卫生和通风等。纳税人对原有房屋进行改建、扩建的，要相应增加房屋的原值。

房产税从租计征按房产租金收入计税，以房产租金收入为房产税的计税依据。下面是一些特殊情形下的房产税计税依据的说明。

◆ 对投资联营的房产，在计征房产税时应予以区别对待，共担风险的，按房产余值作为计税依据，计征房产税。

◆ 租房并收取固定收入的，应由出租方按租金收入计缴房产税。

◆ 对于融资租赁房屋的情况，在计征房产税时应以房产余值计算征收，租赁期内房产税的纳税人由当地税务机关根据实际情况确定。

◆ 新建房屋交付使用时，如果中央空调设备已计算在房产原值中，则房产原值应包括中央空调设备；旧房安装空调设备的，一般都作单项固定资产入账，不应计入房产原值征缴房产税。

7.2.2　房产税征收标准与计算

房产税按照不同的计征方式，其缴纳的标准不一样，但都是按照比例税率计缴房产税。从价计征房产税的，其缴纳标准是年税率 1.2%；从租计征房产税的，缴纳标准为税率 12%。

对于从价计征房产税，是按房产的原值减除一定比例后的余值计征，其计算公式如下。

$$应纳税额=应税房产原值×（1-扣除比例）×1.2\%$$

而从租计征是按房产的租金收入计征，其计算公式如下。

$$应纳税额=租金收入×12\%$$

| 范例解析 |　**房产税的计算**

甲公司拥有价值500.00万元的房产，按照规定扣除20%的比例后缴纳房产税，计算甲公司一年应缴纳的房产税为多少？

应纳房产税税额=500.00×（1-20%）×1.2%=4.80（万元）

如果甲公司将拥有的价值500.00万元的房产对外出租，收取租金收入，每月租金收入10.00万元，计算甲公司一年应缴纳的房产税为多少？

应纳房产税税额=10.00×12×12%=14.40（万元）

| 7.3 |
房产税的入账及申报

房产税应如何进行会计处理，其申报需要注意些什么。本节对房产税的会计处理及申报事宜进行解读。

7.3.1 房产税会计科目设置

企业应该设置"应交税费"总账科目，并设置"应交房产税"明细科目对房产税进行明细核算。在计提房产税时编制会计分录如下。

借：税金及附加

贷：应交税费——应交房产税

实际缴纳税款时编制如下会计分录。

借：应交税费——应交房产税

贷：银行存款

| 范例解析 | 房产税的会计处理

甲公司有一栋办公大楼，原值200.00万元，按照税法规定扣除30%的比例后计缴房产税，甲公司按月进行计提，半年度进行税款缴纳。

月应纳房产税税额=200.00×（1−30%）×1.2%÷12=0.14（万元）

每月计提房产税时，编制如下会计分录。

借：税金及附加   1 400.00

贷：应交税费——应交房产税   1 400.00

半年缴纳税款时，编制如下会计分录。

借：应交税费——应交房产税　　　　　　　　　　　　8 400.00

　　贷：银行存款　　　　　　　　　　　　　　　　　　　　8 400.00

7.3.2　房产税的申报

房产税可通过办税服务厅和电子税务局办理纳税申报，首次申报或者税源信息发生变化时，要填制城镇土地使用税、房产税税源明细表。具体要填写城镇土地使用税、房产税税源明细表中的部分如图7-1所示。

图7-1　城镇土地使用税、房产税税源明细表（部分）

本表中关于房产税的各项数据的说明分别如表 7-4、表 7-5 所示。其中，表 7-4 是对从价计征房产税的税源明细填写说明，而表 7-5 是对从租计征房产税的税源明细填写说明。

表 7-4 从价计征房产税的税源明细填写说明

项目	填写说明
自动计算生成表格	系统根据本表数据自动计算生成城镇土地使用税、房产税纳税申报表及其附表城镇土地使用税、房产税减免税明细申报表
申报	首次进行纳税申报的纳税人，需要申报其全部房产的相关信息；此后办理纳税申报时，如果纳税人的房产及减免税等相关信息未发生变化的，可仅对上次申报信息进行确认；发生变化的，仅就变化的内容进行填写
遵循的原则	房产税税源明细申报遵循"谁纳税谁申报"的原则，只要承担房产税纳税义务，就应当如实申报房产明细信息
每一独立房产填写一张表	即同一不动产权证（房屋所有权证）有多幢（个）房产的，每幢（个）房产填写一张表。无不动产权证（房屋所有权证）的房产，每幢（个）房产填写一张表，纳税人不得将多幢房产合并成一条记录填写
填写的依据	对于本表中的数据项目，有不动产权证（房屋所有权证）的，依据证件记载的内容填写，没有不动产权证（房屋所有权证）的，依据实际情况填写
明确填写内容	纳税人有出租房产的，应先填写从价计征房产税税源明细，再填写从租计征房产税税源明细
纳税人类型	（必填）分为产权所有人、经营管理人、承典人、房屋代管人、房屋使用人、融资租赁承租人，必选一项，且只能选一项
所有权人纳税人识别号码	（统一社会信用代码）填写房屋所有权人的纳税人识别号码或统一社会信用代码
所有权人名称	填写房屋所有权人的名称或姓名
房产编号	由系统赋予编号，纳税人不必填写
房产名称	纳税人自行编写，以便于识别。如：1 号办公楼、第一车间厂房等
不动产权证号	纳税人有不动产权证（房屋所有权证）的，必填，填写不动产权证（房屋所有权证）载明的证件编号

续上表

项目	填写说明
不动产单元号	纳税人有不动产权证的，必填，填写不动产权证载明的不动产单元号
房屋坐落地址	（必填）填写详细地址，具体为：××省××市××县（区）××乡镇（街道）+详细地址，且应当与土地税源明细申报数据关联并一致。系统自动带出已填报的土地税源信息供选择，一栋房产仅可选择对应一条土地信息
房产所属主管税务所	（科、分局）系统自动带出，纳税人不必填写
房屋所在土地编号	系统自动带出，纳税人不必填写
房产用途	（必填）房产用途依据不动产权证（房屋所有权证）登记的用途填写，无证的，依据实际用途填写。分为工业、商业及办公、住房、其他，必选一项，且只能选一项。不同用途的房产应当分别填表
建筑面积	（必填）保留两位小数
出租房产面积	有出租情况的必填
房产原值	（必填）填写房产的全部房产原值。包括：分摊应计入房产原值的地价、与房产不可分割的设备设施的原值、房产中已出租部分的原值以及房产中减免税部分的原值
出租房产原值	房产有出租情况的必填
计税比例	系统自动带出，纳税人不必填写
房产取得时间	（必填）填写纳税人初次获得该房产的时间
变更类型	有变更情况的必选
变更时间	有变更情况的必填，填至月。变更类型选择纳税义务终止的，税款计算至当月末；变更类型选择信息项变更的，自变更当月起按新状态计算税款
减免性质代码	按照税务机关最新制发的减免税政策代码表中最细项减免性质代码填写。有减免税情况的必填，不同减免性质代码的房产应当分行填表。纳税人减免税情况发生变化时，应当进行变更

续上表

项目	填写说明
减免项目名称	按照税务机关最新制发的减免税政策代码表中最细项减免项目名称填写。有减免税情况的必填
减免起止时间	有减免税情况的必填。纳税人如有困难减免的情况，填写经税务机关核准的困难减免的起始月份和终止月份
减免税房产原值	依据政策确定的可以享受减免税政策的房产原值。政策明确按一定比例进行减免的，该项为经过比例换算确定的减免税房产原值。例如：供热企业用于居民供热的免税房产原值 = 房产原值 × 实际从居民取得的采暖费收入 ÷ 采暖费总收入
月减免税金额	填写本表所列房产本项减免税项目享受的月减免税金额

表 7-5　从租计征房产税的税源明细填写说明

项目	填写说明
自动计算生成表格	系统根据本表数据自动计算生成城镇土地使用税、房产税纳税申报表及其附表城镇土地使用税、房产税减免税明细申报表
每一独立房产填写一张表	即同一不动产权证（房屋所有权证）有多幢（个）房产的，每幢（个）房产填写一张表。无不动产权证（房屋所有权证）的房产，每幢（个）房产填写一张表。纳税人不得将多幢房产合并成一条记录填写
明确填写内容	纳税人有出租房产的，应先填写从价计征房产税税源明细，再填写从租计征房产税税源明细
房产编号	由系统赋予编号，纳税人不必填写
房产名称	纳税人自行编写，以便于识别。与从价计征房产税税源明细申报信息关联并一致
房产用途	（必填）分为工业、商业及办公、住房、其他，必选一项，且只能选一项。不同用途的房产应当分别填表
房屋坐落地址	（必填）填写详细地址，具体为：×× 省 ×× 市 ×× 县（区）×× 乡镇（街道）+ 详细地址，且应当与土地税源明细申报数据关联并一致
房产所属主管税务所	（科、分局）系统自动带出，纳税人不必填写

续上表

项目	填写说明
承租方纳税人识别号	（统一社会信用代码）填写纳税人识别号码或统一社会信用代码
出租面积	（必填）填写出租房产的面积
合同租金总收入	（必填）填写出租协议约定的出租房产的总收入
合同约定租赁期起	（必填）填写出租协议约定的收取租金等收入的租赁期起
合同约定租赁期止	（必填）填写出租协议约定的收取租金等收入的租赁期止
申报租金收入	（必填）填写本次申报的应税租金收入
申报租金所属租赁期起	（必填）填写申报租金收入的所属租赁期起
申报租金所属租赁期止	（必填）填写申报租金收入的所属租赁期止
减免性质代码	按照税务机关最新制发的减免税政策代码表中最细项减免性质代码填写。有减免税情况的必填。对于出租房产不适用12%法定税率的，应当填写相关的减免税内容
减免项目名称	按照税务机关最新制发的减免税政策代码表中最细项减免项目名称填写
享受减免税租金收入	填写本出租房产可以享受减免税政策的租金收入
减免税额	根据纳税人选择的减免性质代码自动计算

需要说明的是，无论是填写从价计征房产税的税源明细，还是填写从租计征房产税的税源明细，表格中带星号（★）的项目均不需要纳税人填写。

接下来，在填写城镇土地使用税、房产税纳税申报表时，需要填写的部分如图7-2所示。

城镇土地使用税 房产税纳税申报表

税款所属期：自　　年　　月　　日至　　年　　月　　日

金额单位：人民币元（列至角分）；　面积单位：平方米

纳税人识别号（统一社会信用代码）：□□□□□□□□□□□□□□□□□□

纳税人名称：

| 本期是否适用增值税小规模纳税人减征政策
（减免性质代码 08049901） | □是 □否 | 本期适用增值税小规模纳税人减征政策起始时间 | 年　月 | | |
| | | 本期适用增值税小规模纳税人减征政策终止时间 | 年　月 | | |

二、房产税

（一）从价计征房产表

序号	房产编号	房产原值	其中：出租房产原值	计税比例	税率	所属期起	所属期止	本期应纳税额	本期减免税额	本期增值税小规模纳税人减征额	本期已缴税额	本期应补（退）税额
1	*			*	*							
2	*			*	*							
3	*			*	*							
合计	*	*	*	*	*	*	*					

（二）从租计征房产表

序号	本期申报租金收入	税率	本期应纳税额	本期减免税额	本期增值税小规模纳税人减征额	本期已缴税额	本期应补（退）税额
1							
2							
3							
合计	*	*					

声明：此表是根据国家税收法律法规及相关规定填写的，本人（单位）对报表内容（及附带资料）的真实性、可靠性、完整性负责。

纳税人（签章）：　　　　年　月　日

图 7-2　城镇土地使用税、房产税纳税申报表（部分）

城镇土地使用税、房产税纳税申报表中关于房产税纳税申报的数据的填写说明如表 7-6 所示。

表 7-6　房产税纳税申报表的数据填写说明

项目	填写说明
税款所属期	默认为税款所属期的起始时间和终止时间
纳税人识别号	（统一社会信用代码）填写纳税人识别号码或统一社会信用代码
纳税人名称	填报营业执照、身份证件等证件载明的纳税人名称
本期是否适用增值税小规模纳税人减征政策	（减免性质代码：房产税 08049901）纳税人在税款所属期内有任意一个月份为增值税小规模纳税人的，勾选"是"；否则，勾选"否"
本期适用增值税小规模纳税人减征政策起始时间	如果税款所属期内纳税人一直为增值税小规模纳税人，填写税款所属期起始月份；如果税款所属期内纳税人由增值税一般纳税人转登记为增值税小规模纳税人，填写成为增值税小规模纳税人的月份。如税款所属期为 2019 年 1 月～ 6 月，按月申报增值税的某企业在 2019 年 2 月 11 日前为增值税一般纳税人，2 月 11 日转登记为增值税小规模纳税人，该企业本期适用增值税小规模纳税人减征政策起始日期为 2019 年 3 月，应在本栏填写"2019 年 3 月"。如果小规模纳税人状态没有发生变化，系统默认起始时间为税款所属期起始月份，纳税人可以修改
本期适用增值税小规模纳税人减征政策终止时间	如果税款所属期内纳税人一直为增值税小规模纳税人，填写税款所属期终止月份；如果税款所属期内纳税人由增值税小规模纳税人登记为增值税一般纳税人，填写增值税一般纳税人生效之日上月；经税务机关通知，逾期仍不办理增值税一般纳税人登记的，自逾期次月起不再适用减征优惠，填写逾期当月所在的月份。如税款所属期为 2019 年 1 月～ 6 月，某企业在 2019 年 5 月 1 日前为增值税小规模纳税人，5 月 1 日为一般纳税人的生效之日，该企业适用增值税小规模纳税人减征优惠终止日期为 2019 年 4 月，应在本栏填写"2019 年 4 月"。如果小规模纳税人状态没有发生变化，系统默认终止时间为税款所属期终止月份，纳税人可修改
减征比例（%）	系统自动带出，纳税人不必填写
土地、房产编号	由系统赋予编号，纳税人不必填写
房产原值	本项为城镇土地使用税、房产税税源明细表中"从价计征房产税明细"中"房产原值"的值

续上表

项目	填写说明
出租房产原值	本项为城镇土地使用税、房产税税源明细表中"从价计征房产税明细"中"出租房产原值"的值
计税比例	系统自动带出，纳税人不必填写
税率	系统自动带出，纳税人不必填写
房产税所属期起	税款所属期内税款所属的起始月份。起始月份不同的房产应当分行填写。默认为税款所属期的起始月份。但是，当城镇土地使用税、房产税税源明细表中"从价计征房产税明细"中房产取得时间晚于税款所属期起始月份的，所属期起为"取得时间"的次月；城镇土地使用税、房产税税源明细表中"从价计征房产税明细"中减免的起始月份晚于税款所属期起始月份的，所属期起为"减免的起始月份"；城镇土地使用税、房产税税源明细表中"从价计征房产税明细"中变更类型选择信息项变更，且变更时间晚于税款所属期起始月份的，所属期起为"变更时间"
房产税所属期止	税款所属期内税款所属的终止月份。终止月份不同的房产应当分行填写。默认为税款所属期的终止月份。但是，当城镇土地使用税、房产税税源明细表中"从价计征房产税明细"中变更类型选择纳税义务终止，且变更时间早于税款所属期终止月份的，所属期止为"变更时间"；城镇土地使用税、房产税税源明细表中"从价计征房产税明细"中"减免的终止月份"早于税款所属期终止月份的，所属期止为"减免的终止月份"
本期应纳税额	1. 从价计征 本期应纳税额 = Σ城镇土地使用税、房产税税源明细表中"从价计征房产税明细"中（房产原值 – 出租房产原值）× 计税比例 × 税率 ÷12×（所属期止月份 – 所属期起月份 +1） 2. 从租计征 本期应纳税额 = Σ城镇土地使用税、房产税税源明细表中"从租计征房产税明细"中本期应税租金收入 × 适用税率
本期减免税额	1. 从价计征 本期减免税额 = Σ城镇土地使用税、房产税税源明细表中"从价计征房产税明细"中月减免税额 ×（所属期止月份 – 所属期起月份 +1） 2. 从租计征 本期减免税额 = Σ城镇土地使用税、房产税税源明细表中"从租计征房产税明细"中月减免税额 ×（所属期止月份 – 所属期起月份 +1）

续上表

项目	填写说明
本期应补（退）税额	无论是从价计征还是从租计征，均按照如下计算公式核算。 本期应补（退）税额＝本期应纳税额－本期减免税额－本期增值税小规模纳税人减征额－本期已缴税额

填写城镇土地使用税、房产税减免税明细申报表时，需要填写的部分如图 7-3 所示。

城镇土地使用税 房产税减免税明细申报表

税款所属期：自　年　月　日至　年　月　日

纳税人识别号（统一社会信用代码）：□□□□□□□□□□□□□□□□□□

纳税人名称：　　　　　　　　　　　　　　金额单位：人民币元（列至角分）；面积单位：平方米

二、房产税减免信息

（一）从价计征房产税减免信息

序号	房产编号	所属期起	所属期止	减免税房产原值	计税比例	税率	减免性质代码	减免项目名称	本期减免税额
1	*								
2	*								
3	*								
合计		*	*	*		*	*	*	

（二）从租计征房产税减免信息

序号	房产编号	本期享受减免税租金收入	税率	减免性质代码	减免项目名称	本期减免税额
1	*					
2	*					
3	*					
合计			*	*	*	

图 7-3　城镇土地使用税、房产税减免税明细申报表（部分）

以上就是房产税的各个申报表的主要解读说明。

| 7.4 |
房产税节税妙招

我国对很多税种都制定了税收优惠政策，房产税也不例外。那么对于房产税的纳税人而言，又有哪些办法可以帮助其减少税款的缴纳呢？

7.4.1　从房产税征收方式节约房产税

房产税有从价计征和从租计征两种方式，因为这两种方式计征的比例和计税依据不同，所以为企业筹划房产税提供了可能。

企业可以根据实际情况选择计征的方式，以达到节省房产税的目的。

| 范例解析 |　房产税不同征收方式节税

甲公司拟考虑将自用的两间仓库用于存放公司的产品或者对外出租，已知两间仓库的原值共200.00万元，如果用于对外出租，可以获得房产年租金18.00万元，已知当地税务机关规定的从价计征扣除比例为30%，计算两种方式的房产税应纳税额。

如果甲公司自用仓库，则适用于从价计征房产税：

自用仓储应纳房产税=房产原值×（1−30%）×1.2%=200.00×0.84%=1.68（万元）

选择出租仓库，则适用于从租计征房产税：

出租应纳房产税=出租房产租金×12%=18.00×12%=2.16（万元）

出租方式比自用多缴纳房产税0.48万元（2.16−1.68）。

7.4.2　降低房产原值与租金收入节税

对企业而言，若将除厂房、办公用房以外的建筑物建成露天的，并独立核算其造价，则不计入房产原值，会相应减少房产税支出。

| 范例解析 |　降低房产原值方式节税

甲公司位于某市市区，企业除厂房、办公用房外，还包括厂区围墙、烟囱、水塔、游泳池和停车场等，总计的造价为5 000.00万元。除了厂房、办公用房外的建筑物的造价为1 000.00万元，假设其房产税的扣除比例为30%。

如果将所有建筑物都作为房产原值，则应缴纳的房产税为：5 000.00×（1-30%）×1.2%=42.00（万元）。

如果将围墙、游泳池和停车场等建成露天的，并单独核算，则应缴纳的房产税为：（5 000.00−1 000.00）×（1-30%）×1.2%=33.60（万元）

对比两种处理方式，第二种方式可比第一种方式少缴纳房产税8.40万元（42.00−33.60）。

房产税从租计征时，对于出租方的代收项目，比如物业管理费等，应当与房屋的实际租金收入区分开来，分开签订合同，从而降低房产税的缴纳。

| 范例解析 | 降低房产租金方式节税

甲公司拥有一栋写字楼，配套设施齐全，对外出租后全年收取租金共300.00万元，其中包含代收的物业管理费30.00万元，水电费50.00万元。

如果甲公司与承租方签订租赁合同时，租金为300.00万元，则应缴纳的房产税为：300.00×12%=36.00（万元）。

但如果其物业管理费由承租方与物业公司签订合同，水电费按照实际耗用数量与价格结算，甲公司代收代缴，则应缴纳房产税为：（300.00−30.00−50.00）×12%=26.40（万元），可比第一种情况少缴纳房产税9.60万元（36.00−26.40）。

第 **8** 章

纳税人行为税：印花税

纳税人的一些经济行为需要缴税吗？答案是纳税人的一些经济行为确实需要缴税，那就是印花税。作为一个小税种，印花税在纳税人的经济活动中扮演怎样的角色呢？我们哪些经济行为需要缴纳印花税呢？通过本章的学习，即可明了这些疑问。

| 8.1 |
印花税的简单叙述

印花税是什么？在哪些情形下需要缴纳印花税？我们不禁会在脑海中询问自己。本节我们就来认识一下印花税。

8.1.1 印花税的课税对象和纳税人

印花税是对经济活动和经济交往中订立、领受具有法律效力的凭证的行为所征收的一种税收，它是一种行为税。

定义中所说的经济活动和经济交往中订立、领受具有法律效力的凭证就是印花税的课税对象，依据《中华人民共和国印花税暂行条例》的规定，主要包括以下几大类凭证。

- ◆ 经济合同。
- ◆ 产权转移书据。
- ◆ 营业账簿。
- ◆ 权利许可证照。
- ◆ 经财政部确定征税的其他凭证。

而印花税的纳税人包括在中国境内设立、领受规定的经济凭证的企业、行政单位、事业单位、军事单位、社会团体、其他单位、个体工商户和其他个人，具体分为立合同人、立据人、立账簿人、领受人和使用人。

8.1.2 印花税的征收范围

印花税的征收范围主要包括经济合同、产权转移书据、营业账簿和权利许可证照等，具体征税范围如下。

（1）经济合同

在印花税的征收范围中，经济合同包括：购销合同、加工承揽合同、建设工程勘察设计合同、建筑安装工程承包合同、财产租赁合同、货物运输合同、仓储保管合同、借款合同、财产保险合同、技术合同或具有合同性质的凭证。

（2）产权转移书据

产权转移即财产权利关系的变更行为，表现为产权主体发生变更。产权转移书据是在产权的买卖、交换、继承、赠与和分割等产权主体变更过程中，产权出让人与受让人之间订立的民事法律文书。

我国印花税税目中的产权转移书据包括财产所有权、版权、商标专用权、专利权和专有技术使用权共五项权利的产权转移书据。其中，财产所有权转移书据是指经政府管理机关登记注册的不动产、动产所有权转移所书立的书据，包括股份制企业向社会公开发行的股票和因购买、继承、赠与等所书立的产权转移书据。其他四项则属于无形资产的产权转移书据。

另外，土地使用权出让合同、土地使用权转让合同和商品房销售合同也按照产权转移书据征收印花税。

（3）营业账簿

营业账簿主要是指单位或者个人记载生产经营活动的财务会计核算数据的账簿，主要为资金账簿和其他账簿。但自 2018 年 5 月 1 日起，对按照 0.5‰税率贴花的资金账簿减半征收印花税，且对按件贴花 5 元／件的其他账簿免征印花税。

（4）权利许可证照

权利许可证照是指政府部门签发的证明权利许可的文件，包括不动产权证、土地使用权证、工商营业执照、商标注册证和专利证等。

8.1.3 印花税的特点

印花税是纳税人的行为税，它区别于其他税费的主要特点是征税范围广但税率低，企业税负较轻，相关说明如表 8-1 所示。

表 8-1 印花税的特点

特点	简述
兼有凭证税和行为税性质	印花税是对单位和个人书立、领受应税凭证的行为征收的一种税，具有凭证税性质。另一方面，任何一种应税经济凭证反映的都是某种特定的经济行为，因此，对凭证征税实质上是对经济行为课税
征税范围广泛	印花税的征税对象包括了经济活动和经济交往中的各种应税凭证，凡书立和领受这些凭证的单位和个人都要缴纳印花税，其征税范围是极其广泛的。随着市场经济的发展和经济法制的逐步健全，依法书立经济凭证的现象将会愈来愈普遍，因此，印花税的征收面将更加广阔
税率低、负税较轻	印花税与其他税种相比，税率低得多，其税负较轻，具有广集资金、积少成多的财政效应
由纳税人自行完成纳税义务	纳税人通过自行计算、汇总缴纳税款的方法完成纳税义务，并在印花税票和凭证的骑缝处自行盖戳注销或划销，这也表明印花税与其他税种的缴纳方法存在较大区别

| 8.2 |
印花税的计算与申报

在对印花税的基础知识有一个大概的了解之后，就需要知道印花税如何计算，以及我们应该如何申报印花税。

8.2.1 印花税的税率解读

印花税的税率有"比例税率"和"定额税率"两种，"比例税率"主要针对的是经济合同、产权转移书据和营业账簿中记载资金的账簿，而"定额税率"主要针对的是权利许可证照。印花税的主要税率如表 8-2 所示。

表 8-2 印花税的税率

税目	范围	税率	纳税人	说明
购销合同	包括供应、预购、采购、购销结合及协作、调剂等合同	按购销金额 0.3‰贴花	立合同人	—
加工承揽合同	包括加工、定做、修缮、修理、印刷、广告、测绘、测试等合同	按加工或承揽收入 0.5‰贴花		—
建设工程勘察设计合同	包括勘察、设计合同	按收取费用 0.5‰贴花		—
建筑安装工程承包合同	包括建筑、安装工程承包合同	按承包金额 0.3‰贴花		—
财产租赁合同	包括租赁房屋、船舶、飞机、机动车辆、机械、器具以及设备等合同	按租赁金额 1‰贴花。税额不足 1 元，按 1 元贴花		—
货物运输合同	包括民用航空、铁路运输、海上运输、联运等合同	按运输费用 0.5‰贴花		单据作为合同使用的，按合同贴花
仓储保管合同	包括仓储合同、保管合同	按仓储费或保管费用 1‰贴花		仓单或栈单作为合同使用的，按合同贴花
借款合同	银行及其他金融组织和借款人签订的合同	按借款金额 0.05‰贴花		单据作为合同使用的，按合同贴花
财产保险合同	包括财产、责任、保证、信用等保险合同	按保险费收入 1‰贴花		单据作为合同使用的，按合同贴花

续上表

税目	范围	税率	纳税人	说明
技术合同	包括技术开发、转让、咨询、服务等合同	按所载金额 0.3‰ 贴花	立合同人	—
产权转移书据	包括财产所有权、版权、商标专用权、专利权、专有技术使用权、土地使用权等出让合同以及商品房销售合同等	按所载金额 0.5‰ 贴花	立据人	—
营业账簿	对记载资金的营业账簿征收印花税，对其他营业账簿不征收印花税	按实收资本（股本）、资本公积合计金额的 0.5‰贴花	立账簿人	在规定时间内减半征收，即0.25‰
权利许可证照	包括政府部门发放的不动产权证书、营业执照、商标注册证、专利证书等	5 元 / 件	领受人	—

8.2.2　印花税的计算

印花税在两种税率方式下，其应纳税额的计算不一样。对于按"比例税率"征收印花税的，其计算公式如下。

应纳税额=应纳税凭证记载的金额（费用、收入额）×适用税率

而按"定额税率"征收印花税的，其计算公式如下。

应纳税额=应纳税凭证的件数×适用税额标准

企业需要缴纳的印花税无需预计应交数，所以不通过"应交税费"科目核算，而是直接在发生时用银行存款缴纳税款即可，并编制如下会计分录。

借：税金及附加

贷：银行存款

│ 范例解析 │　印花税的计算及记账处理

甲公司与某银行签订一份借款合同，借款金额为500.00万元，计算甲公司应缴纳印花税税额为多少，并写出其印花税相关会计分录。

应纳印花税税额=应纳税凭证记载的金额×适用税率=5 000 000.00×0.05‰=250.00（元）

借：税金及附加　　　　　　　　　　　　　　　　　　250.00

贷：银行存款　　　　　　　　　　　　　　　　　　250.00

8.2.3　印花税的申报方式

同一应税凭证，因载有两个或者两个以上经济事项的会适用不同税目税率，如分别记载金额的，应分别计算印花税应纳税额，相加后按合计税额贴花；如未分别记载金额的，按税率高的计税贴花。同一凭证由两方或者两方以上当事人签订并各执一份的，应当由各方就所执的一份凭证各自全额贴花。

按金额比例贴花的应税凭证，未标明金额的，应按照凭证所载数量及国家牌价计算金额；没有国家牌价的，按市场价格计算金额，然后按规定税率计算印花税应纳税额。

同一种类的应纳税凭证需频繁贴花的，纳税人应向当地税务机关申请按期汇总缴纳印花税，税务机关应对核准汇总缴纳印花税的单位发给汇缴许可证。汇总缴纳的限期、限额由当地税务机关确定，但最长期限不得超过一个月，采用按期汇总缴纳方式的纳税人应事先告知主管税务机关。缴纳方式一经选定，一年内不得改变。

印花税的申报可通过办税服务厅和电子税务局办理，该税主要有按月、按季、按半年、按年以及按次等申报方式。如果在电子税务局办理，主要申报操作如下（以四川省为例）。

进入国家税务总局四川省电子税务局，单击"我要办税"按钮，在打开的对话框中选择登录方式，填写登录信息，单击"登录"按钮，进入电子税务局，如图8-1所示。

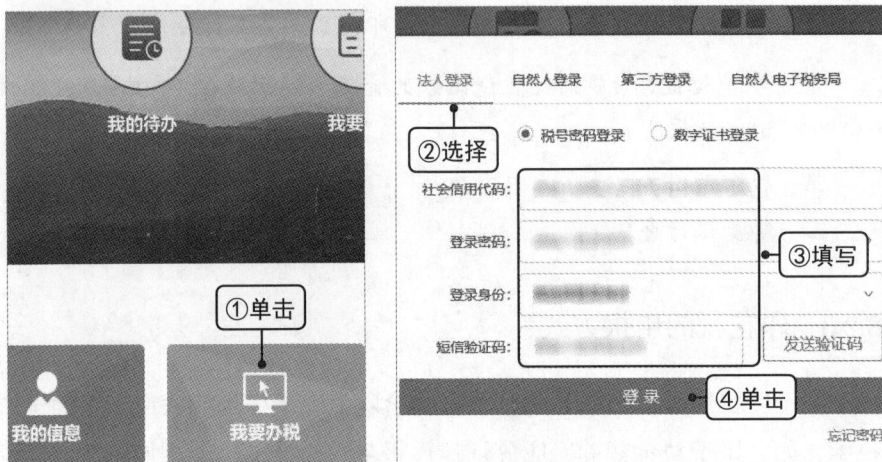

图 8-1　登录电子税务局官网

登录进入电子税务局后，单击页面中的"我要办税"导航按钮，在切换的面板中单击"税费申报及缴纳"按钮，如图8-2所示。

图 8-2　单击"税费申报及缴纳"按钮

进入"税费申报及缴纳"页面后，在左边任务窗格单击"其他申报"超链接展开"其他申报"界面，在右侧展开的界面中单击"印花税申报"超链接，如图8-3所示。

图 8-3 单击"印花税申报"超链接

在打开的申报表填写页面，首先选择申报方式，主要是按月申报、按季申报、按半年申报、按年申报和按次申报，如图 8-4 所示；纳税人信息是由其在税务机关登记的信息系统自动填写，纳税人需要填制本期申报的内容，计算应纳税额，填写完相关信息后，单击页面下方的"申报"按钮即可。

图 8-4 填写印花税纳税申报表并申报

8.2.4　印花税申报表诠释

在中华人民共和国境内书立、领受印花税应税凭证的单位和个人需填报印花税纳税申报（报告）表，按规定向主管税务机关办理印花税申报。其申报表如图8-5所示。

印花税纳税申报（报告）表

税款所属期限：自　年　月　日至　年　月　日　　　　填表日期：　年　月　日　　　　　金额单位：元至角分

纳税人识别号

纳税人信息	名称				□单位　　□个人		
	登记注册类型			所属行业			
	身份证件类型			身份证件号码			
	联系方式						

应税凭证	计税金额或件数	核定征收		适用税率	本期应纳税额	本期已缴税额	本期减免税额		本期应补（退）税额
		核定依据	核定比例				减免性质代码	减免额	
	1	2	3	4	5=1×4+2×3×4	6	7	8	9=5-6-8
购销合同				0.3‰					
加工承揽合同				0.5‰					
建设工程勘察设计合同				0.5‰					
建筑安装工程承包合同				0.3‰					
财产租赁合同				1‰					
货物运输合同				0.5‰					
仓储保管合同				1‰					
借款合同				0.05‰					
财产保险合同				1‰					
技术合同				0.3‰					
产权转移书据				0.5‰					
营业账簿（记载资金的账簿）		——		0.5‰					
营业账簿（其他账簿）		——		5					
权利、许可证照		——		5					
合计	——	——		——					

以下由纳税人填写：

纳税人声明	此纳税申报表是根据《中华人民共和国印花税暂行条例》和国家有关税收规定填报的，是真实的、可靠的、完整的。		
纳税人签章		代理人签章	代理人身份证号

以下由税务机关填写：

受理人		受理日期	年　月　日	受理税务机关签章	

图 8-5　印花税纳税申报表

印花税纳税申报（报告）表各项数据的说明如表8-3所示。

表8-3 印花税纳税申报表的数据说明

数据	说明
纳税人识别号（统一社会信用代码）	填报税务机关核发的纳税人识别号或有关部门核发的统一社会信用代码。"纳税人名称"填报营业执照等证件载明的纳税人名称
本期是否适用增值税小规模纳税人减征政策	（减免税代码：09049901）纳税人自增值税一般纳税人按规定转登记为小规模纳税人的，自成为小规模纳税人的当月起适用减征优惠。增值税小规模纳税人按规定登记为一般纳税人的，自一般纳税人生效之日起不再适用减征优惠；增值税年应税销售额超过小规模纳税人标准应当登记为一般纳税人而未登记，经税务机关通知，逾期仍不办理登记的，自逾期次月起不再适用减征优惠。纳税人本期适用增值税小规模纳税人减征政策的，勾选"是"；否则，勾选"否"
减征比例（%）	当地省级政府根据财税〔2019〕13号文件确定的减征比例，系统自动带出
第1栏"计税金额或件数"	填写合同、产权转移书据、营业账簿的金额，或权利、许可证照的件数
第2栏"核定依据"	填写核定征收的计税依据
第3栏"核定比例"	填写核定征收的核定比例
第5栏"本期应纳税额"	反映本期按适用税率计算缴纳的印花税应纳税额。计算公式为：$5=1\times4+2\times3\times4$
第6栏"本期已缴税额"	填写本期应纳税额中已经缴纳的部分
第7栏"减免性质代码"	该项按照国家税务总局制定下发的最新《减免税政策代码目录》中的最细项减免性质代码填写。有减免税情况的必填
第8栏"减免税额"	反映本期减免的税额
第9栏"本期增值税小规模纳税人减征额"	反映符合条件的小规模纳税人减征的税额。计算公式为：$9=(5-8)\times$减征比例
第10栏"本期应补（退）税额"	计算公式为：$10=5-6-8-9$

注意，印花税纳税申报表一式两份，一份由纳税人留存，一份由税务机关留存。

8.2.5 印花税的免税范围

印花税也有一些免税的范围，对于一些凭证可以免征印花税；同时也有可以暂免征税的范围。

表8-4所示的凭证可以免征印花税。

表8-4 免征印花税的凭证

条目	凭证说明
1	已经缴纳印花税的凭证的副本、抄本，但是视同正本使用的除外
2	财产所有人将财产赠给政府、抚养孤老伤残人员的社会福利单位以及学校所立的书据
3	国家指定的收购部门与村民委员会、农民个人书立的农副产品收购合同
4	无息、贴息贷款合同
5	外国政府、国际金融组织向中国政府、国家金融机构提供优惠贷款所书立的合同
6	企业因改制而签订的产权转移书据
7	农民专业合作社与本社成员签订的农业产品和农业生产资料购销合同
8	个人出租、承租住房签订的租赁合同，廉租住房、经济适用住房经营管理单位书立的与廉租住房、经济适用住房有关的凭证，廉租住房承租人、经济适用住房购买人领受的与廉租住房、经济适用住房有关的凭证

表8-5所示的是可暂免征收印花税的项目。

表8-5 暂免征收印花税的项目

条目	项目说明
1	农林作物、牧业畜类保险合同
2	书、报、刊发行单位之间，发行单位与订阅单位、个人之间书立的凭证
3	投资者买卖证券投资基金单位

条目	项目说明
4	经国务院和省级人民政府决定或者批准进行政企脱钩、对企业（集团）进行改组和改变管理体制、变更企业隶属关系，国有企业改制、盘活国有企业资产，发生的国有股权无偿转让划转行为
5	个人销售、购买住房签订的合同或凭证

8.2.6　印花税的税收优惠

印花税虽然是一个小税种，但为了鼓励企业发展，也有一些税收优惠政策向企业倾斜，以减少企业税负，促进企业的发展。本节对一些印花税的税收优惠政策进行举例。

1. 财税〔2018〕41 号《财政部 税务总局关于保险保障基金有关税收政策问题的通知》中规定，对保险保障基金公司新设立的资金账簿免征印花税。

2. 财税〔2019〕14 号《财政部 税务总局关于高校学生公寓房产税 印花税政策的通知》中规定，对与高校学生签订的高校学生公寓租赁合同，免征印花税。

3. 财税〔2019〕16 号《财政部 税务总局 中央宣传部关于继续实施文化体制改革中经营性文化事业单位转制为企业若干税收政策的通知》中规定，对经营性文化事业单位转制中资产评估增值、资产转让或划转涉及的企业所得税、增值税、城市维护建设税、契税、印花税等，符合现行规定的享受相应税收优惠政策。

4. 财税〔2018〕50 号《财政部 税务总局关于对营业账簿减免印花税的通知》中规定，自 2018 年 5 月 1 日起，对按万分之五税率贴花的资金账簿减半征收印花税，对按件贴花五元的其他账簿免征印花税。

| 8.3 |
印花税节税妙招

对于纳税人而言，不仅可以充分利用印花税税收优惠政策节税，还可以有一些特殊且合法的办法减少印花税的缴纳，那么哪些办法可以帮助纳税人减少印花税的缴纳呢？

8.3.1　从合同签订方面来节税

按照印花税的相关规定，纳税人需依据合同所载金额确定印花税金额的计税依据。如果合同中所载金额和增值税分开注明的，按不含增值税的合同金额确定计税依据；未分开注明的，以合同所载的含税金额为计税依据。

因此，我们在签合同时应把合同中所载金额和增值税分开注明，以便于以不含增值税的合同金额作为印花税的计税依据，减少印花税的缴纳。

| 范例解析 |　合同注明金额节税

甲公司与乙签订一份材料购销合同，合同含税金额为500.00万元，甲公司适用增值税税率为13%，购销合同适用印花税税率0.3‰。

如果甲公司合同中的所载金额为含税金额500.00万元，那么：

应缴纳印花税=5 000 000.00×0.3‰=1 500.00（元）

如果甲公司合同中的所载金额与增值税税额分开注明，共计500.00万元，那么：

应缴纳印花税=5 000 000.00÷（1+13%）×0.3‰=1 327.43（元）

第二种合同金额注明方式可少缴纳印花税172.57元（1 500.00−1 327.43）。

按照印花税的相关规定，同一凭证载有两个或两个以上经济事项而适用不同税目税率的，应分别记载金额，按各自的税率分别计算印花税；未分别记载金额的，按税率高的计税。

由此可见，企业在签订合同时应尽量分别记载适用不同税率的经济事项，以免从高适用税率。

例如，由受托方提供原材料的加工、定做合同，凡在合同中分别记载加工费金额与原材料金额的，应分别按"加工承揽合同"（0.5‰）和"购销合同"（0.3‰）计税；如果未分别记载金额，应按全部金额，依照"加工承揽合同"（0.5‰）计税贴花。

又如，提供运输服务的同时提供仓储保管业务，货物运输合同的印花税税率是 0.5‰，仓储保管合同的印花税税率是 1‰，如果未分别记载金额，应按全部金额，从高（1‰）适用税率。因此签订合同时区分不同经济事项的金额，可有效帮助企业节省印花税的支出。

8.3.2　从减少流转环节节约印花税

我们知道商品在流转环节只要涉及应税凭证的书立、领受，都需要缴纳印花税。作为纳税人，如果减少其中的流转环节，可以帮助减少印花税的缴纳。下面来看一个具体的案例。

| 范例解析 |　减少应税凭证书立、领受手续节税

甲公司将一笔价款5 000.00万元的工程承包给乙公司，乙公司将其中2 000.00万元工程分包给丙公司，1 000.00万元工程分包给丁公司，则各公司应纳印花税税额计算如下。

甲公司应纳税额=5 000.00×0.3‰=1.50（万元）

乙公司应纳税额=5 000.00×0.3‰+2 000.00×0.3‰+1 000.00×0.3‰=2.40（万元）

丙公司应纳税额=2 000.00×0.3‰=0.60（万元）

丁公司应纳税额=1 000.00×0.3‰=0.30（万元）

但如果乙公司与甲公司协商，让甲公司与丙公司、丁公司分别签订2 000.00万元和1 000.00万元的合同，剩余2 000.00万元合同由甲公司与乙公司签订，这样甲、丙、丁应纳税额不变，而乙公司应纳税额为：2 000.00×0.3‰=0.60（万元），比原来节省税额1.80万元（2.40-0.60）。

所以，减少流转环节可以减少应税凭证的书立、领受手续，从而避免重复缴纳印花税，因为在货物或劳务的流转环节中，每一次订立合同均需缴纳一次印花税，如果事先能够确定下一个流转环节，就可以规避重复征税，相应地可以节省印花税支出。

第 9 章

房屋土地的税：土地增值税和契税

关于房屋土地的征税情况，除了有城镇土地使用税和房产税，还有什么税种呢？这就是我们本章要提及的土地增值税和契税。

| 9.1 |
土地增值税和契税概述

土地增值税是什么？契税又是什么？什么时候需要缴纳土地增值税和契税？这些问题都与土地和房屋的使用有关，很多人非常关注。本节我们就来认识一下土地增值税和契税。

9.1.1 了解土地增值税及其征收对象

土地增值税是指转让国有土地使用权、地上的建筑物及其附着物并取得收入的单位和个人，以转让所取得的收入（包括货币收入、实物收入和其他收入）减去法定扣除项目金额后的增值额为计税依据向国家缴纳税款的一种税赋，不包括以继承、赠予方式无偿转让房地产的行为。

土地增值税的征税对象是有偿转让国有土地使用权及地上建筑物和其他附着物产权所取得的增值额。在确定增值额时，关键是要计算增值额的扣除项目，具体扣除项目如下。

（1）取得土地使用权所支付的金额

所支付的金额是指纳税人为取得土地使用权所支付的地价款和按国家统一规定交纳的有关费用。

（2）开发土地和新建房及配套设施（简称房地产开发）的成本

开发土地和新建房及配套设施的成本是指纳税人开发房地产项目实际发生的成本（以下简称房地产开发成本），包括土地征用及拆迁补偿费、前期工程费、建筑安装工程费、基础设施费、公共配套设施费和开发间接费用。具体说明如表 9-1 所示。

表 9-1　房地产开发成本包括的项目

项目	具体说明
土地征用及拆迁补偿费	包括土地征用费、耕地占用税、劳动力安置费及有关地上、地下附着物拆迁补偿的净支出、安置动迁用房支出等
前期工程费	包括规划、设计、项目可行性研究和水文、地质、测绘、"三通一平"等支出
建筑安装工程费	是指以出包方式支付给承包单位的建筑安装工程费和以自营方式发生的建筑安装工程费
基础设施费	包括开发小区内道路、供水、供电、供气、排污、排洪、通讯、照明、环卫、绿化等工程发生的支出
公共配套设施费	包括不能有偿转让的开发小区内公共配套设施发生的支出
开发间接费用	是指直接组织、管理开发项目发生的费用，包括工资、职工福利费、折旧费、修理费、办公费、水电费、劳动保护费和周转房摊销等

（3）开发土地和新建房及配套设施的费用

开发土地和新建房及配套设施的费用简称房地产开发费用，是指与房地产开发项目有关的销售费用、管理费用和财务费用。其中，相关政策对财务费用的扣除进行了详细的说明。

◆　财务费用中的利息支出，凡是能够按转让房地产项目计算分摊并提供金融机构证明的，允许据实扣除，但最高不能超过按商业银行同类同期贷款利率计算的金额。其他房地产开发费用，按规定取得土地使用权所支付的金额与房地产开发成本之和的 5% 以内计算扣除。

◆　财务费用中的利息支出，凡是不能按转让房地产项目计算分摊利息支出或者不能提供金融机构证明的，房地产开发费用按规定取得土地使用权所支付的金额与房地产开发成本之和的 10% 以内计算扣除。

（4）与转让房地产有关的税金

这类税金是指在转让房地产时缴纳的城市维护建设税、印花税；因转让房地产缴纳的教育费附加，也可视同与转让房地产有关的税金予以扣除。

（5）财政部确定的其他扣除项目

对于从事房地产开发的纳税人，可按取得土地使用权所支付的金额与房地产开发成本之和加计 20% 扣除。

知识延伸 | 旧房及建筑物的扣除金额

一般来说，旧房及建筑物的扣除金额通常按评估价格扣除。而旧房及建筑物的评估价格是指在转让已使用的房屋及建筑物时，由政府批准设立的房地产评估机构评定的重置成本价乘以成新度折扣率后的价格。评估价格须经当地税务机关确认。对于不能取得评估价格的旧房及建筑物，按购房发票金额，根据相关扣除标准计算扣除金额。

土地增值税具有表 9-2 所示的一些特点。

表 9-2　土地增值税的特点

特点	说明
以转让房地产的增值额为计税依据	土地增值税的增值额是指征税对象的全部销售收入额扣除与其相关的成本、费用、税金及其他项目金额后的余额，与增值税的增值额有所不同
征税面比较广	凡在我国境内转让房地产并取得收入的单位和个人，除税法规定免税的外，均应依照土地增值税条例的规定缴纳土地增值税。换言之，凡发生应税行为的单位和个人，不论其经济性质，也不分内、外资企业或中、外籍人员，无论专营或兼营房地产业务，均有缴纳土地增值税的义务
实行超率累进税率	土地增值税的税率是以转让房地产增值率的高低为依据来确认，按照累进原则设计，实行分级计税，增值率高的，税率高，多纳税；增值率低的，税率低，少纳税

续上表

特点	说明
实行按次征收	土地增值税在房地产发生转让的环节实行按次征收，每发生一次转让行为，就应根据每次取得的增值额征一次税

9.1.2 了解契税及其征收对象

契税是指不动产（土地、房屋）产权发生转移变动时，就当事人所订契约按产权价格的一定比例向新业主（产权承受人）征收的一次性税收。

契税是指对契约征收的税，属于财产转移税，由财产承受人缴纳。在中华人民共和国境内转移土地、房屋权属，承受的单位和个人为契税的纳税人，应当缴纳契税。转移土地、房屋权属具体是指下列行为。

◆ **国有土地使用权出让**：是指土地使用者向国家交付土地使用权出让费用，国家将国有土地使用权在一定的年限内让与土地使用者的行为，由承受方缴纳契税。

◆ **土地使用权转让**：是指土地使用者以出售、赠与、交换或者其他方式将土地使用权转移给其他单位和个人的行为，但不包括农村集体土地承包经营权的转移。

◆ **房屋买卖**：以货币为交易媒介，出卖者向购买者过渡房屋所有权的行为。

◆ **房屋赠与**：赠与人自愿将自己所有的房屋无偿赠与受赠人，而受赠人也愿意接受的民事法律行为。

◆ **房屋交换**：就是房屋所有者之间相互交换房屋的行为。

9.1.3 土地增值税和契税的区别

土地增值税和契税是我国的两种不同税种，但其都是关于土地房屋的税，他们之间又存在怎样的区别呢？主要有表 9-3 所示的几个方面。

表 9-3　土地增值税与契税的区别

区别点	土地增值税	契税
纳税人不同	向转让方征收的税，而承受方不需要缴纳	向权属承受人，即向买方征收的一种税，转让方不需要缴纳契税
计税依据不同	以转让所取得的收入（包括货币收入、实物收入和其他收入）减去法定扣除项目金额后的增值额为计税依据	以双方约定的成交价格作为计税依据
定义不同	指转让国有土地使用权、地上的建筑物及其附着物并取得收入的单位和个人，以转让所取得的收入减去法定扣除项目金额后的增值额为计税依据向国家缴纳的一种税赋，不包括以继承、赠与方式无偿转让房地产的行为	指不动产（土地、房屋）产权发生转移变动时，就当事人所订契约按产权价格的一定比例向新业主（产权承受人）征收的一次性税收

| 9.2 |
土地增值税与契税的计算申报

土地增值税和契税的税率各是多少？如何计算土地增值税和契税的应纳税额？如何进行土地增值税和契税的纳税申报工作？本节就来一起学习这些知识。

9.2.1　土地增值税和契税的税率

土地增值税是以转让房地产取得的收入，减除法定扣除项目金额后的增值额作为计税依据，并按照四级超率累进税率进行征收，具体的税率标准如表 9-4 所示。

表 9-4 土地增值税税率表

级数	计税依据	税率	速算扣除率
1	增值额未超过扣除项目金额 50% 的部分	30%	0
2	增值额超过扣除项目金额 50%、未超过扣除项目金额 100% 的部分	40%	5%
3	增值额超过扣除项目金额 100%、未超过扣除项目金额 200% 的部分	50%	15%
4	增值额超过扣除项目金额 200% 的部分	60%	35%

值得注意的是，纳税人建设普通住宅出售的，增值额未超过扣除项目金额 20% 的，免征土地增值税。

契税的纳税义务人是境内转移土地、房屋权属过程中承受权属的单位和个人。境内是指中华人民共和国实际税收行政管辖范围内；土地、房屋权属是指土地使用权和房屋所有权；单位是指企业单位、事业单位、国家机关、军事单位、社会团体以及其他组织；个人是指个体经营者及其他个人，包括中国公民和外籍人员。

契税的税率为 3% ~ 5% 的幅度税率，具体适用税率由省、自治区、直辖市人民政府在《中华人民共和国契税暂行条例》规定的幅度内按照本地区的实际情况确定，并报财政部和国家税务总局备案。

契税征收对象不同，其计税依据有所差别，如表 9-5 所示。

表 9-5 契税的计税依据

征收对象	计税依据
国有土地使用权出让、土地使用权出售、房屋买卖	成交价格
土地使用权赠与、房屋赠与	由征收机关参照土地使用权出售、房屋买卖的市场价格核定

征收对象	计税依据
土地使用权交换、房屋交换	所交换的土地使用权、房屋的价格的差额

表9-5中提及的成交价格若明显低于市场价格且无正当理由的，或者所交换土地使用权、房屋的价格的差额明显不合理并且无正当理由的，由征收机关参照市场价格核定计税依据。

9.2.2 土地增值税和契税的计算

计算土地增值税税额时，可按增值额乘以适用的税率减去扣除项目金额乘以速算扣除系数（即速算扣除率）的简便方法计算，具体公式如下。

1.增值额未超过扣除项目金额50%。

应交土地增值税税额=增值额×30%

2.增值额超过扣除项目金额50%，未超过100%的。

应交土地增值税税额=增值额×40%-扣除项目金额×5%

3.增值额超过扣除项目金额100%，未超过200%的。

应交土地增值税税额=增值额×50%-扣除项目金额×15%

4.增值额超过扣除项目金额200%。

应交土地增值税税额=增值额×60%-扣除项目金额×35%

上述公式中的5%、15%和35%均为速算扣除率。

| 范例解析 | 土地增值税的计算

某单位转让一栋房屋，取得收入600.00万元，已知其扣除项目金额为350.00万元，计算其应缴纳的土地增值税。

增值额=600.00-350.00=250.00（万元）

因其增值额为超过扣除项目金额的71.43%（250÷350），超过50%，但未超过100%，则：

应缴纳的土地增值税=250.00×40%-350.00×5%=82.50（万元）

1.计提应缴纳的土地增值税时，应编制如下会计分录。

借：税金及附加　　　　　　　　　　　　　825 000.00

　　贷：应交税费——应交土地增值税　　　　　　825 000.00

2.实际缴纳税款时编制如下会计分录。

借：应交税费——应交土地增值税　　　　　825 000.00

　　贷：银行存款　　　　　　　　　　　　　　825 000.00

契税采用比例税率，应纳税额的计算公式如下。

$$应纳税额=计税依据×适用税率$$

| 范例解析 |　**契税的计算**

某企业从当地政府手中取得某块土地的使用权，支付土地使用权出让费1 200.00万元，省政府规定的契税税率为3%，计算其应缴纳的契税税额。

应缴纳的契税=1 200.00×3%=36.00（万元）

在缴纳契税时应编制如下会计分录。

借：无形资产　　　　　　　　　　　　　　360 000.00

　　贷：银行存款　　　　　　　　　　　　　　360 000.00

9.2.3　土地增值税和契税的申报

土地增值税的纳税人应向房地产所在地主管税务机关办理纳税申报，并在税务机关核定的期限内缴纳税款。

土地增值税的纳税人应在转让房地产合同签订后的 7 日内，到房地产所在地主管税务机关办理纳税申报，并向税务机关提交房屋及建筑物产权、土地使用权证书，土地转让、房产买卖合同，房地产评估报告及其他与转让房地产有关的资料。主要的申报表分为房地产开发的纳税人适用和非房地产开发的纳税人适用，图 9-1 所示的是从事房地产开发的纳税人预征适用的土地增值税纳税申报表。

图 9-1　土地增值税的纳税申报表（房地产预征适用）

土地增值税纳税申报表（一）中的部分项目的填写说明如表9-6所示。

表9-6 从事房地产开发的纳税人预征适用纳税申报表填写说明

项目	填写说明
适用纳税人	本表适用于从事房地产开发并转让的土地增值税纳税人，在每次转让时填报，也可按月或按各省、自治区、直辖市和计划单列市地方税务局规定的期限汇总填报
填写时间	凡从事新建房及配套设施开发的纳税人，均应在规定的期限内据实向主管税务机关填报本表所列内容
空填	本表栏目的内容如果没有涉及，可以空置不填
提交资料	纳税人在填报土地增值税预征申报表时，应同时向主管税务机关提交土地增值税项目登记表等有关资料
项目编号	项目编号是在进行房地产项目登记时，税务机关按照一定的规则赋予的编号，此编号会跟随项目的预征清算全过程
表第1列"房产类型子目"	是主管税务机关规定的预征率类型，每一个子目唯一对应一个房产类型
表第3栏"货币收入"	按纳税人转让房地产开发项目所取得的货币形态的收入额（不含增值税）填写
表第4栏"实物收入及其他收入"	按纳税人转让房地产开发项目所取得的实物形态的收入和无形资产等其他形式的收入额（不含增值税）填写
表第5栏"视同销售收入"	纳税人将开发产品用于职工福利、奖励、对外投资、分配给股东或投资人、抵偿债务、换取其他单位和个人的非货币性资产等，发生所有权转移时应视同销售房地产，其不含增值税的收入

图9-2所示的是从事房地产开发的纳税人清算适用的土地增值税纳税申报表。

土地增值税纳税申报表（二）

（从事房地产开发的纳税人清算适用）

税款所属时间： 年 月 日至 年 月 日　　填表日期： 年 月 日　　　　金额单位：元至角分　面积单位：平方米

纳税人识别号																

纳税人名称		项目名称		项目编号		项目地址	
所属行业		登记注册类型		纳税人地址		邮政编码	
开户银行		银行账号		主管部门		电话	

总可售面积			自用和出租面积		
已售面积	其中：普通住宅已售面积		其中：非普通住宅已售面积	其中：其他类型房地产已售面积	

项目	行次	金额			
		普通住宅	非普通住宅	其他类型房地产	合计
一、转让房地产收入总额　1＝2＋3＋4	1				
其中　货币收入	2				
实物收入及其他收入	3				
视同销售收入	4				
二、扣除项目金额合计　5＝6＋7＋14＋17＋21＋22	5				
1.取得土地使用权所支付的金额	6				
2.房地产开发成本　7＝8＋9＋10＋11＋12＋13	7				
其中　土地征用及拆迁补偿费	8				
前期工程费	9				
建筑安装工程费	10				
基础设施费	11				
公共配套设施费	12				
开发间接费用	13				
3.房地产开发费用　14＝15＋16	14				
其中　利息支出	15				
其他房地产开发费用	16				
4.与转让房地产有关的税金等　17＝18＋19＋20	17				
其中　营业税	18				
城市维护建设税	19				
教育费附加	20				
5.财政部规定的其他扣除项目	21				
6.代收费用	22				
三、增值额　23＝1－5	23				
四、增值额与扣除项目金额之比（％）24＝23÷5	24				
五、适用税率（％）	25				
六、速算扣除系数（％）	26				
七、应缴土地增值税税额　27＝23×25－5×26	27				
八、减免税额　28＝30＋32＋34	28				
其中　减免税（1）　减免性质代码（1）	29				
减免税额（1）	30				
减免税（2）　减免性质代码（2）	31				
减免税额（2）	32				
减免税（3）　减免性质代码（3）	33				
减免税额（3）	34				
九、已缴土地增值税税额	35				
十、应补（退）土地增值税税额　36＝27－28－35	36				

以下由纳税人填写：	
纳税人声明	此纳税申报表是根据《中华人民共和国土地增值税暂行条例》及其实施细则和国家有关税收规定填报的，是真实的、可靠的、完整的。

纳税人签章		代理人签章		代理人身份证号	

以下由税务机关填写：					
受理人		受理日期	年 月 日	受理税务机关签章	

本表一式三份，一份返还纳税人，一份作为资料归档，一份作为税收会计核算的原始凭证。

图9-2　土地增值税的纳税申报表（房地产清算适用）

土地增值税纳税申报表（二）中的部分项目的填写说明如表9-7所示。

表9-7　从事房地产开发的纳税人清算适用纳税申报表填写说明

项目	填写说明
纳税人识别号	填写税务机关为纳税人确定的识别号

续上表

项目	填写说明
税款所属期	是项目预征开始的时间，截止日期是税务机关规定（通知）申报期限的最后一日（应清算项目达到清算条件起 90 天的最后一日 / 可清算项目税务机关通知书送达起 90 天的最后一日）
项目名称	填写纳税人所开发并转让的房地产开发项目全称
项目编号	是在进行房地产项目登记时，税务机关按照一定的规则赋予的编号，此编号会跟随项目的预征清算全过程
所属行业	根据《国民经济行业分类》（GB/T 4754-2011）填写。该项可由系统根据纳税人识别号自动带出，无需纳税人填写
登记注册类型	单位，根据税务登记时登记的注册类型填写；纳税人是企业的，根据国家统计局《关于划分企业登记注册类型的规定》填写。该项可由系统根据纳税人识别号自动带出，无需纳税人填写
主管部门	按纳税人隶属的管理部门或总机构填写。外商投资企业不填
开户银行	填写纳税人开设银行账户的银行名称；如果纳税人在多个银行开户的，填写其主要经营账户的银行名称
银行账号	填写纳税人开设的银行账户的号码；如果纳税人拥有多个银行账户的，填写其主要经营账户的号码
表第 1 栏"转让房地产收入总额"	按纳税人在转让房地产开发项目时所取得的全部收入额（不含增值税）填写
表第 2 栏"货币收入"	按纳税人转让房地产开发项目所取得的货币形态的收入额（不含增值税）填写
表第 3 栏"实物收入及其他收入"	按纳税人转让房地产开发项目所取得的实物形态的收入和无形资产等其他形式的收入额（不含增值税）填写
表第 4 栏"视同销售收入"	纳税人将开发产品用于职工福利、奖励、对外投资、分配给股东或投资人、抵偿债务、换取其他单位和个人的非货币性资产等，发生所有权转移时应视同销售房地产，其不含增值税的收入
表第 6 栏"取得土地使用权所支付的金额"	按纳税人为取得该房地产开发项目所需要的土地使用权而实际支付（补交）的土地出让金（地价款）及按国家统一规定交纳的有关费用的数额填写

续上表

项目	填写说明
表第 8 栏至表第 13 栏	应根据《中华人民共和国土地增值税暂行条例实施细则》（财法字〔1995〕6 号，以下简称《细则》）规定的从事房地产开发所实际发生的各项开发成本的具体数额填写
表第 15 栏"利息支出"	按纳税人进行房地产开发实际发生的利息支出中符合《细则》第七条（三）规定的数额填写。如果不单独计算利息支出的，则本栏数额填写为"0"
表第 16 栏"其他房地产开发费用"	应根据《细则》第七条（三）的规定填写
表第 18 栏至表第 20 栏	按纳税人转让房地产时实际缴纳的税金数额（不包括增值税）填写
表第 21 栏"财政部规定的其他扣除项目"	是指根据《中华人民共和国土地增值税暂行条例》（国务院令第138号，以下简称《条例》）和《细则》等有关规定所确定的财政部规定的扣除项目的合计数
表第 22 栏"代收费用"	应根据《财政部 国家税务总局关于土地增值税一些具体问题》（财税字〔1995〕48 号）规定"对于县级及县级以上人民政府要求房地产开发企业在售房时代收的各项费用，如果代收费用是计入房价中向购买方一并收取的，可作为转让房地产所取得的收入计税；如果代收费用未计入房价中，而是在房价之外单独收取的，可以不作为转让房地产的收入。对于代收费用作为转让收入计税的，在计算扣除项目金额时，可予以扣除，但不允许作为加计 20% 扣除的基数；对于代收费用未作为转让房地产的收入计税的，在计算增值额时不允许扣除代收费用"填写
表第 25 栏"适用税率"	应根据《条例》规定的四级超率累进税率，按所适用的最高一级税率填写
表第 26 栏"速算扣除系数"	应根据《细则》第十条的规定找出相关速算扣除系数来填写
表第 29、31、33 栏"减免性质代码"	按照税务机关最新制发的减免税政策代码表中最细项减免性质代码填报。表第30、32、34 栏"减免税额"填写相应"减免性质代码"对应的减免税金额，纳税人同时享受多个减免税政策的应分别填写；不享受减免税的，不填写此项
表第 35 栏"已缴土地增值税税额"	按纳税人已经缴纳的土地增值税的数额填写

注意，土地增值税纳税申报表（二）中每栏按照"普通住宅""非普通住宅"和"其他类型房地产"分别填写。

图9-3所示的是非从事房地产开发的纳税人适用的土地增值税纳税申报表。

土地增值税纳税申报表（三）

（非从事房地产开发的纳税人适用）

税款所属时间：　年　月　日至　年　月　日　　　　填表日期：　年　月　日　　　　　　　金额单位：元至角分；面积单位：平方米

纳税人识别号

纳税人名称		项目名称			项目地址		
所属行业		登记注册类型		纳税人地址		邮政编码	
开户银行		银行账号		主管部门		电　话	

项　　目		行次	金　　额
一、转让房地产收入总额　1＝2＋3+4		1	
其中	货币收入	2	
	实物收入	3	
	其他收入	4	
二、扣除项目金额合计 （1）5＝6+7+10+15 （2）5＝11+12+14+15		5	
（1）提供评估价格	1.取得土地使用权所支付的金额	6	
	2.旧房及建筑物的评估价格　7＝8×9	7	
	其中 旧房及建筑物的重置成本价	8	
	成新度折扣率	9	
	3.评估费用	10	
（2）提供购房发票	1.购房发票金额	11	
	2.发票加计扣除金额　12＝11×5%×13	12	
	其中：房产实际持有年数	13	
	3.购房契税	14	
	4.与转让房地产有关的税金等　15＝16+17+18+19	15	
其中	营业税	16	
	城市维护建设税	17	
	印花税	18	
	教育费附加	19	
三、增值额　20＝1-5		20	
四、增值额与扣除项目金额之比（%）21＝20÷5		21	
五、适用税率（%）		22	
六、速算扣除系数（%）		23	
七、应缴土地增值税额　24＝20×22-5×23		24	
八、减免税额（减免性质代码：　　　）		25	
九、已缴土地增值税额		26	
十、应补（退）土地增值税额　27＝24-25-26		27	

授权代理人	（如果你已委托代理申报人，请填写下列资料） 为代理一切税务事宜，现授权＿＿＿（地址） 为本纳税人的代理申报人，任何与本报表有关的来往文件都可寄与此人。 　　　　　　授权人签字：＿＿＿＿	纳税人声明	此纳税申报表是根据《中华人民共和国土地增值税暂行条例》及其《实施细则》的规定填报的，是真实的、可靠的、完整的。 　　　　　　声明人签字：＿＿＿＿	
纳税人 公　章	法人代表签章	经办人员（代理申报人）签章		备注

（以下部分由主管税务机关责填写）

主管税务机关 收到日期		接收人		审核日期		税务审核人员签章	
审核记录						主管税务机关盖章	

图9-3　土地增值税纳税申报表（非从事房地产适用）

土地增值税纳税申报表（三）中的部分项目的填写说明如表9-8所示。

表9-8　非从事房地产开发的纳税人适用纳税申报表填写说明

项目	填写说明
纳税人识别号	填写税务机关为纳税人确定的识别号
项目名称	填写纳税人转让的房地产项目全称
登记注册类型	单位，根据税务登记时登记的注册类型填写；纳税人是企业的，根据国家统计局《关于划分企业登记注册类型的规定》填写。该项可由系统根据纳税人识别号自动带出，无需纳税人填写
所属行业	根据《国民经济行业分类》（GB/T 4754-2011）填写。该项可由系统根据纳税人识别号自动带出，无需纳税人填写
主管部门	按纳税人隶属的管理部门或总机构填写。外商投资企业不填
表第1栏"转让房地产收入总额"	按纳税人转让房地产所取得的全部收入额填写
表第2栏"货币收入"	按纳税人转让房地产所取得的货币形态的收入额填写
表第3、4栏"实物收入"和"其他收入"	按纳税人转让房地产所取得的实物形态的收入和无形资产等其他形式的收入额填写
表第6栏"取得土地使用权所支付的金额"	按纳税人为取得该转让房地产项目的土地使用权而实际支付（补交）的土地出让金（地价款）数额及按国家统一规定交纳的有关费用填写
表第7栏"旧房及建筑物的评估价格"	是指根据《条例》和《细则》等有关规定，按重置成本法评估旧房及建筑物并经当地税务机关确认的评估价格的数额填写。本栏由第8栏与第9栏相乘得出。如果本栏数额能够直接根据评估报告填报，则本表第8、9栏可以不必再填报
表第8栏"旧房及建筑物的重置成本价"	是指按照《条例》和《细则》规定，由政府批准设立的房地产评估机构评定的重置成本价

续上表

项目	填写说明
表第 9 栏 "成新度折扣率"	是指按照《条例》和《细则》规定，由政府批准设立的房地产评估机构评定的旧房及建筑物的新旧程度折扣率
表第 16 栏至表第 19 栏	按纳税人转让房地产时实际缴纳的有关税金的数额填写
表第 22 栏 "适用税率"	应根据《条例》规定的四级超率累进税率，按所适用的最高一级税率填写
表第 23 栏 "速算扣除系数"	应根据《细则》第十条的规定找出相关速算扣除系数填写

该表中的各主要项目内容应根据纳税人转让的房地产项目作为填报对象。纳税人如果同时转让两个或两个以上房地产的，应分别填报。

纳税人应当自纳税义务发生之日起 10 日内，向土地、房屋所在地的契税征收机关办理纳税申报，并在契税征收机关核定的期限内缴纳税款。主要的申报表如图 9-4 所示。

图 9-4　契税纳税申报表

契税纳税申报表中的部分项目的填写说明如表 9-9 所示。

表 9-9　契税纳税申报表的填写说明

项目	填写说明
纳税人识别号	填写税务机关赋予的纳税人识别号
承受方及转让方名称	承受方、转让方是党政机关、企事业单位的，应按照国家人事、民政部门批准设立或者工商部门注册登记的全称填写；承受方、转让方是自然人的，应按照本人有效身份证件上标注的姓名填写
登记注册类型	承受方、转让方是企业的填写此栏。根据国家统计局《关于划分企业登记注册类型的规定》填写
所属行业	承受方、转让方是党政机关、企事业单位的填写此栏，根据《国民经济行业分类》（GB/T 4754–2011）填写
身份证件类型	填写能识别纳税人唯一身份的有效证照名称。纳税人为自然人的，必选。选择类型为：身份证、护照、其他，必选一项，选择"其他"的，需注明证件的具体类型
身份证件号码	填写纳税人身份证件上的号码
联系人	填写单位法定代表人或纳税人本人姓名；联系方式填写常用联系电话及通信地址
合同签订时间	指承受方与转让方签订土地、房屋权属转移合同的当日，或者承受方取得其他具有土地、房屋转移合同性质凭证的当日
土地、房屋坐落地址	土地使用权转移，应填写土地坐落地址及地号；房屋权属转移，应同时填写土地坐落地址（含地号）和房屋坐落地址
权属转移对象	分土地、房屋两类一级指标；房屋下的二级指标设增量房和存量房；增量房和存量房下的三级指标均设普通商品住房、非普通商品住房、保障性住房、其他住房和非住房
权属转移方式	房产按房屋买卖、房屋赠与、房屋交换、房屋作价入股和其他填写；土地按国有土地使用权出让、土地使用权买卖、土地使用权赠与、土地使用权交换和土地使用权作价入股填写
用途	土地按居住用地、商业用地、工业用地、综合用地和其他用地填写；住房按居住填写；非住房按居住、商业、办公、商住、附属建筑、工业和其他填写
权属转移面积	按土地、房屋权属转移合同确定的面积填写

续上表

项目	填写说明
成交价格	按土地、房屋权属转移合同确定的价格（包括承受者应交付的货币、实物、无形资产或者其他经济利益，折算成人民币金额）填写；房屋交换的，为交换房屋所支付的差价，不支付差价的填"0"；居民因个人房屋被征收而重新购置房屋或选择房屋产权调换的，以购房价格超过征收补偿部分的金额填写。成交单价：单位面积的成交价格
税率	3% ~ 5%，根据各省市确定的适用税率填写。家庭唯一普通住房也按适用税率而非优惠税率填写
住房	按国家规划部门规划的房产用途或不动产权证上标注的房产用途填写，商住房等混合用途房产不列为住房
普通住房	指符合各地按照《建设部 发展改革委 财政部 国土资源部 人民银行 税务总局 银监会关于做好稳定住房价格工作的意见》（国办发〔2005〕26号）规定制定的本地普通住房标准的住房
评估价格	是指依据一定的评估方法对房地产所做的客观合理估价。如果纳税人成交价格明显低于市场价格并且无正当理由，并需要核定或评估的，按照"存量房交易计税价格评估系统"评估的价格或评估机构出具的评估价格填写
计税价格	是指由征收机关按照《中华人民共和国契税暂行条例》及有关规定确定的成交价格或者核定价格
减免性质代码	对按照契税政策规定享受减免税的，应按税务机关最新制发的减免税政策代码表中最细项减免性质代码填写。对于同时享受税额式（税基式）减免税及税率式减免的（如同时享受房屋征收免税及家庭唯一普通住房税率优惠），减免性质代码按税率式减免对应的代码填写。不享受减免税的，不填写此项
计征税额	计征税额 = 计税价格 × 适用税率，适用税率是各省市确定的具体适用税率
减免税额	减免税额 = 计税价格 ×（适用税率 − 优惠税率）× 减免税比例，减免税比例按各地确定的减免税比例计算，享受免税的，减免税比例为100%，不享受减免税的，不填写此项
应纳税额	应纳税额 = 计征税额 − 减免税额

| 9.3 |
土地增值税与契税节税妙招

土地增值税和契税有哪些优惠措施和节税的小妙招可以帮助我们节税呢？本节将对土地增值税和契税的优惠政策和节税方法进行讲解。

9.3.1 土地增值税的优惠政策及节税

依据《中华人民共和国土地增值税暂行条例》的规定，有下列情形之一的，免征土地增值税。

◆ 纳税人建造普通标准住宅出售，增值额未超过扣除项目金额20%的。

◆ 因国家建设需要依法征用、收回的房地产。

纳税人除了可以利用土地增值税的一些免税政策，也可以采取一些特殊方式筹划，减少土地增值税的缴纳，以达到节税的目的。

（1）通过分散收入来源减少土地增值税的支出

按相关税法规定，土地增值额是纳税人转让房地产所取得的收入减去规定扣除项目金额后的余额。在扣除项目金额一定的情况下，转让收入越少，土地增值额就越小，当然税率和税额就越低。因此，分散转让房地产的收入就是一个节税的着眼点。一般常见的方法是将收入中可以分开单独处理的部分从整个房地产收入中分离，分次单独签订合同。

| 范例解析 | 分次签订合同分散收入来节税

某房地产开发企业准备开发一栋精装修的楼房，预计精装修房屋的市场售价是1 800.00万元（含装修费600.00万元），该企业可以分两次签订合同，在毛坯房建成后先签1 200.00万元的房屋买卖合同，等装修时再签600.00万元的装修合同，则纳税人只就第一份合同上注明的金额缴纳土地增值税，而第二份合同上注明的金额属于增值税的征税范围，不用缴纳土地增值税。这样就使得土地增值税应纳税额有所减少，达到节税的目的。

（2）通过费用的转移减少土地增值税的支出

房地产开发费用即期间费用（管理费用、财务费用和销售费用）不以实际发生数扣除，而是根据利息是否按转让房地产项目计算分摊作为一定条件，按房地产项目直接成本的一定比例扣除。纳税人可以通过事前筹划，把实际发生的期间费用转移到房地产开发项目直接成本中去。

例如，公司总部人员的工资、福利费、办公费、差旅费和业务招待费等都属于期间费用的开支范围，由于它的实际发生数不能增加土地增值税的扣除金额，因此，人事部门可以在不影响总部工作的同时把总部的一些人员安排到或兼职于每一个具体房地产项目中。那么这些人在工作期间发生的有关费用就可以分摊一部分到房地产开发成本中。期间费用少了不影响房地产开发费用的扣除，但房地产的开发成本却增大了。也就是说房地产开发公司在不增加任何开支的情况下，通过费用迁移法，就可以增大土地增值税允许扣除项目的金额，从而达到节税的目的。

9.3.2　契税的优惠政策及节税

依据《中华人民共和国契税暂行条例》的规定，有下列情形之一的，减征或者免征契税。

◆ 国家机关、事业单位、社会团体、军事单位承受土地、房屋用于办公、教学、医疗、科研和军事设施的，免征契税。

◆ 城镇职工按规定第一次购买公有住房的，免征契税。

◆ 因不可抗力灭失住房而重新购买住房的，酌情准予减征或者免征。

◆ 财政部规定的其他减征、免征契税的项目。

纳税人除了可以利用契税的一些免税政策，也可以采取一些特殊方式筹划，减少契税的缴纳，以达到节税的目的。

（1）通过签订分立合同减少契税的支出

根据《财政部 国家税务总局关于房屋附属设施有关契税政策的批复》（财税〔2004〕126号）的规定，对于承受与房屋相关的附属设施（包括停车位、汽车库、自行车库、顶层阁楼以及储藏室，下同）所有权或土地使用权的行为，按照契税法律、法规的规定征收契税；对于不涉及土地使用权和房屋所有权转移变动的，不征收契税。

该批复还规定，采取分期付款方式购买房屋附属设施土地使用权、房屋所有权的，应按合同规定的总价款计征契税。

另外，承受的房屋附属设施权属如为单独计价的，按照当地确定的适用税率征收契税；如与房屋统一计价的，适用与房屋相同的契税税率。

因此基于以上法律依据，企业在买卖房屋及其附属物时，可以签订两份合同，一份是房屋买卖合同，一份是附属物买卖合同，这样可以实现附属物不缴纳契税的目的。

（2）通过三方协议，减少业务流程，节省契税

由于转让土地使用权或房屋而承担的契税是伴随着业务流程的增加而增加的，因此，土地使用权或房屋转让的环节或流程越多，契税也就越多。为了实现节省契税的目的，必须改变通过合同界定业务流程的做法。

假设存在甲欠乙，乙又欠丙，而且所欠的金额又相等的情况，如果甲用房屋或土地使用权抵乙的债务，乙又把从甲抵债而来的房屋或土地使用权用来抵丙的债务，流程太多会涉及多个契税缴纳时点。为了节省契税，必须签订甲、乙和丙抵债的三方协议，协议中明确约定：甲卖给丙的土地使用权或房屋的价款视同为甲偿还乙的欠款，并代替乙偿还乙欠丙的欠款，就可以使房屋或土地使用权的销售流程从两个流程减少为一个流程，实现乙不缴纳契税的目的。

第 **10** 章

税收家庭中的其他税费

税收大家庭中除了主要的税收种类外，还有一些其他的税种，比如顺应环境保护而产生的环保税，以及城市维护建设税和教育费附加等附加税费，本章将对这些税费进行阐述。

|10.1|
特殊行为税：环保税

环保税对于大众而言是一个"年轻"的税种，也是一种特殊的行为税。那么什么是环保税呢？以什么标准缴纳环保税呢？本节将一一解答。

10.1.1 环保税基础概述

环保税是国家为了保护和改善环境，减少污染物排放，推进生态文明建设，对在中华人民共和国领域和中华人民共和国管辖的其他海域直接向环境排放应税污染物的企事业单位和其他生产经营者按规定征收的税收。

应税污染物包括大气污染物、水污染物、固体废物和噪声。依据《中华人民共和国环境保护税法》的规定，第一、二类水污染物的污染当量值如表 10-1 所示。

表 10-1 环保税的第一、二类污染物的污染当量值明细

污染物			污染当量值（千克）
水污染物	第一类	1. 总汞	0.000 5
		2. 总镉	0.005
		3. 总铬	0.04
		4. 六价铬	0.02
		5. 总砷	0.02
		6. 总铅	0.025
		7. 总镍	0.025
		8. 苯并（a）芘	0.000 000 3
		9. 总铍	0.01
		10. 总银	0.02
	第二类	11. 悬浮物（SS）	4

续上表

污染物			污染当量值（千克）
水污染物	第二类	12. 生化需氧量（BOD_5）	0.5
		13. 化学需氧量（CODcr）	1
		14. 总有机碳（TOC）	0.49
		15. 石油类	0.1
		16. 动植物油	0.16
		17. 挥发酚	0.08
		18. 总氰化物	0.05
		19. 硫化物	0.125
		20. 氨氮	0.8
		21. 氟化物	0.5
		22. 甲醛	0.125
		23. 苯胺类	0.2
		24. 硝基苯类	0.2
		25. 阴离子表面活性剂（LAS）	0.2
		26. 总铜	0.1
		27. 总锌	0.2
		28. 总锰	0.2
		29. 彩色显影剂（CD-2）	0.2
		30. 总磷	0.25
		31. 单质磷（以 P 计）	0.05
		32. 有机磷农药（以 P 计）	0.05
		33. 乐果	0.05
		34. 甲基对硫磷	0.05

续上表

污染物			污染当量值（千克）
水污染物	第二类	35. 马拉硫磷	0.05
		36. 对硫磷	0.05
		37. 五氯酚及五氯酚钠（以五氯酚计）	0.25
		38. 三氯甲烷	0.04
		39. 可吸附有机卤化物（AOX）（以Cl计）	0.25
		40. 四氯化碳	0.04
		41. 三氯乙烯	0.04
		42. 四氯乙烯	0.04
		43. 苯	0.02
		44. 甲苯	0.02
		45. 乙苯	0.02
		46. 邻—二甲苯	0.02
		47. 对—二甲苯	0.02
		48. 间—二甲苯	0.02
		49. 氯苯	0.02
		50. 邻二氯苯	0.02
		51. 对二氯苯	0.02
		52. 对硝基氯苯	0.02
		53.2,4—二硝基氯苯	0.02
		54. 苯酚	0.02
		55. 间—甲酚	0.02
		56.2,4—二氯酚	0.02
		57.2,4,6—三氯酚	0.02

续上表

污染物			污染当量值（千克）
水污染物	第二类	58. 邻苯二甲酸二丁脂	0.02
		59. 邻苯二甲酸二辛脂	0.02
		60. 丙烯腈	0.125
		61. 总硒	0.02

在第二类水污染物中，同一排放口中的化学需氧量（COD）、生化需氧量（BOD_5）和总有机碳（TOC），只征收一项。

表 10-2 所示的是水污染物中的 PH 值、色度、大肠菌群数、余氯量等的污染当量值。

表 10-2　PH 值、色度、大肠菌群数、余氯量污染当量值

污染物		污染当量值
1.PH 值	0 ~ 1, 13 ~ 14	0.06 吨污水
	1 ~ 2, 12 ~ 13	0.125 吨污水
	2 ~ 3, 11 ~ 12	0.25 吨污水
	3 ~ 4, 10 ~ 11	0.5 吨污水
	4 ~ 5, 9 ~ 10	1 吨污水
	5 ~ 6	5 吨污水
2. 色度		5 吨水·倍
3. 大肠菌群数（超标）		3.3 吨污水
4. 余氯量（用氯消毒的医院废水）		3.3 吨污水

在表 10-2 列出的水污染物中，大肠菌群数和总余氯量只征收一项，PH5 ~ 6 指大于等于 5，小于 6；PH9 ~ 10 指大于 9，小于等于 10，其余类推。

表 10-3 所示的是禽畜养殖业、小型企业和第三产业水污染物污染当量值。

表 10-3　禽畜养殖业、小型企业和第三产业水污染物污染当量值

类型		污染当量值
禽畜养殖场	1. 牛	0.1 头
	2. 猪	1 头
	3. 鸡、鸭等家禽	30 羽
4. 小型企业		1.8 吨污水
5. 饮食娱乐服务业		0.5 吨污水
6. 医院	消毒	0.14 床
		2.8 吨污水
	不消毒	0.07 床
		1.4 吨污水

表 10-3 数据仅适用于计算无法进行实际监测或物料衡算的禽畜养殖业、小型企业和第三产业等小型排污者的水污染物污染当量数。其中，仅对存栏规模大于 50 头牛、500 头猪、5 000 羽鸡、鸭等的禽畜养殖场征收；另外，医院病床数大于 20 张的按表 10-3 计算污染当量数。

表 10-4 所示的是大气污染物污染当量值。

表 10-4　大气污染物污染当量值

污染物	污染当量值（千克）	污染物	污染当量值（千克）
1. 二氧化硫	0.95	8. 硫酸雾	0.6
2. 氮氧化物	0.95	9. 铬酸雾	0.000 7
3. 一氧化碳	16.7	10. 汞及其化合物	0.000 1
4. 氯气	0.34	11. 一般性粉尘	4
5. 氯化氢	10.75	12. 石棉尘	0.53
6. 氟化物	0.87	13. 玻璃棉尘	2.13
7. 氰化氢	0.005	14. 碳黑尘	0.59

续上表

污染物	污染当量值（千克）	污染物	污染当量值（千克）
15. 铅及其化合物	0.02	30. 沥青烟	0.19
16. 镉及其化合物	0.03	31. 苯胺类	0.21
17. 铍及其化合物	0.000 4	32. 氯苯类	0.72
18. 镍及其化合物	0.13	33. 硝基苯	0.17
19. 锡及其化合物	0.27	34. 丙烯腈	0.22
20. 烟尘	2.18	35. 氯乙烯	0.55
21. 苯	0.05	36. 光气	0.04
22. 甲苯	0.18	37. 硫化氢	0.29
23. 二甲苯	0.27	38. 氨	9.09
24. 苯并 (a) 芘	0.000002	39. 三甲胺	0.32
25. 甲醛	0.09	40. 甲硫醇	0.04
26. 乙醛	0.45	41. 甲硫醚	0.28
27. 丙烯醛	0.06	42. 二甲二硫	0.28
28. 甲醇	0.67	43. 苯乙烯	25
29. 酚类	0.35	44. 二硫化碳	20

知识延伸｜什么是污染当量

　　污染当量，是指根据污染物或者污染排放活动对环境的有害程度以及处理的技术经济性，衡量不同污染物对环境污染的综合性指标或者计量单位。同一介质相同污染当量的不同污染物，其污染程度基本相当。

10.1.2　环保税的缴税标准规定

　　应税污染物的环保税计税依据按照下列方法确定。

◆ 应税大气污染物按照污染物排放量折合的污染当量数确定。

◆ 应税水污染物按照污染物排放量折合的污染当量数确定。

◆ 应税固体废物按照固体废物的排放量确定。

◆ 应税噪声按照超过国家规定标准的分贝数确定。

环保税的缴税标准依据《中华人民共和国环境保护税法》的有关规定，有图 10-1 所示的税额标准。

环境保护税税目税额表

税　目		计税单位	税　额	备注
大气污染物		每污染当量	1.2 元至 12 元	
水污染物		每污染当量	1.4 元至 14 元	
固体废物	煤矸石	每吨	5 元	
	尾矿	每吨	15 元	
	危险废物	每吨	1000 元	
	冶炼渣、粉煤灰、炉渣、其他固体废物(含半固态、液态废物)	每吨	25 元	
噪声	工业噪声	超标 1~3 分贝	每月 350 元	1. 一个单位边界上有多处噪声超标,根据最高一处超标声级计算应纳税额;当沿边界长度超过 100 米有两处以上噪声超标,按照两个单位计算应纳税额。 2. 一个单位有不同地点作业场所的,应当分别计算应纳税额,合并征收。 3. 昼、夜均超标的环境噪声,昼、夜分别计算应纳税额,累计征收。 4. 声源一个月内超标不足 15 天的,减半计算应纳税额。 5. 夜间频繁突发和夜间偶然突发厂界超标噪声,按等效声级和峰值噪声两种指标中超标分贝值高的一项计算应纳税额
		超标 4~6 分贝	每月 700 元	
		超标 7~9 分贝	每月 1400 元	
		超标 10~12 分贝	每月 2800 元	
		超标 13~15 分贝	每月 5600 元	
		超标 16 分贝以上	每月 11200 元	

图 10-1　环境保护税的税目税额表

10.1.3　环保税的计算

应税大气污染物、水污染物的污染当量数，以该污染物的排放量除以该污染物的污染当量值计算。每种应税大气污染物、水污染物的具体污染当量值依照应税污染物和当量值表执行。

应税大气污染物、水污染物、固体废物的排放量和噪声的分贝数，按照下列方法和顺序计算确定。

◆ 纳税人安装使用符合国家规定和监测规范的污染物自动监测设备的，按照污染物自动监测数据计算。

◆ 纳税人未安装使用污染物自动监测设备的，按照监测机构出具的符合国家有关规定和监测规范的监测数据计算。

◆ 因排放污染物种类多等原因不具备监测条件的，按照国务院环境保护主管部门规定的排污系数、物料衡算方法计算。

◆ 不能按照前述三项规定的方法计算的，按照省、自治区、直辖市人民政府环境保护主管部门规定的抽样测算方法核定计算。

环境保护税应纳税额按照下列方法计算。

应税大气污染物的应纳税额=污染当量数×具体适用税额

应税水污染物的应纳税额=污染当量数×具体适用税额

应税固体废物的应纳税额=固体废物排放量×具体适用税额

应税噪声的应纳税额=超过国家规定标准的分贝数对应的具体适用税额

| 范例解析 | 环保税的计算

某单位大气污染物二氧化硫污染当量值为10千克，该地区大气污染物每污染当量税额为10.00元，计算其环保税应纳税额为多少。

应税大气污染物的应纳税额=污染当量数×适用税额=10×10.00=100.00（元）

1.计提应纳税费时应编制如下会计分录。

借：税金及附加 100.00

　　贷：应交税费——应交环保税 100.00

2.实际缴纳税款时，编制如下会计分录。

借：应交税费——应交环保税　　　　　　　　100.00

　　贷：银行存款　　　　　　　　　　　　　　100.00

10.1.4　环保税节税妙招

纳税人节约环保税时可以依据《中华人民共和国环境保护税法》的规定，适用其中的一些免征政策和减征政策，其中发生下列情形之一的，暂予免征环境保护税。

◆ 农业生产（不包括规模化养殖）排放应税污染物的。

◆ 机动车、铁路机车、非道路移动机械、船舶和航空器等流动污染源排放应税污染物的。

◆ 依法设立的城乡污水集中处理、生活垃圾集中处理场所排放相应应税污染物，不超过国家和地方规定的排放标准的。

◆ 纳税人综合利用的固体废物，符合国家和地方环境保护标准的。

◆ 国务院批准免税的其他情形。但需由国务院报全国人民代表大会常务委员会备案。

纳税人排放应税大气污染物或者水污染物的浓度值低于国家和地方规定的污染物排放标准 30% 的，减按 75% 征收环境保护税。纳税人排放应税大气污染物或者水污染物的浓度值低于国家和地方规定的污染物排放标准 50% 的，减按 50% 征收环境保护税。

|10.2|
附加税费：城市维护建设税及教育附加费

附加税费包括城市维护建设税、教育费附加和地方教育附加，那么这些附加税费如何征收计算呢？本节我们来详细学习附加税费的处理。

10.2.1　城市维护建设税及教育附加费含义

城市维护建设税是以纳税人实际缴纳的消费税、增值税税额为计税依据，依法计征的一种税，分别与消费税、增值税同时缴纳，它是加强城市的维护建设，扩大和稳定城市维护建设资金的来源的一种税。

教育费附加是由税务机关负责征收，同级教育部门统筹安排，同级财政部门监督管理，专门用于发展地方教育事业的预算外资金。为了贯彻落实《中共中央关于教育体制改革的决定》，加快发展地方教育事业，扩大地方教育经费的资金来源，凡缴纳消费税、增值税的单位和个人（缴纳农村教育事业费附加的单位除外）都应当按照该规定缴纳教育费附加。

地方教育附加是指根据国家有关规定，为实施"科教兴省"战略，增加地方教育的资金投入，促进各省、自治区、直辖市教育事业发展，开征的一项地方政府性基金，该收入主要用于各地方的教育经费的投入补充。按照地方教育附加使用管理规定，在各省、直辖市的行政区域内，凡缴纳增值税、消费税的单位和个人，都应按规定缴纳地方教育附加。

10.2.2　城市维护建设税及教育附加费计税依据

城市维护建设税和教育附加费均是以纳税人实际缴纳的增值税和消费税税额合计数为计税依据征收的一种税或费，纳税环节确定在纳税人缴纳的增值税、消费税的环节上，从商品生产到消费流转过程中，只要发生增值税、消费税的其中一种税的纳税行为，就要以这种税的实际缴纳税额为依据计算缴纳城市维护建设税和教育附加费。

其中，城市维护建设税的征税范围包括城市、县城、建制镇以及税法规定征税的其他地区。城市、县城、建制镇的范围应根据行政区划作为划分标准，不得随意扩大或缩小各行政区域的管辖范围。

10.2.3 城市维护建设税及教育附加费税率

根据《中华人民共和国城市维护建设税暂行条例》及其《实施细则》的有关规定，城市维护建设税是根据城市维护建设资金的不同层次的需要而设计的，实行分区域的差别比例税率，即按纳税人所在城市、县城或镇等不同的行政区域分别规定不同的比例税率。具体规定如表10-5所示。

表 10-5　城市维护建设税的税率

纳税人所在地	税率	说明
市区	7%	这里称的"市"是指国务院批准市建制的城市，"市区"是指省人民政府批准的市辖区（含市郊）的区域范围
县城、镇	5%	这里所称的"县城、镇"是指省人民政府批准的县城、县属镇（区级镇），县城、县属镇的范围按县人民政府批准的城镇区域范围确定
不在市区、县城和县属镇	1%	—

纳税人在外地发生缴纳增值税、消费税的，按纳税发生地的适用税率计征城市维护建设税。

而教育费附加统一按增值税、消费税实际缴纳税额的3%征收；地方教育附加统一按增值税、消费税实际缴纳税额的2%征收。

10.2.4 城市维护建设税及教育附加费计算

城市维护建设税的计算比较简单，根据其征收依据可得计算公式如下。

应纳税额=（实际缴纳的增值税+消费税）×适用税率

教育费附加和地方教育附加的计算也很简单，计算公式如下。

应纳教育费附加=（实际缴纳的增值税+消费税）× 3%

应纳地方教育附加=（实际缴纳的增值税+消费税）× 2%

| 范例解析 | 城市维护建设税及教育附加费的计算

某单位2019年12月实际缴纳消费税20.00万元，缴纳增值税30.00万元，已知其适用的城市维护建设税税率为7%，计算当月应缴纳的城市维护建设税、教育费附加及地方教育附加。

依据城市维护建设税、教育费附加及地方教育附加的计算公式可得：

应纳城市维护建设税税额=（20.00+30.00）×7%=3.50（万元）

应纳教育费附加=（20.00+30.00）×3%=1.50（万元）

应纳地方教育附加=（20.00+30.00）×2%=1.00（万元）

10.2.5 城市维护建设税及教育附加费的会计处理与申报

企业缴纳的城市维护建设税,通过"应交税费——应交城市维护建设税"科目核算。计提应缴纳的城市维护建设税时，编制如下会计分录。

借：税金及附加

　　贷：应交税费——应交城市维护建设税

上缴城市维护建设税税款时，编制如下会计分录。

借：应交税费——应交城市维护建设税

　　贷：银行存款

企业缴纳的教育费附加，通过"应交税费——应交教育费附加"科目核算。计提应缴纳的教育费附加时，编制如下会计分录。

借：税金及附加

　　贷：应交税费——应交教育费附加

上缴教育费附加时，编制如下会计分录。

借：应交税费——应交教育费附加

　　贷：银行存款

企业缴纳的地方教育附加，通过"应交税费——应交地方教育附加"科目核算。计提应缴纳的地方教育附加时，编制如下会计分录。

借：税金及附加

　　贷：应交税费——应交地方教育附加

上缴地方教育附加时，编制如下会计分录。

借：应交税费——应交地方教育附加

　　贷：银行存款

| 范例解析 |　城市维护建设税及教育附加费的会计处理

某单位2019年12月实际缴纳消费税20.00万元，缴纳增值税30.00万元，已知其适用的城市维护建设税税率为7%，计算当月应缴纳的城市维护建设税、教育费附加及地方教育附加，并编制会计分录。

应纳城市维护建设税为3.50万元（50.00×7%），应纳教育费附加为1.50万元（50.00×3%），应纳地方教育附加为1.00万元（50.00×2%）。

1.计提城市维护建设税、教育费附加和地方教育附加时，编制如下会计分录。

借：税金及附加　　　　　　　　　　　　　　60 000.00
　　贷：应交税费——应交城市维护建设税　　　35 000.00
　　　　　　　——应交教育费附加　　　　　　15 000.00
　　　　　　　——应交地方教育附加　　　　　10 000.00

2.上缴城市维护建设税、教育费附加和地方教育附加时，编制如下会计分录。

借：应交税费——应交城市维护建设税　　　　35 000.00
　　　　　——应交教育费附加　　　　　　　15 000.00
　　　　　——应交地方教育附加　　　　　　10 000.00

　　贷：银行存款　　　　　　　　　　　　　　　60 000.00

　　城市维护建设税、教育费附加和地方教育附加这三种税费的申报信息在一张表格中，即城建税、教育费附加、地方教育附加税（费）申报表，如图 10-2 所示。

城建税、教育费附加、地方教育附加税（费）申报表

税款所属期限：自　年　月　日至　年　月　日　　　填表日期：　年　月　日　　　　金额单位：元至角分										
纳税人识别号										
纳税人信息	名称						□单位　□个人			
	登记注册类型					所属行业				
	身份证件号码					联系方式				
税（费）种	计税（费）依据					税率（征收率）	本期应纳税（费）额	本期减免税（费）额	本期已缴税（费）额	本期应补（退）税（费）额
	增值税		消费税	营业税	合计					
	一般增值税	免抵税额						减免性质代码	减免额	
	1	2	3	4	5=1+2+3+4	6	7=5×6	8	9	10	11=7-9-10
城建税										
教育费附加										
地方教育附加										
合计	—									
以下由纳税人填写：										
纳税人声明	此纳税申报表是根据《中华人民共和国城市维护建设税暂行条例》《国务院征收教育费附加的暂行规定》《财政部关于统一地方教育附加政策有关问题的通知》和国家有关税收规定填报的，是真实的、可靠的、完整的。									
纳税人签章		代理人签章			代理人身份证号					
以下由税务机关填写：										
受理人		受理日期		年　月　日	受理税务机关签章					
本表一式两份，一份纳税人留存，一份税务机关留存。 减免性质代码：减免性质代码按照国家税务总局制定下发的最新《减免性质及分类表》中的最细项减免性质代码填报										

图 10-2　城建税、教育费附加、地方教育附加税（费）申报表

10.2.6　城市维护建设税及教育附加费优惠政策和节税妙招

　　1.财政部、税务总局发布的《关于实施小微企业普惠性税收减免政策的通知》（财税〔2019〕13 号）中，与城市维护建设税及教育附加费相关的内容如下。

　　◆　由各省、自治区、直辖市人民政府根据本地区实际情况以及宏观调控需要确定，在自 2019 年 1 月 1 日至 2021 年 12 月 31 日期间，对于增值税小规模纳税人，可以在 50% 的税额幅度内减征资源税、城市维护建设税、房产税、城镇土地使用税、印花税（不含证券交易印花税）、耕地占用税和教育费附加、地方教育附加。

◆ 增值税小规模纳税人已经依法享受资源税、城市维护建设税、房产税、城镇土地使用税、印花税、耕地占用税、教育费附加、地方教育附加其他优惠政策的，可叠加享受上述规定的减征 50% 的优惠政策。

2. 小规模纳税人开具增值税专用发票，取得的销售额应按规定征收增值税。如月（季度）销售额符合一定标准（按月纳税的月销售额不超过 10 万元或按季度纳税的季度销售额不超过 30 万元）的，免征教育费附加、地方教育附加。

月销售额超过 10 万元（季度销售额超过 30 万元）的小规模纳税人（含自然人、未办理一般纳税人登记的非企业性质单位），按规定征收增值税的同时，按照财税〔2019〕13 号文件规定，减按 50% 征收教育费附加和地方教育附加。

3. 自然人个人出租房屋，采取一次性收取租金形式出租不动产的租金收入，可在对应租赁期内平均分摊，分摊后的月租金收入未超过 10 万元的，免征增值税。对于该种情况，城市维护建设税、教育费附加和地方教育附加同步免征。如果分摊后月租金收入超过 10 万元的，应按规定征收增值税，同时按照财税〔2019〕13 号文件规定减半征收城市维护建设税、教育费附加和地方教育附加。

除此以外，纳税人还可通过一些节税妙招来减轻税负。比如，城市维护建设税与教育附加费的计税依据是增值税和消费税的实际纳税额，因而纳税人要减少城市维护建设税和教育附加费的缴纳，首先要合理筹划增值税和消费税的税额，纳税人要合理利用增值税和消费税的税收优惠和节税措施，减少增值税和消费税的实际缴纳数额，进而减少附加税费的缴税基数，从而达到对城市维护建设税及教育附加费的节税目的。

其次，城市维护建设税与教育附加费的纳税人应合理利用适合自身的税收优惠政策，比如前述提到的对月销售额超过 10 万元的小规模纳税人，减按 50% 征收城市维护建设税、教育费附加和地方教育附加，以达到纳税人减少城市维护建设税与教育附加费的缴纳的目的。

|10.3|
占用耕地从事非农业建设的税：耕地占用税

耕地的用途主要是从事农业生产，那么如果使用耕地进行非农业建设会有什么结果呢？答案是需要缴纳耕地占用税。

10.3.1　耕地占用税含义与征收范围

耕地占用税是对占用耕地建房或从事其他非农业建设的单位和个人征收的税。该税采用定额税率，其标准取决于人均占有耕地的数量和经济发展程度，目的是合理利用土地资源，加强土地管理，保护农用耕地。

在中华人民共和国境内占用耕地建设建筑物、构筑物或者从事非农业建设的单位和个人，为耕地占用税的纳税人，应当依照相关规定缴纳耕地占用税。

负有缴纳耕地占用税义务的单位和个人，包括在境内占用耕地建房或者从事其他非农业建设的单位和个人，具体可分为三类。

◆　企业、行政单位、事业单位。
◆　乡镇集体企业、事业单位。
◆　农村居民和其他公民。

需要注意的是，占用耕地建设农田水利设施的，不缴纳耕地占用税。

耕地占用税的征税范围包括纳税人为建房或从事其他非农业建设而占

用的国家所有和集体所有的耕地。

所谓"耕地"，是指种植农业作物的土地，包括菜地、园地和林地。其中，园地和林地包括花圃、苗圃、茶园、果园、桑园和其他种植经济林木的土地。占用鱼塘及其他农用土地建房或从事其他非农业建设的，也视同占用耕地，必须依法征收耕地占用税。此外，在占用之前 3 年内属于上述范围的耕地或农用土地，也视为占用耕地。

占用已开发从事种植、养殖的滩涂、草场、水面和林地等从事非农业建设的，由省、自治区、直辖市本着有利于保护土地资源和生态平衡的原则，结合具体情况确定是否征收耕地占用税。

10.3.2 耕地占用税缴纳标准

耕地占用税以纳税人实际占用的耕地面积为计税依据，按照规定的适用税额一次性征收。应纳税额为纳税人实际占用的耕地面积（平方米）乘以适用税额。耕地占用税的税额标准如表 10-6 所示。

表 10-6 耕地占用税的税额标准

情形	税额标准
人均耕地不超过 1 亩的地区（以县、自治县、不设区的市、市辖区为单位，下同）	10 ~ 50 元 / 平方米
人均耕地超 1 亩但不超过 2 亩的地区	8 ~ 40 元 / 平方米
人均耕地超过 2 亩但不超过 3 亩的地区	6 ~ 30 元 / 平方米
人均耕地超过 3 亩的地区	5 ~ 25 元 / 平方米

各地区的耕地占用税的适用税额由省、自治区、直辖市人民政府根据人均耕地面积和经济发展等情况，在前款规定的税额幅度内提出，报同级人民代表大会常务委员会决定，并报全国人民代表大会常务委员会和国务院备案。各省、自治区、直辖市耕地占用税适用税额的平均水平不得低于

各省、自治区、直辖市耕地占用税平均税额表规定的平均税额，如表 10-7 所示。

表 10-7　各省、自治区、直辖市耕地占用税平均税额表

省、自治区、直辖市	平均税额（元／平方米）
上海	45
北京	40
天津	35
江苏、浙江、福建、广东	30
辽宁、湖北、湖南	25
河北、安徽、江西、山东、河南、重庆、四川	22.5
广西、海南、贵州、云南、陕西	20
山西、吉林、黑龙江	17.5
内蒙古、西藏、甘肃、青海、宁夏、新疆	12.5

在人均耕地低于 0.5 亩的地区，省、自治区、直辖市可以根据当地经济发展情况，适当提高耕地占用税的适用税额，但提高的部分不得超过按表 10-6 确定的适用税额的 50%。

占用基本农田的，应当按照表 10-6 中第 2 种情形的税额标准或者在人均耕地低于 0.5 亩的地区确定的当地适用税额标准，加按 150% 征收。

10.3.3　耕地占用税节税妙招

依据《中华人民共和国耕地占用税法》的规定，对于一些特定用途的免征或者减征耕地占用税的项目，纳税人应合理利用税收优惠政策来减少耕地占用税支出。具体优惠政策内容如表 10-8 所示。

表 10-8　耕地占用税的减免税政策

条目	政策内容
1	军事设施、学校、幼儿园、社会福利机构、医疗机构占用耕地，免征耕地占用税
2	铁路线路、公路线路、飞机场跑道、停机坪、港口、航道、水利工程占用耕地，减按 2 元 / 平方米的税额征收耕地占用税
3	农村居民在规定用地标准以内占用耕地新建自用住宅，按照当地适用税额减半征收耕地占用税；其中农村居民经批准搬迁，新建自用住宅占用耕地不超过原宅基地面积的部分，免征耕地占用税
4	农村烈士遗属、因公牺牲军人遗属、残疾军人以及符合农村最低生活保障条件的农村居民，在规定用地标准以内新建自用住宅，免征耕地占用税
5	根据国民经济和社会发展的需要，国务院可以规定免征或者减征耕地占用税的其他情形，报全国人民代表大会常务委员会备案
6	纳税人因建设项目施工或者地质勘查临时占用耕地，应当依照本法的规定缴纳耕地占用税。纳税人在批准临时占用耕地期满之日起一年内依法复垦，恢复种植条件的，全额退还已经缴纳的耕地占用税

|10.4|
购置车辆发生的税：车辆购置税

汽车已成为人们生活中越来越普遍的消费品，那么购置汽车需要缴纳税费吗？答案是不确定的，因为已经缴纳过相关税费的车辆再进行二手买卖时不需缴纳相关税费。这就是本节我们要了解的车辆购置税。

10.4.1　车辆购置税的含义

车辆购置税是对在境内购置规定车辆的单位和个人征收的一种税，它由车辆购置附加费演变而来。依据《中华人民共和国车辆购置税法》的有关规定，在中华人民共和国境内购置汽车、有轨电车、汽车挂车、排气量超过 150 毫升的摩托车（以下统称应税车辆）的单位和个人，为车辆购置税的纳税人，应当依照本法规定缴纳车辆购置税。

知识延伸 | 车辆购置税的"购置"的含义

购置，是指以购买、进口、自产、受赠、获奖或者其他方式取得并自用应税车辆的行为。

表 10-9 所示的是车辆购置税的知识要点。

表 10-9　车辆购置税的含义要点

要点	解析
征收环节	车辆购置税实行一次性征收，它不是在生产、经营和消费的每一个环节实行道道征收，而只是在退出流通进入消费领域的特定环节征收。也就是说，购置已征车辆购置税的车辆，不再征收车辆购置税
课税对象	作为财产税的车辆购置税，是以购置的特定车辆为课税对象，而不是对所有的财产或消费财产征税，范围窄，是一种特种财产税
比例税率	车辆购置税只确定一个统一比例税率征收，即 10%。税率具有不随课税对象数额变动的特点，计征简便、负担稳定，有利于依法治税
计征方法	车辆购置税根据纳税人购置应税车辆的计税价格实行从价计征，以价格为计税标准，课税与价值直接发生关系，价值高者多征税，价值低者少征税
用途	车辆购置税具有专门用途，由中央财政根据国家交通建设投资计划，统筹安排。这种特定目的的税收，可以保证国家财政支出的需要，既有利于统筹合理地安排资金，又有利于保证特定事业和建设支出的需要
计税依据	车辆购置税的计税依据中不包含车辆购置税税额，车辆购置税税额是附加在价格之外的，且纳税人即为负税人，税负不发生转嫁

10.4.2　车辆购置税征收范围与税率

车辆购置税以相关税法列举的车辆作为征税对象，未列举的车辆不纳税。征税范围包括汽车、摩托车、电车、挂车和农用运输车，具体规定如表 10-10 所示。

表 10-10　车辆购置税的征税范围

税目		说明
汽车		包括各类汽车
摩托车	轻便摩托车	最高设计时速不大于 50km/h，发动机气缸总排量不大于 50 的两个或 3 个车轮的机动车
	二轮摩托车	最高设计车速大于 50km/h，或发动机气缸总排量大于 50 的两个车轮的机动车
	三轮摩托车	最高设计车速大于 50km/h，发动机气缸总排量大于 50，空车质量不大于 400kg 的 3 个车轮的机动车
电车	无轨电车	以电能为动力，由专用输电电缆供电的轮式公共车辆
	有轨电车	以电能为动力，在轨道上行驶的公共车辆
挂车	全挂车	无动力设备，独立承载，由牵引车辆牵引行驶的车辆
	半挂车	无动力设备，与牵引车共同承载，由牵引车辆牵引行驶的车辆
农用运输车	三轮农用运输车	柴油发动机，功率不大于 7.4kW，载重量不大于 500kg，最高车速不大于 40km/h 的 3 个车轮的机动车
	四轮农用运输车	柴油发动机，功率不大于 28kW，载重量不大于 1 500kg，最高车速不大于 50km/h 的 4 个车轮的机动车

依据《中华人民共和国车辆购置税法》的规定，车辆购置税只有一个

税率，即为 10%。

10.4.3　车辆购置税的计算

车辆购置税的应纳税额按照应税车辆的计税价格乘以税率计算。应税车辆的计税价格按照表 10-11 所示的规定确定。

表 10-11　车辆购置税的计税价格

情形	计税价格
纳税人购买自用应税车辆	纳税人实际支付给销售者的全部价款，不包括增值税税款
纳税人进口自用应税车辆	关税完税价格加上关税和消费税的合计金额
纳税人自产自用应税车辆	按照纳税人生产的同类应税车辆的销售价格确定，不包括增值税税款
纳税人以受赠、获奖或其他方式取得自用应税车辆	按取得应税车辆时收到的相关凭证载明的价格确定，不包括增值税税款

| 范例解析 |　车辆购置税的计算

某单位2019年12月购买一辆自用轿车，支付全部价款50.00万元（不含增值税），则应缴纳的车辆购置税为多少？

依据车辆购置税的应纳税额按照应税车辆的计税价格乘以税率计算，可得：

应纳车辆购置税=50.00×10%=5.00（万元）

10.4.4　车辆购置税节税妙招

车辆购置税的节税妙招主要是依据《中华人民共和国车辆购置税法》的规定进行纳税筹划。相关的纳税人可以合理利用对应的免税政策，达到节税的目的。在主要的规定中，下列车辆免征车辆购置税。

◆ 依照法律规定应当予以免税的外国驻华使馆、领事馆和国际组织驻华机构及其有关人员自用的车辆。

◆ 中国人民解放军和中国人民武装警察部队列入装备订货计划的车辆。

◆ 悬挂应急救援专用号牌的国家综合性消防救援车辆。

◆ 设有固定装置的非运输专用作业车辆。

◆ 城市公交企业购置的公共汽电车辆。

根据国民经济和社会发展的需要，国务院可以规定减征或者其他免征车辆购置税的情形，报全国人民代表大会常务委员会备案。

第 **11** 章

全面提升：税务会计高级实操

作为企业的税务会计，除了需要了解各种税种外，学会票据的管理一样重要。同时，帮助企业做好税收筹划，减轻税负，也是税务会计的职责，而了解国家税收政策并利用好对纳税人有利的税收政策，是税务会计的基本职责。

|11.1| 税务会计如何做好凭据与发票管理

凭据与发票是财务核算的基础，作为税务会计，对于常见的凭据类型和发票要有基本的认识和管理能力。那么税务会计具体应如何做好凭据与发票的管理呢？

11.1.1　认识常见的凭据类型

常见的凭据主要为增值税发票和其他种类票据，具体类型如下。

（1）增值税专用发票

增值税专用发票是一般纳税人领购使用的，既作为纳税人反映经济活动的重要会计凭证，也是销货方履行纳税义务和购货方做进项税额抵扣的合法证明，其样式如图 11-1 所示。

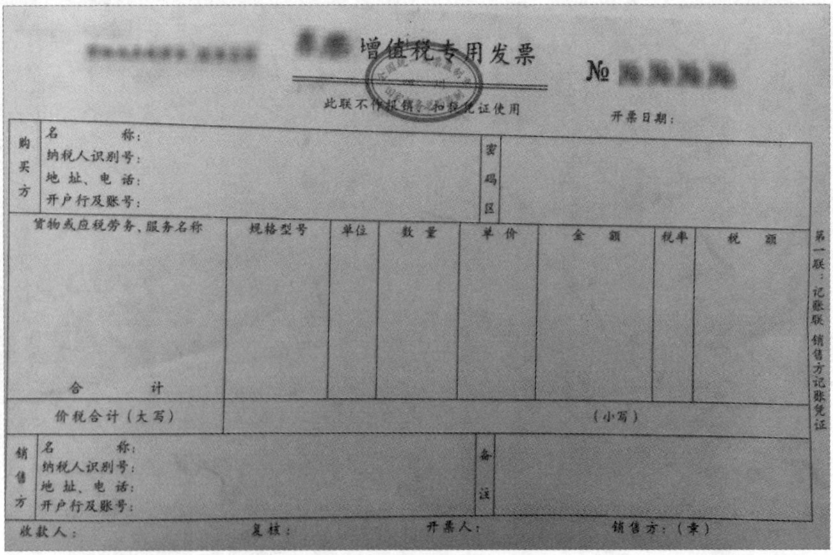
增值税专用发票
№
开票日期：
购买方　名称：　纳税人识别号：　地址、电话：　开户行及账号：
密码区
货物或应税劳务、服务名称｜规格型号｜单位｜数量｜单价｜金额｜税率｜税额
合计
价税合计（大写）　（小写）
销售方　名称：　纳税人识别号：　地址、电话：　开户行及账号：
备注
收款人：　复核：　开票人：　销售方：（章）
第一联：记账联　销售方记账凭证

图 11-1　增值税专用发票

（2）增值税普通发票

增值税普通发票包括两联折叠版的增值税普通发票和增值税电子普通发票。图 11-2 所示的是增值税普通发票，图 11-3 所示的是增值税电子普通发票。

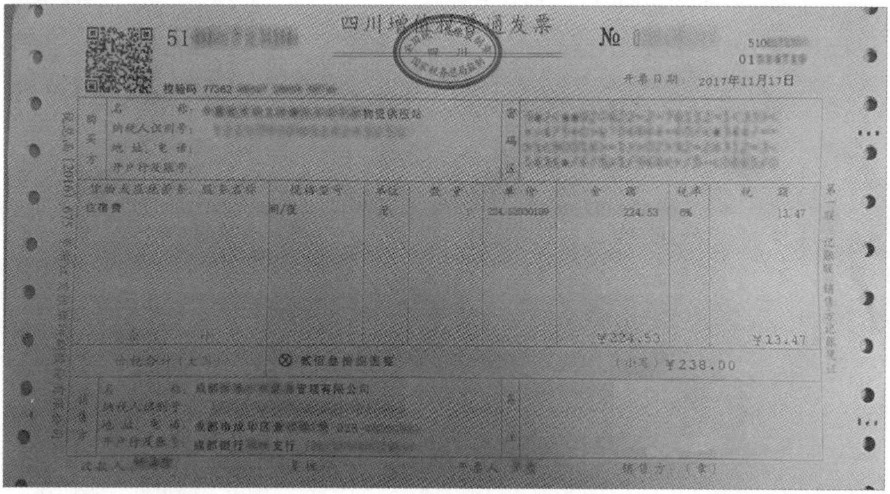

图 11-2　增值税普通发票

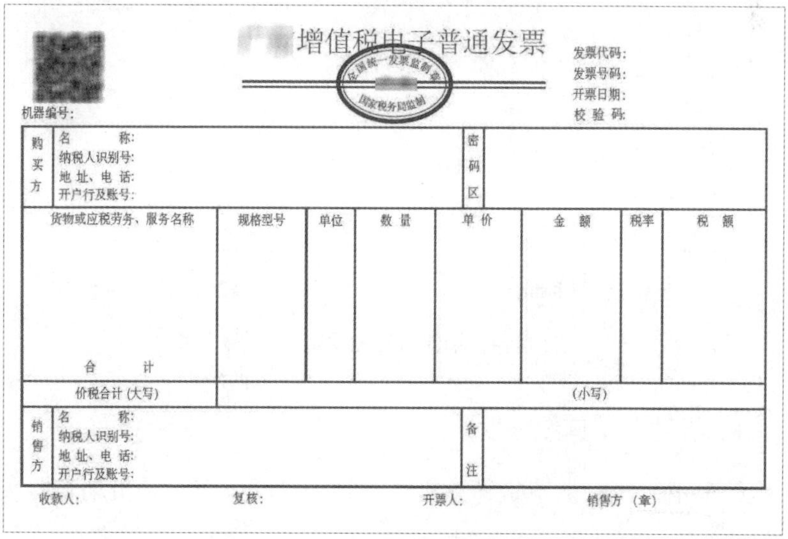

图 11-3　增值税电子普通发票

（3）增值税普通发票（卷票）

增值税普通发票（卷票）是一联式普通发票，于 2017 年 1 月 1 日起启用。增值税普通发票（卷票）分为两种规格：76mm×177.8mm、57mm×177.8mm，均为单联，重点在生活服务业纳税人中推广使用。样式如图 11-4 所示。

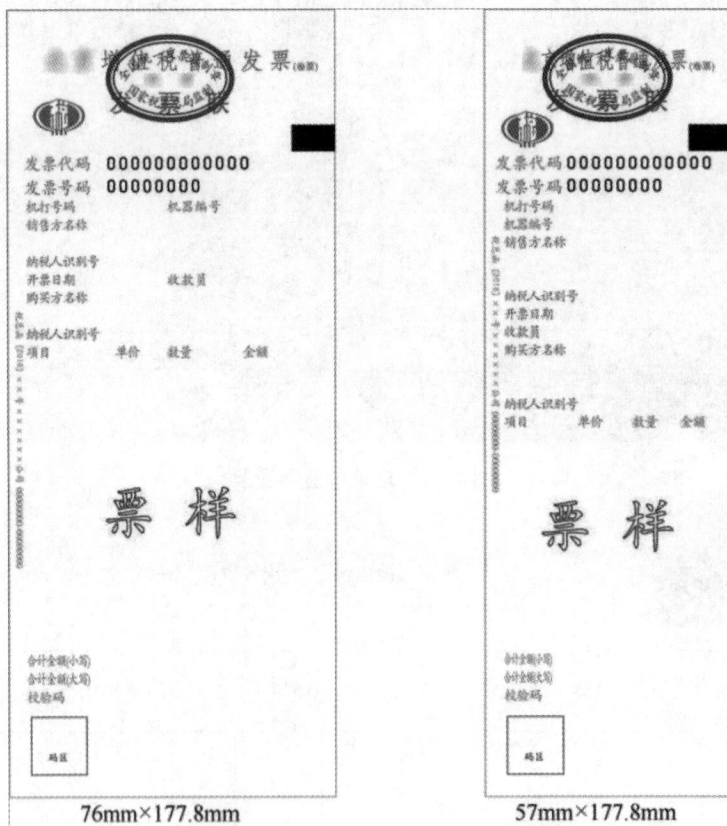

图 11-4　增值税普通发票（卷票）

（4）机动车销售统一发票

机动车销售统一发票是销售机动车时开具的发票，是机动车购买、上户的重要凭据，样式如图 11-5 所示。

图 11-5　机动车销售统一发票

（5）过路费票据

过路费是通过某条路段需要缴纳的费用，现行的过路费票据有纸质发票和通行费增值税电子普通发票。图 11-6 所示的是过路费纸质发票。

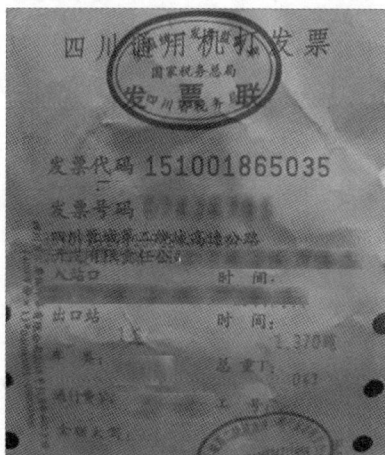

图 11-6　过路费纸质发票

图 11-7 所示的是通行费增值税电子普通发票。

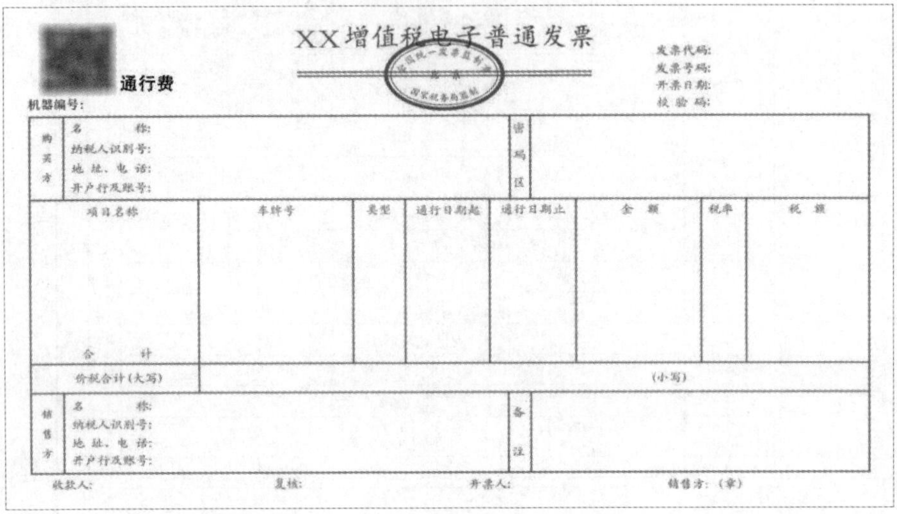

图 11-7　通行费增值税电子普通发票

（6）定额发票

定额发票是有固定数额的发票，样式如图 11-8 所示。

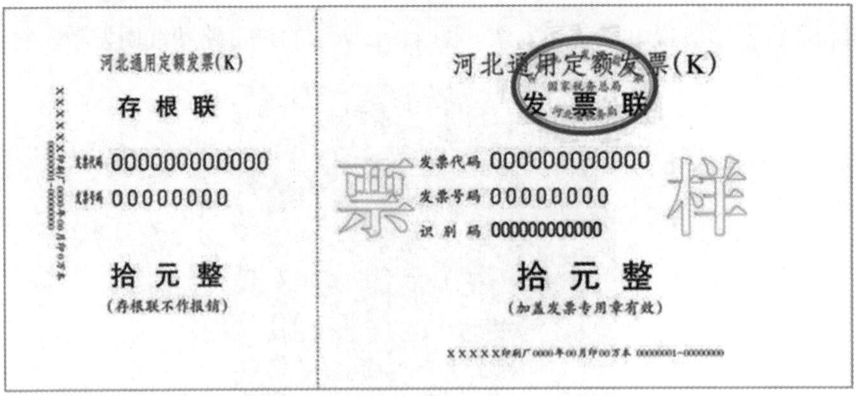

图 11-8　定额发票

（7）财政票据

财政票据是指由省财政厅统一印制和发放，由国家机关、事业单位或经法律法规授权的具有管理公共事务职能的机构、代行政府职能的社会团体以及其他组织，依据有关法律、法规和省人民政府有关规定，征收或者收取政府非税收入，政府举办的非营利性医疗机构从事医疗服务取得的收入，社会团体收取会费，以及上述执收单位进行财务往来结算活动等，发生应当使用财政票据的财务行为时，向公民、法人及其他组织开具的收款或缴款凭证。

政府非税收入类票据包括行政事业性收费票据、政府性基金票据、罚没票据和政府非税收入票据等。图 11–9 所示的是其中一种财政票据。

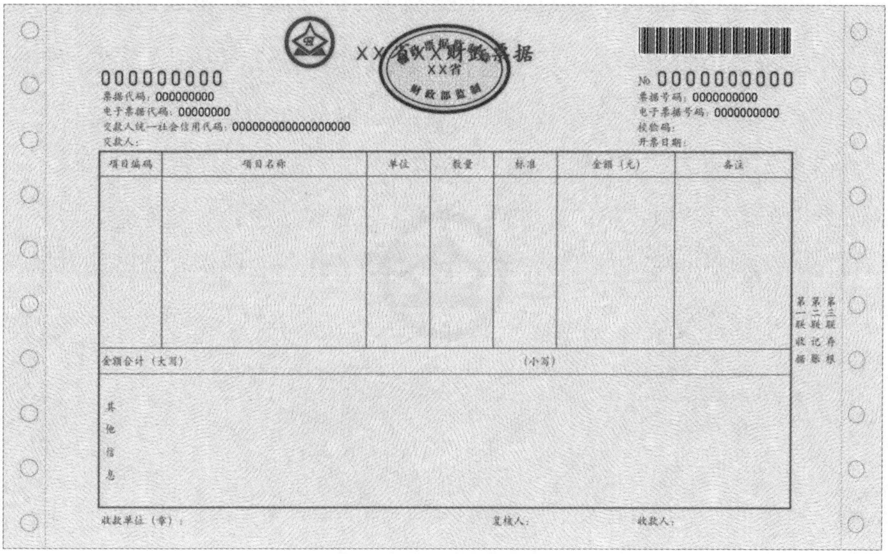
XX省财政票据

000000000
票据代码：000000000
电子票据代码：00000000
交款人统一社会信用代码：000000000000000000
交款人：

№ 0000000000
票据号码：0000000000
电子票据号码：0000000000
校验码：
开票日期：

项目编码	项目名称	单位	数量	标准	金额（元）	备注
金额合计（大写）				（小写）		
其他信息						

第一联 收据　第二联 记账　第三联 存根

收款单位（章）：　　复核人：　　收款人：

图 11–9　财政票据

11.1.2　发票的联次与基本内容

目前常见的增值税发票主要包括四个票种：增值税专用发票、增值税普通发票、增值税普通发票（卷票）和机动车销售统一发票。这四种增值税发票的联次信息与基本内容如下。

（1）增值税专用发票

增值税专用发票一般为三联，每一联的样式基本相同，不同点只在票面的颜色和票据右侧的联次栏。每一联次的作用如表 11-1 所示。

表 11-1　增值税专用发票各联次的作用

联次	名称	作用
第一联	记账联	是销售方的记账凭证
第二联	抵扣联	是购买方的扣税凭证
第三联	发票联	是购买方的记账凭证

增值税专用发票的基本内容包括：发票名称、发票监制章、发票联、发票代码、发票号码、开票日期、购买方名称及纳税人识别号、购买方地址和电话、购买方开户行及账号、密码区、货物及应税劳务服务名称、规格型号、单位、数量、单价、金额、税率、税额、价税合计金额（大写）、价税合计金额（小写）、销售方名称及纳税人识别号、销售方地址和电话、销售方开户行及账号、备注、收款人、复核、开票人以及销售方签章。

（2）增值税普通发票

增值税普通发票（折叠票）通常使用的为两联次的，同样，两个联次的内容基本相同，只是票面颜色和票据右侧的联次栏说明不同。每一联次的作用如表 11-2 所示。

表 11-2　增值税普通发票各联次的作用

联次	名称	作用
第一联	记账联	是销售方的记账凭证
第二联	发票联	是购买方的记账凭证

增值税普通发票（折叠票）的基本内容与增值税专用发票的基本内容一致，这里不再详述。

（3）增值税普通发票（卷票）

增值税普通发票（卷票）可作为购买方的记账凭证。该类发票的基本内容包括：发票名称、发票监制章、发票联、税徽、发票代码、发票号码、机打号码、机器编号、销售方名称及纳税人识别号、开票日期、收款员、购买方名称及纳税人识别号、项目、单价、数量、金额、合计金额（小写）、合计金额（大写）、黑标定位符、校验码和二维码码区等。

（4）机动车销售统一发票

机动车销售统一发票为电脑六联式发票，各联次的内容基本相同，但票面印色和联次栏说明不同。表 11-3 所示的是每个联次的具体情况和作用。

表 11-3　机动车销售统一发票各联次的作用

联次	名称	印色	作用
第一联	发票联	棕色	购货单位付款凭证
第二联	抵扣联	绿色	购货单位扣税凭证
第三联	报税联	紫色	车辆购置税征收单位留存
第四联	注册登记联	蓝色	车辆登记单位留存
第五联	记账联	红色	销货单位记账凭证
第六联	存根联	黑色	销货单位留存

当购货单位不是增值税一般纳税人时，第二联抵扣联由销货单位留存。

机动车销售统一发票的基本内容包括：发票名称、发票监制章、发票联、发票代码、发票号码、开票日期、机打代码、机打号码、机器编号、税控码、购买方名称及身份证号码/组织机构代码、纳税人识别号、车辆类型、厂牌型号、产地、合格证号、进口证明书号、商检单号、发动机号码、车辆识别代号/车架号码、价税合计、购货单位名称、电话、纳税人识别号、账号、地址、开户银行、增值税税率或征收率、增值税税额、主管税务机关及代码、不含税价（小写）、完税凭证号码、吨位、限乘人数、销货单位盖章、开票人以及"备注：一车一票"。

11.1.3 以票控税

以票控税是指利用发票的特殊功能，通过加强发票管理，强化财务监督，对纳税人的纳税行为实施约束、监督和控制，以达到堵塞税收漏洞、增加税收收入、提高税收征管质量的目的。

发票作为经济活动的重要支撑凭证，国家只有通过对发票的管理，才能达到监督纳税的目的，因为从总体上说，纳税人没有健全的财务核算，也就不可能准确履行纳税义务。

对有建账能力的纳税人，实行以发票管账簿，以账簿管税收。而对账册不全的纳税人直接以票控税，查票征税。这不仅在理论上有科学道理，而且实践证明是行之有效的，可以强化监督职责，切实做好税收工作。

具体地说，纳税人从事生产经营活动，除直接销售给少数不索要发票的消费者外，其他情况均须开具发票，同时发生费用支出并列支成本也需取得发票作为合法凭证。这样，通过管理发票就可有效地控制纳税人的经营收入，督促其准确核算经营成果，正确申报纳税。

对无故欠税以及抗税者，税务机关可通过停供发票或实行先征税后开票，促使其全面履行纳税义务；而对种种偷、逃、骗税行为，稽查部门还可以从发票入手，查票查税，掌握确凿证据，进行有力打击。

11.1.4 发票的领购

纳税人在领购发票前，需要进行实名信息采集，并进行增值税税种的认定，然后办理发票的申请、发票票种和票量的核定、发票最高开票限额的审批，购买税控设备，即目前使用的金税盘和报税盘等税控设备。购买税控设备后，必须到税务局把本企业的公司信息、发票类别、发票限额和领购数量等信息写入税控盘后才能使用。

发票的领购可以是带上发票领购簿和税盘到税务大厅窗口和自主购票机上领取，也可以在电子税务局的官网上领取。在电子税务局官网上领取的，以四川省为例，主要的操作步骤如下。

进入国家税务总局四川省税务局，单击"我要办税"按钮，进入网上办税页面，如图 11-10 所示。

图 11-10　单击"我要办税"按钮

进入网上办税页面后，单击"电子税务局"按钮，即可进入电子税务局页面，如图 11-11 所示。

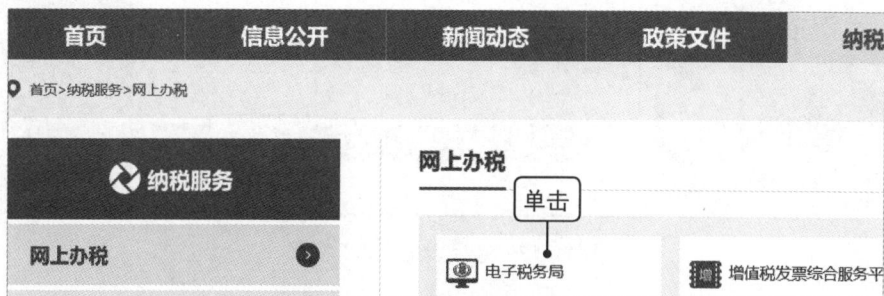

图 11-11　进入电子税务局

在国家税务总局四川省电子税务局页面，单击"我要办税"按钮，如图 11-12 所示（也可以单击页面右上角的"登录"按钮）。

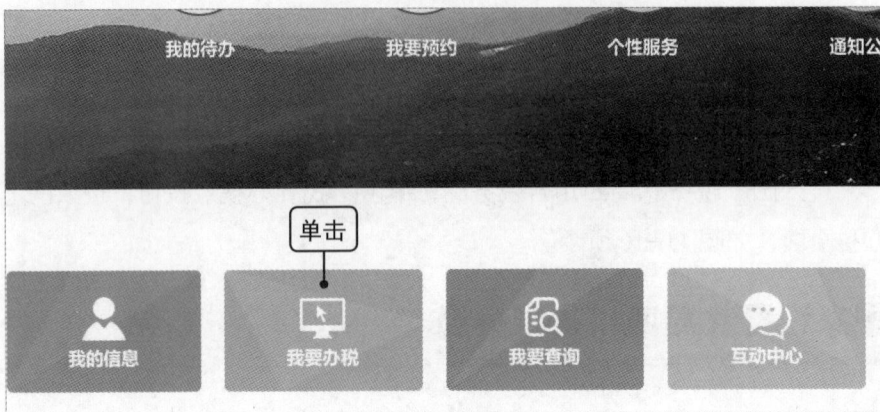

图 11-12　进入登录界面

稍后自动打开登录电子税务局的登录界面，在其中选择适合自己的登录方式，可以是法人登录、自然人登录、第三方登录和自然人电子税务局，如图 11-13 所示，然后输入相关信息，单击"登录"按钮。

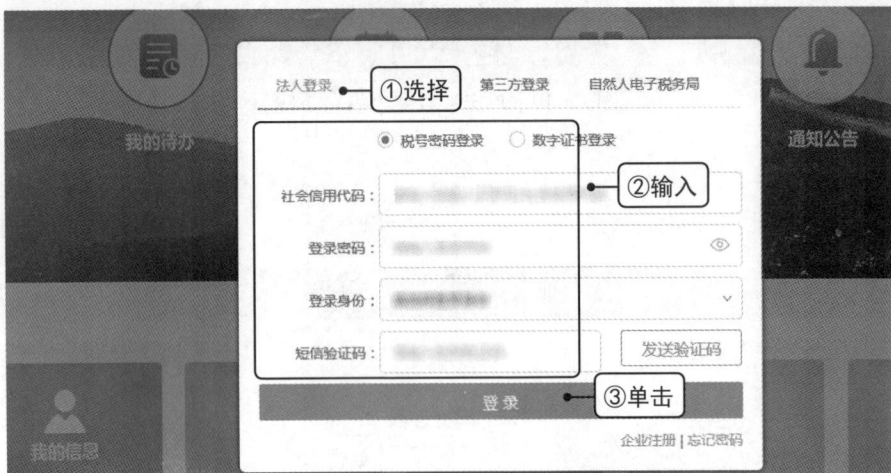

图 11-13　选择登录方式并登录

进入电子税务局应用页面，在页面中单击"我要办税"导航按钮，在切换到的"我要办税"界面中单击"发票使用"超链接，如图 11-14 所示。

图 11-14　单击"发票使用"超链接

在打开的"发票使用"页面中单击"发票领用"超链接进入发票领用的填写页面，如图 11-15 所示。

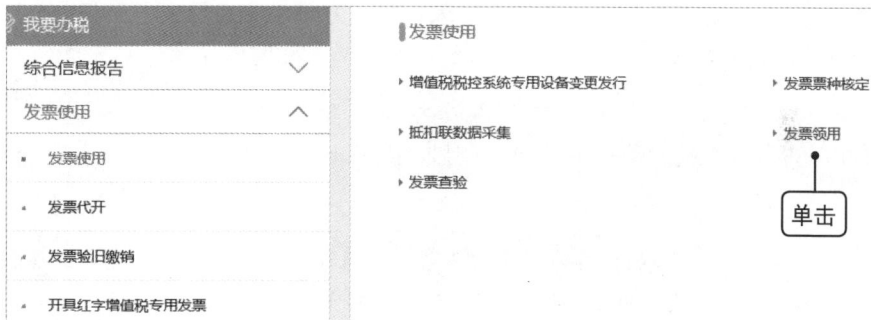

图 11-15　单击"发票领用"超链接

在发票领用页面，会显示纳税人的基本情况。领取的方式可以是邮寄，也可以到大厅领取；纳税人需要填制本次领用的信息，即领用发票的种类及份数。当纳税人的库存发票达到最大领用数量时，则不可领用新的发票。如果纳税人选择邮寄的方式，则需填好收件联系人、地址和联系方式，完成发票的领购，如图 11-16 所示。

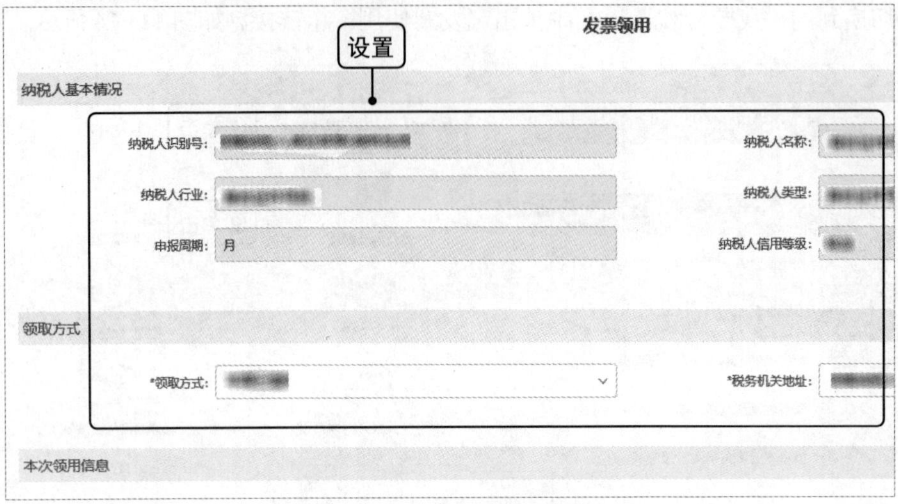

图 11-16　完成发票申领

11.1.5　凭据与发票的管理办法

对于发票的使用，国家制定了《中华人民共和国发票管理办法》，该办法共有七章四十五条，分为总则、发票的印制、发票的领购、发票的开具和保管、发票的检查、罚则以及附则。具体规定的内容如下。

第一章　总则

第一条　为了加强发票管理和财务监督，保障国家税收收入，维护经济秩序，根据《中华人民共和国税收征收管理法》，制定本办法。

第二条　在中华人民共和国境内印制、领购、开具、取得、保管、缴销发票的单位和个人（以下称印制、使用发票的单位和个人），必须遵守本办法。

第三条　本办法所称发票，是指在购销商品、提供或者接受服务以及从事其他经营活动中，开具、收取的收付款凭证。

第四条　国务院税务主管部门统一负责全国的发票管理工作。省、自治区、直辖市税务机关依据职责做好本行政区域内的发票管理工作。

财政、审计、市场监督管理、公安等有关部门在各自的职责范围内，配合税务机关做好发票管理工作。

第五条　发票的种类、联次、内容以及使用范围由国务院税务主管部门规定。

第六条　对违反发票管理法规的行为，任何单位和个人可以举报。税务机关应当为检举人保密，并酌情给予奖励。

第二章　发票的印制

第七条　增值税专用发票由国务院税务主管部门确定的企业印制；其他发票，按照国务院税务主管部门的规定，由省、自治区、直辖市税务机关确定的企业印制。禁止私自印制、伪造、变造发票。

第八条　印制发票的企业应当具备下列条件：

（一）取得印刷经营许可证和营业执照；

（二）设备、技术水平能够满足印制发票的需要；

（三）有健全的财务制度和严格的质量监督、安全管理、保密制度。

税务机关应当以招标方式确定印制发票的企业，并发给发票准印证。

第九条　印制发票应当使用国务院税务主管部门确定的全国统一的发票防伪专用品。禁止非法制造发票防伪专用品。

第十条　发票应当套印全国统一发票监制章。全国统一发票监制章的式样和发票版面印刷的要求，由国务院税务主管部门规定。发票监制章由省、自治区、直辖市税务机关制作。禁止伪造发票监制章。

发票实行不定期换版制度。

第十一条　印制发票的企业按照税务机关的统一规定，建立发票印制管理制度和保管措施。

发票监制章和发票防伪专用品的使用和管理实行专人负责制度。

第十二条　印制发票的企业必须按照税务机关批准的式样和数量印制发票。

第十三条　发票应当使用中文印制。民族自治地方的发票，可以加印当地一种通用的民族文字。有实际需要的，也可以同时使用中外两种文字印制。

第十四条　各省、自治区、直辖市内的单位和个人使用的发票，除增值税专用发票外，应当在本省、自治区、直辖市内印制；确有必要到外省、自治区、直辖市印制的，应当由省、自治区、直辖市税务机关商印制地省、自治区、直辖市税务机关同意，由印制地省、自治区、直辖市税务机关确定的企业印制。

禁止在境外印制发票。

第三章　发票的领购

第十五条　需要领购发票的单位和个人，应当持税务登记证件、经办人身份证明、按照国务院税务主管部门规定式样制作的发票专用章的印模，向主管税务机关办理发票领购手续。主管税务机关根据领购单位和个人的经营范围和规模，确认领购发票的种类、数量以及领购方式，在5个工作日内发给发票领购簿。

单位和个人领购发票时，应当按照税务机关的规定报告发票使用情况，税务机关应当按照规定进行查验。

第十六条　需要临时使用发票的单位和个人，可以凭购销商品、提供或者接受服务以及从事其他经营活动的书面证明、经办人身份证明，直接向经营地税务机关申请代开发票。依照税收法律、行政法规规定应当缴纳税款的，税务机关应当先征收税款，再开具发票。税务机关根据发票管理的需要，可以按照国务院税务主管部门的规定委托其他单位代开发票。

禁止非法代开发票。

第十七条　临时到本省、自治区、直辖市以外从事经营活动的单位或者个人，应当凭所在地税务机关的证明，向经营地税务机关领购经营地的发票。

临时在本省、自治区、直辖市以内跨市、县从事经营活动领购发票的办法，由省、自治区、直辖市税务机关规定。

第十八条　税务机关对外省、自治区、直辖市来本辖区从事临时经营活动的单位和个人领购发票的，可以要求其提供保证人或者根据所领购发票的票面限额以及数量交纳不超过1万元的保证金，并限期缴销发票。

按期缴销发票的，解除保证人的担保义务或者退还保证金；未按期缴销发票的，由保证人或者以保证金承担法律责任。

税务机关收取保证金应当开具资金往来结算票据。

第四章　发票的开具和保管

第十九条　销售商品、提供服务以及从事其他经营活动的单位和个人，对外发生经营业务收取款项，收款方应当向付款方开具发票；特殊情况下，由付款方向收款方开具发票。

第二十条　所有单位和从事生产、经营活动的个人在购买商品、接受服务以及从事其他经营活动支付款项，应当向收款方取得发票。取得发票时，不得要求变更品名和金额。

第二十一条　不符合规定的发票，不得作为财务报销凭证，任何单位和个人有权拒收。

第二十二条　开具发票应当按照规定的时限、顺序、栏目，全部联次一次性如实开具，并加盖发票专用章。

任何单位和个人不得有下列虚开发票行为：

（一）为他人、为自己开具与实际经营业务情况不符的发票；

（二）让他人为自己开具与实际经营业务情况不符的发票；

（三）介绍他人开具与实际经营业务情况不符的发票。

第二十三条　安装税控装置的单位和个人，应当按照规定使用税控装置开具发票，并按期向主管税务机关报送开具发票的数据。

使用非税控电子器具开具发票的，应当将非税控电子器具使用的软件程序说明资料报主管税务机关备案，并按照规定保存、报送开具发票的数据。

国家推广使用网络发票管理系统开具发票，具体管理办法由国务院税务主管部门制定。

第二十四条　任何单位和个人应当按照发票管理规定使用发票，不得有下列行为：

（一）转借、转让、介绍他人转让发票、发票监制章和发票防伪专用品；

（二）知道或者应当知道是私自印制、伪造、变造、非法取得或者废止的发票而受让、开具、存放、携带、邮寄、运输；

（三）拆本使用发票；

（四）扩大发票使用范围；

（五）以其他凭证代替发票使用。

税务机关应当提供查询发票真伪的便捷渠道。

第二十五条　除国务院税务主管部门规定的特殊情形外，发票限于领购单位和个人在本省、自治区、直辖市内开具。

省、自治区、直辖市税务机关可以规定跨市、县开具发票的办法。

第二十六条　除国务院税务主管部门规定的特殊情形外，任何单位和个人不得跨规定的使用区域携带、邮寄、运输空白发票。

禁止携带、邮寄或者运输空白发票出入境。

第二十七条　开具发票的单位和个人应当建立发票使用登记制度，设置发票登记簿，并定期向主管税务机关报告发票使用情况。

第二十八条　开具发票的单位和个人应当在办理变更或者注销税务登记的同

时，办理发票和发票领购簿的变更、缴销手续。

第二十九条　开具发票的单位和个人应当按照税务机关的规定存放和保管发票，不得擅自损毁。已经开具的发票存根联和发票登记簿，应当保存5年。保存期满，报经税务机关查验后销毁。

第五章　发票的检查

第三十条　税务机关在发票管理中有权进行下列检查：

（一）检查印制、领购、开具、取得、保管和缴销发票的情况；

（二）调出发票查验；

（三）查阅、复制与发票有关的凭证、资料；

（四）向当事各方询问与发票有关的问题和情况；

（五）在查处发票案件时，对与案件有关的情况和资料，可以记录、录音、录像、照相和复制。

第三十一条　印制、使用发票的单位和个人，必须接受税务机关依法检查，如实反映情况，提供有关资料，不得拒绝、隐瞒。

税务人员进行检查时，应当出示税务检查证。

第三十二条　税务机关需要将已开具的发票调出查验时，应当向被查验的单位和个人开具发票换票证。发票换票证与所调出查验的发票有同等的效力。被调出查验发票的单位和个人不得拒绝接受。

税务机关需要将空白发票调出查验时，应当开具收据；经查无问题的，应当及时返还。

第三十三条　单位和个人从中国境外取得的与纳税有关的发票或者凭证，税务机关在纳税审查时有疑义的，可以要求其提供境外公证机构或者注册会计师的确认证明，经税务机关审核认可后，方可作为记账核算的凭证。

第三十四条　税务机关在发票检查中需要核对发票存根联与发票联填写情况时，可以向持有发票或者发票存根联的单位发出发票填写情况核对卡，有关单位应当如实填写，按期报回。

第六章　罚则

第三十五条　违反本办法的规定，有下列情形之一的，由税务机关责令改正，可以处1万元以下的罚款；有违法所得的予以没收：

（一）应当开具而未开具发票，或者未按照规定的时限、顺序、栏目，全部联次一次性开具发票，或者未加盖发票专用章的；

（二）使用税控装置开具发票，未按期向主管税务机关报送开具发票的数据的；

（三）使用非税控电子器具开具发票，未将非税控电子器具使用的软件程序说明资料报主管税务机关备案，或者未按照规定保存、报送开具发票的数据的；

（四）拆本使用发票的；

（五）扩大发票使用范围的；

（六）以其他凭证代替发票使用的；

（七）跨规定区域开具发票的；

（八）未按照规定缴销发票的；

（九）未按照规定存放和保管发票的。

第三十六条　跨规定的使用区域携带、邮寄、运输空白发票，以及携带、邮寄或者运输空白发票出入境的，由税务机关责令改正，可以处 1 万元以下的罚款；情节严重的，处 1 万元以上 3 万元以下的罚款；有违法所得的予以没收。

丢失发票或者擅自损毁发票的，依照前款规定处罚。

第三十七条　违反本办法第二十二条第二款的规定虚开发票的，由税务机关没收违法所得；虚开金额在 1 万元以下的，可以并处 5 万元以下的罚款；虚开金额超过 1 万元的，并处 5 万元以上 50 万元以下的罚款；构成犯罪的，依法追究刑事责任。

非法代开发票的，依照前款规定处罚。

第三十八条　私自印制、伪造、变造发票，非法制造发票防伪专用品，伪造发票监制章的，由税务机关没收违法所得，没收、销毁作案工具和非法物品，并处 1 万元以上 5 万元以下的罚款；情节严重的，并处 5 万元以上 50 万元以下的罚款；对印制发票的企业，可以并处吊销发票准印证；构成犯罪的，依法追究刑事责任。

前款规定的处罚，《中华人民共和国税收征收管理法》有规定的，依照其规定执行。

第三十九条　有下列情形之一的，由税务机关处 1 万元以上 5 万元以下的罚款；情节严重的，处 5 万元以上 50 万元以下的罚款；有违法所得的予以没收：

（一）转借、转让、介绍他人转让发票、发票监制章和发票防伪专用品的；

（二）知道或者应当知道是私自印制、伪造、变造、非法取得或者废止的发票而受让、开具、存放、携带、邮寄、运输的。

第四十条　对违反发票管理规定 2 次以上或者情节严重的单位和个人，税务机关可以向社会公告。

第四十一条 违反发票管理法规，导致其他单位或者个人未缴、少缴或者骗取税款的，由税务机关没收违法所得，可以并处未缴、少缴或者骗取的税款1倍以下的罚款。

第四十二条 当事人对税务机关的处罚决定不服的，可以依法申请行政复议或者向人民法院提起行政诉讼。

第四十三条 税务人员利用职权之便，故意刁难印制、使用发票的单位和个人，或者有违反发票管理法规行为的，依照国家有关规定给予处分；构成犯罪的，依法追究刑事责任。

第七章 附则

第四十四条 国务院税务主管部门可以根据有关行业特殊的经营方式和业务需求，会同国务院有关主管部门制定该行业的发票管理办法。

国务院税务主管部门可以根据增值税专用发票管理的特殊需要，制定增值税专用发票的具体管理办法。

第四十五条 本办法自发布之日起施行。

|11.2|
税务筹划怎么做

依法纳税是企业纳税人和个人纳税人的基本义务，但对于纳税人而言，是可以通过合法合理的手段减少税款的支付的，以此来减轻企业或个人的负担，这就需要纳税人做好税务筹划。

11.2.1 税务筹划是优秀税务会计的必修本领

税务筹划是指纳税人进行税务筹划的前提条件必须符合国家法律及税收法规，应当符合税收政策法规的导向。

纳税人税务筹划的发生必须是在生产经营和投资筹资活动之前，税收筹划的目标是使纳税人的税收利益最大化，也就是要使纳税人税负最轻、税后利润最大化、企业价值最大化等。

那么，税务筹划的主要内容有哪些呢？包括节税筹划、转嫁筹划和实现涉税零风险，具体说明如表 11-4 所示。

表 11-4 税务筹划的主要内容

内容	详述
节税筹划	是指纳税人在不违背立法精神的前提下，充分利用税法中固有的起征点、减免税等一系列的优惠政策，通过对筹资、投资和经营等活动的巧妙安排，达到少缴税甚至不缴税等目的的行为
转嫁筹划	是指纳税人为了达到减轻税负的目的，通过价格调整将税负转嫁给他人承担的经济行为
实现涉税零风险	是指纳税人账目清楚，纳税申报正确，税款缴纳及时、足额，不会出现任何关于税收方面的处罚，即在税收方面没有任何风险，或风险极小可以忽略不计的一种状态。这种状态的实现，虽然不能使纳税人直接获取税收上的好处，但却能间接地获取一定的经济利益，而且这种状态的实现，更有利于企业的长远发展与规模扩大

纳税人进行税务筹划，对企业而言，有利于有效率地选择经济行为，增强企业竞争能力，有利于增加企业可支配收入，有利于企业正确进行投资、生产经营决策，获得最大化的税收利益，有利于企业减少或避免税务处罚；而对国家而言，有利于实现国家税法的立法意图，充分发挥税收杠杆作用，增加国家税收收入，有利于国家税收政策法规的落实，有利于税收代理业的发展。

11.2.2 税务筹划的切入点

税务筹划的切入点有五个，主要为选择税务筹划空间大的税种、税收优惠政策、纳税人构成、影响应纳税额的几个基本要素以及不同的财务管理和收益分配。

◆ 选择税务筹划空间大的税种为切入点

从原则上说，税务筹划可以针对一切税种，但由于不同税种的性质不同，税务筹划的途径、方法及其收益也不同。在实际操作中，要选择对决策有重大影响或者税负弹性大的税种作为税务筹划的重点，因为税负弹性越大，税务筹划的潜力也越大。一般税源大的税种，税负伸缩的弹性也大，因此，税务筹划自然要瞄准主要税种。另外，税负弹性还取决于税种的要素构成，这主要包括税基、扣除项目、税率和税收优惠，税基越宽，税率越高，税负就越重；或者说，税收扣除越大，税收优惠越多，税负就越轻。

◆ 以税收优惠政策为切入点

税收优惠是税制设计中的一个重要要素，也是贯彻一定时期一国或地区税收政策的重要手段。国家为了实现税收调节功能，一般在做税种设计时都设有税收优惠条款，企业如果充分利用税收优惠条款，就可享受节税效益。因此，用好、用足税收优惠政策本身就是税务筹划的过程。但选择税收优惠政策作为税务筹划突破口时，要注意纳税人不得曲解税收优惠条款，滥用税收优惠，以欺骗手段骗取税收优惠。纳税人应充分了解税收优惠条款，并按规定程序进行申请，避免因程序不当而失去应有权益。

◆ 以纳税人构成为切入点

按照我国税法规定，凡不属于某税种的纳税人，就不需缴纳该项税收。因此，企业进行税务筹划之前，首先要考虑能否避开成为某税种的纳税人，从而从根本上达到减轻税收负担的目的。

◆ 以影响应纳税额的几个基本因素为切入点

影响应纳税额的因素有两个：计税依据和税率。计税依据越小，税率越低，应纳税额也越小。因此，进行税务筹划时应从这两个影响因素入手，找到合理、合法的办法来降低应纳税额。比如企业所得税计税依据为应纳税所得额，税法规定企业应纳税所得额 = 收入总额 - 允许扣除项目金额，具体计算过程中又规定了复杂的纳税调增、纳税调减项目，因此就使企业在企业所得税方面进行税务筹划有了一定的空间。

◆　以不同财务管理和收益分配为切入点

企业的财务管理包括筹资管理、投资管理、资金运营管理和收益分配管理，每个管理过程都有税务筹划的工作可做。

比如投资管理阶段，选择投资地点时选择在低税率地区，如实施新企业所得税法以前可以选择沿海开发区、高新技术开发区和国家鼓励的西部等地区，会享受到税收优惠；选择投资项目时，国家鼓励的投资项目和国家限制的投资项目，两者之间在税收支出上有很大的差异；在企业组织形式的选择上，尤其在两税合并以前，内资与中外合资、联营企业与合伙企业、分公司与子公司，不同的组织形式所适用的税率是不同的。

经营管理阶段，不同的固定资产折旧方法影响纳税。虽然不同的折旧方法下应计提的折旧总额相等，但各期计提的折旧费用却相差很大，从而影响各期的利润、应纳税所得额和应纳税额；不同的存货计价方法的选择也会影响纳税，一般来说，在物价持续下降时，采用先进先出法计算的成本较高，利润相对减少，可降低企业所得税的应纳税额。

11.2.3　税务筹划的原则与特点

税务筹划是纳税人合理、合法节约税收的手段，其具有自身的特点与原则。税务筹划具有合法性、事前筹划性和明确的目的性等特点。

◆　**税收筹划具有合法性**：税收筹划是在法律法规的许可范围内进行的，是纳税人在遵守国家法律及税收法规的前提下，在多种纳税方案中，做出选择税收利益最大化方案的决策，具有合法性；税收筹划符合国家税法的立法意图。

◆　**税收筹划具有事前筹划性**：即税收筹划是税务活动发生之前对纳税人经济活动的预估，筹划应纳税额，通过合理布局减少应纳税额。

◆ **税收筹划具有明确的目的性：** 即纳税人进行税务筹划，就是为了使纳税人税负最轻、税后利润最大化和企业价值最大化。

税务筹划还具有以下的原则。

◆ 不违背税收法律规定的原则。

◆ 事前筹划的原则。

◆ 效率原则。

11.2.4　税务筹划的常用方法

税务筹划的方法很多，而且实践中也是多种方法结合起来使用。这里简单介绍利用税收优惠政策筹划法、纳税期的递延法以及利用会计处理方法筹划法几种方法。

◆ 利用优惠政策筹划法

利用优惠政策筹划法，是指纳税人凭借国家税法规定的优惠政策进行税务筹划的方法。税收优惠政策是税法对某些纳税人和征税对象给予鼓励和照顾的一种特殊规定。国家为了扶持某些特定产业、行业、地区、企业和产品的发展，或者对某些有实际困难的纳税人给予照顾，在税法中做出某些特殊规定，比如，免除其应缴的全部或部分税款，或者按照其缴纳税款的一定比例给予返还等，从而减轻纳税人的税收负担。

利用税收优惠政策进行税务筹划时应注意尽量挖掘信息源，多渠道获取税收优惠政策。如果信息不灵通，就可能会失去本可以享受税收优惠政策的机会。一般来说，信息来源有税务机关、税务报纸杂志、税务网站、税务中介机构和税务专家等几个渠道。充分利用税收优惠政策包括有条件的应尽量利用，利用优惠政策筹划的应在税收法律、法规允许的范围之内，采用各种合法的手段进行。

另外，还需要纳税人尽量与税务机关保持良好的沟通。在税务筹划过程中，最核心的一环便是获得税务机关的承认，再好的方案，没有税务机关的承认，都是没有任何意义的，不会给企业带来任何税收利益。

◆　纳税期的递延法

利用延期纳税的税收筹划，是指在合法、合理的情况下，使纳税人延期缴纳税款而达到节税目的的税务筹划方法。纳税人延期缴纳本期税款并不能减少纳税人纳税的绝对总额，但相当于得到一笔无息贷款，可以增加纳税人本期的现金流量，使纳税人在本期有更多的资金扩大流动资本，用于资本投资；由于货币具有时间价值，即今天多投入的资金可以产生收益，使纳税人将来可以获得更多的税后所得，相对节减了税收。

企业实现递延纳税的一个重要途径是采取有利的会计处理方法，对税务与会计之间的暂时性差异进行处理，通过处理使得当期的会计所得大于应纳税所得，出现递延所得税负债，即可实现纳税期的递延，获得税收利益。延期纳税时若能使纳税项目最多化、延长期最长化，则可达到节税的最大化。

◆　利用会计处理方法筹划法

利用会计处理方法筹划法就是利用会计处理方法的可选择性进行筹划的方法。在现实经济活动中，同一经济事项有时存在着不同的会计处理方法，而不同的会计处理方法又对企业的财务状况有着不同的影响，同时这些不同的会计处理方法又都得到了税法的承认。所以，通过对有关会计处理方法的筹划也可以达到获取税收收益的目的。

比如存货计价方法的选择。存货计价的方法有多种，如先进先出法、加权平均法、移动平均法、个别计价法、计划成本法、毛利率法和零售价法等。不同的计价方法对货物的期末库存成本、销售成本等影响不同，继而影响当期应纳税所得额的大小。特别是在物价持续上涨或下跌的情况下，影响的程度会更大，纳税人就是利用存货计价方法进行税务筹划的，如在物价持续下跌的情况下，采用先进先出法的税负会降低。

由于不同的存货计价方法可以通过改变销售成本，继而影响应纳税所得额，因此，从税务筹划的角度看，纳税人可以通过采用不同的计价方法对发出存货的成本进行筹划，根据自己的实际情况选择使本期发出存货成本最有利于税务筹划的存货计价办法。在不同企业中或企业处于不同的盈亏状态下，应选择不同的计价方法。

①**盈利企业**。由于盈利企业的存货成本可最大限度地在本期所得额中进行税前抵扣，因此，应选择能使本期成本最大化的计价方法。

②**亏损企业**。亏损企业选择计价方法应与亏损弥补情况相结合。选择的计价方法必须使不能得到或不能完全得到税前弥补的亏损年度的成本费用降低，使成本费用延迟到以后能够完全得到抵补的会计期间，保证成本费用的抵税效果得到最大限度的发挥。

③**享受税收优惠的企业**。如果企业正处于企业所得税的减税或免税期，就意味着企业获得的利润越多，得到的减免税额就越多。因此，应选择减免税优惠期间存货成本最小化的计价方法，减少存货费用的当期摊入，扩大当期利润。相反，处于非税收优惠期间时，应选择使存货成本最大化的计价方法，将当期的存货费用尽量扩大，以达到减少当期利润，从而减少应纳税额的目的。

11.2.5 税务筹划的基本技术与步骤

税务筹划也有其基本的步骤，最主要的步骤如下。

第一步：收集税收筹划必需的信息。

①**企业涉税情况与需求分析**。不同企业的基本情况及纳税要求有所不同，在实施税收筹划活动时，首先要了解企业以下基本情况：企业组织形式、筹划主体的意图、经营状况、财务状况、投资意向、管理层对风险的态度、企业的需求和目标等。其中，筹划主体的意图是税收筹划中最根本的部分，

是税收筹划活动的出发点。

②企业相关税收政策与环境分析。全面了解与企业相关的行业、部门税收政策，理解和掌握国家税收政策及精神，争取税务机关的帮助与合作，这对于成功实施税收筹划尤为重要。有条件的，建立企业税收信息资源库，以备使用。同时，企业必须了解政府对相关涉税行为的态度，就政府对税收筹划方案可能的行为反应做出合理的预期，以增强筹划成功的可能性。

③确定税收筹划的具体目标。税收筹划的最终目标是企业价值最大化，而对前述已经收集的信息进行分析后，便可以确定税收筹划的各个具体目标，并以此为基准来设计税收筹划方案。税收筹划具体目标主要有：实现税负最小化、实现税后利润最大化、获取资金时间价值最大化和实现纳税风险最小化。

第二步：设计备选的税收筹划方案。

在掌握相关信息和确立税收筹划目标后，税收筹划的决策者可以着手设计税收筹划的具体方案。税收筹划方案的设计一般按以下步骤进行：首先对涉税问题进行认定，即涉税项目的性质和涉及哪些税种等；其次对涉税问题进行分析，即涉税项目的发展态势、引发后果、税收筹划空间大小和需要解决的关键问题等；最后设计多种备选方案，即针对涉税问题设计若干可选方案，包括涉及的经营活动、财务运作和会计处理，确定配套方案。

第三步：分析、评价各个备选方案，并选择一个最佳方案。

税收筹划方案是多种筹划技术的组合运用，同时需要考虑风险因素。税收筹划方案设计好后，必须进行一系列的分析，主要包括三项分析。

①合法性分析。税收筹划的首要原则是合法性原则，对设计的方案首先要进行合法性分析，规避法律风险。

②可行性分析。税收筹划的实施需要多方面的条件，企业必须对方案的可行性做出评估，这种评估包括实施时间的选择、人员素质以及未来的

趋势预测。

③**目标分析**。每种设计方案都会产生不同的纳税结果，这种纳税结果是否符合企业既定的目标，这是选择筹划方案的基本依据。对多种方案进行分析、比较和评估后，选择一个最佳方案。

第四步：实施该税收筹划方案。

税收筹划方案选定之后，经企业的管理部门批准，进入实施阶段。按照选定的税收筹划方案，对自己的纳税人身份、组织形式、注册地点、所从事的产业、经济活动以及会计处理等做出相应的处理或改变，同时记录筹划方案的收益情况。

第五步：对该税收筹划方案进行监控、评估和改进。

在税收筹划方案的实施过程中，应及时监控方案出现的问题，再运用信息反馈制度，对筹划方案的效果进行评价，考核其经济效益与最终结果是否实现税收筹划目标。在实施过程中，可能因为执行偏差、环境改变或者由于原有方案的设计存在缺陷，从而使筹划效果与预期结果产生差异，这些差异要及时反馈给税收筹划的决策者，以使其对方案进行改进。

|11.3|
税收优惠新政要了解

税收优惠政策是纳税人节税时最直接有效的手段，作为税务会计，一定要及时了解并合理利用好税收优惠政策，达到节税目的。

11.3.1　小微企业有哪些税收优惠

在财税〔2019〕13号文件《关于实施小微企业普惠性税收减免政策的

通知》中有规定：对小型微利企业年应纳税所得额不超过 100 万元的部分，减按 25% 计入应纳税所得额，按 20% 的税率缴纳企业所得税；对年应纳税所得额超过 100 万元但不超过 300 万元的部分，减按 50% 计入应纳税所得额，按 20% 的税率缴纳企业所得税。

另外还规定：由省、自治区、直辖市人民政府根据本地区实际情况，以及宏观调控需要确定，对增值税小规模纳税人可以在 50% 的税额幅度内减征资源税、城市维护建设税、房产税、城镇土地使用税、印花税（不含证券交易印花税）、耕地占用税和教育费附加、地方教育附加。

11.3.2　小规模纳税人有哪些税收优惠

同样在财税〔2019〕13 号文件《关于实施小微企业普惠性税收减免政策的通知》中有规定：对月销售额 10 万元以下（含本数）的增值税小规模纳税人，免征增值税。

在该政策的规定中，小规模纳税人也有与小微企业相同的关于其他税种的减征优惠，即在 50% 的税额幅度内减征某些税种。

增值税小规模纳税人已依法享受资源税、城市维护建设税、房产税、城镇土地使用税、印花税、耕地占用税、教育费附加、地方教育附加等其他优惠政策的，可叠加享受上述关于减征的优惠政策。

11.3.3　高新技术企业和技术转让的税收优惠

1. 依据《中华人民共和国企业所得税法》第二十八条第二款的规定，国家需要重点扶持的高新技术企业，减按 15% 的税率征收企业所得税，相当于在原来 25% 的基础上降低了 40%。

2. 依据《中华人民共和国企业所得税法实施条例》第九十条的规定，企业所得税法第二十七条第（四）项所称符合条件的技术转让所得免征、减征企业所得税，是指一个纳税年度内，居民企业技术转让所得不超过500万元的部分，免征企业所得税；超过500万元的部分，减半征收企业所得税。

3. 根据《关于延长高新技术企业和科技型中小企业亏损结转年限的通知》（财税〔2018〕76号）第一条的规定，自2018年1月1日起，当年具备高新技术企业或科技型中小企业资格的企业，其具备资格年度之前5个年度发生的尚未弥补完的亏损，准予结转以后年度弥补，最长结转年限由5年延长至10年。

4. 根据《财政部 税务总局 科技部关于提高研究开发费用税前加计扣除比例的通知》（财税〔2018〕99号）的规定，企业开展研发活动中实际发生的研发费用，未形成无形资产计入当期损益的，在按规定据实扣除的基础上，在2018年1月1日至2020年12月31日期间，再按照实际发生额的75%在税前加计扣除；形成无形资产的，在上述期间按照无形资产成本的175%在税前摊销。

5. 根据《关于设备 器具扣除有关企业所得税政策的通知》（财税〔2018〕54号）第一条的规定，企业在2018年1月1日至2020年12月31日期间新购进的设备、器具，单位价值不超过500万元的，允许一次性计入当期成本费用在计算应纳税所得额时扣除，不再分年度计算折旧。如果专门用于研发，可采用缩短折旧年限或加速折旧的方法；对于不是专门用于研发的固定资产，不能享受固定资产加速折旧政策。

6. 根据《关于将国家自主创新示范区有关税收试点政策推广到全国范围实施的通知》（财税〔2015〕116号）的规定，自2016年1月1日起，全国范围内的中小高新技术企业以未分配利润、盈余公积、资本公积向个人股东转增股本时，个人股东一次缴纳个人所得税确有困难的，可根据实际情况自行制定分期缴税计划，在不超过5个公历年度内（含）分期缴纳，并将有关资料报主管税务机关备案。个人股东获得转增的股本，应按照"利息、股息、红利所得"项目，适用 20% 税率征收个人所得税。

该文件还规定，自 2016 年 1 月 1 日起，全国范围内的高新技术企业转化科技成果，给予本企业相关技术人员的股权奖励，个人一次缴纳税款有困难的，可根据实际情况自行制定分期缴税计划，在不超过 5 个公历年度内（含）分期缴纳，并将有关资料报主管税务机关备案。个人获得股权奖励时，按照"工资薪金所得"项目，参照《财政部 国家税务总局关于个人股票期权所得征收个人所得税问题的通知》（财税〔2005〕35 号）的有关规定计算确定应纳税额。

7. 根据《财政部 国家税务总局关于全面推开营业税改征增值税试点的通知》（财税〔2016〕36 号）文件的规定：纳税人提供技术转让、技术开发和与之相关的技术咨询、技术服务，免征增值税。

读 者 意 见 反 馈 表

亲爱的读者：

感谢您对中国铁道出版社有限公司的支持，您的建议是我们不断改进工作的信息来源，您的需求是我们不断开拓创新的基础。为了更好地服务读者，出版更多的精品图书，希望您能在百忙之中抽出时间填写这份意见反馈表发给我们。随书纸制表格请在填好后剪下寄到：北京市西城区右安门西街8号中国铁道出版社有限公司大众出版中心 王佩 收（邮编：100054）。此外，读者也可以直接通过电子邮件把意见反馈给我们，E-mail地址是：505733396@qq.com。我们将选出意见中肯的热心读者，赠送本社的其他图书作为奖励。同时，我们将充分考虑您的意见和建议，并尽可能地给您满意的答复。谢谢！

所购书名：_____

个人资料：

姓名：_____ 性别：_____ 年龄：_____ 文化程度：_____

职业：_____ 电话：_____ E-mail：_____

通信地址：_____ 邮编：_____

您是如何得知本书的：

□书店宣传 □网络宣传 □展会促销 □出版社图书目录 □老师指定 □杂志、报纸等的介绍 □别人推荐
□其他（请指明）_____

您从何处得到本书的：

□书店 □邮购 □商场、超市等卖场 □图书销售的网站 □培训学校 □其他

影响您购买本书的因素（可多选）：

□内容实用 □价格合理 □装帧设计精美 □带多媒体教学光盘 □优惠促销 □书评广告 □出版社知名度
□作者名气 □工作、生活和学习的需要 □其他

您对本书封面设计的满意程度：

□很满意 □比较满意 □一般 □不满意 □改进建议

您对本书的总体满意程度：

从文字的角度 □很满意 □比较满意 □一般 □不满意
从技术的角度 □很满意 □比较满意 □一般 □不满意

您希望书中图的比例是多少：

□少量的图片辅以大量的文字 □图文比例相当 □大量的图片辅以少量的文字

您希望本书的定价是多少：

本书最令您满意的是：

1.
2.

您在使用本书时遇到哪些困难：

1.
2.

您希望本书在哪些方面进行改进：

1.
2.

您需要购买哪些方面的图书？对我社现有图书有什么好的建议？

您更喜欢阅读哪些类型和层次的书籍（可多选）？

□入门类 □精通类 □综合类 □问答类 □图解类 □查询手册类

您在学习计算机的过程中有什么困难？

您的其他要求：